Über dieses Buch

Dieser Roman – er erschien 1931 – war eines der ersten Bücher, die die Nazis öffentlich verbrannten. »Als Kaiserwetter herrschte und Sorglosigkeit«, in der Zeit vor dem Ersten Weltkrieg, wachsen Bernhard Tölle, Sohn eines kaisertreuen Briefträgers, und sein Freund Joe de Vries, Sohn eines jüdischen Anwalts, auf. Von ihrer Herkunft wie von ihrer Entwicklung sind sie, wie ihre Väter, ein Gegensatzpaar. Bernhard ist robust, ein Opportunist – Joe schwächlich, ein Phantast. Vater Tölle, der »gediente« Kleinbürger, wird als vermeintlicher Demonstrant niedergeschlagen, seine Welt zerbricht ihm und scheint ihm erst wieder aufzuleben, als sein Sohn bei Ausbruch des Krieges, geschickt sich anpassend, Soldat wird. Samuel de Vries, der Großbürger, strebt nach gesellschaftlicher Anerkennung, die ihm, dem Nicht-Soldaten, versagt bleibt. Als er erkennt, wie es um die Gesellschaft steht, übernimmt er die Verteidigung eines Massenmörders, um seiner Umwelt den Spiegel vorhalten, sie als »heimtückisch und verbrecherisch« anklagen zu können.

Der Autor

Karl Jakob Hirsch wurde am 13. November 1892 in Hannover als Sohn eines Arztes geboren. Nach dem Studium der Malerei in München, wo er zum Freundeskreis von Heinrich Mann und von Lotte Pritzel gehörte, hielt er sich seit 1912 häufig in Worpswede auf und ging 1914 nach Paris. 1916 wurde er Soldat, aber schon bald zur Inspektion der Fliegertruppe nach Berlin versetzt. 1918–1922 war er Bühnenbildner der Berliner Volksbühne, von 1926 bis zu seiner Emigration in die Schweiz, 1934, der Jungen Bühne im Lessingtheater. 1935 ging er in die USA, wo er von 1942–1947 beim Civil Service angestellt war. 1948 kehrte er nach Deutschland zurück. Am 8. Juli 1952 ist Karl Jakob Hirsch in München gestorben.
›Kaiserwetter‹ (1931) war Hirsch's erster Roman; es folgte 1933 unter dem Pseudonym Karl Böttner ›Felix und Felicia‹; weitere Romane erschienen im Exil, die Autobiographie ›Heimkehr zu Gott‹ 1946 in Deutschland.

Karl Jakob Hirsch

Kaiserwetter

Mit einem Nachwort
von Paul Raabe

Fischer Taschenbuch Verlag

Für Wera

Ungekürzte Ausgabe
Fischer Taschenbuch Verlag
Dezember 1981
Umschlaggestaltung: Max Bartholl
Fischer Taschenbuch Verlag, Frankfurt am Main
Lizenzausgabe mit freundlicher Genehmigung der
S. Fischer Verlag GmbH, Frankfurt am Main

Nach der Erstausgabe von 1931 bei S. Fischer, Berlin
Gesamtherstellung: Hanseatische Druckanstalt GmbH, Hamburg
Printed in Germany
980-ISBN-3-596-22297-4

Inhalt

Erster Teil

Zweiter Teil

Dritter Teil

Vierter Teil

Erster Teil

Es beginnt

Briefträger Tölle sah auf die Uhr, drehte sie in der Hand hin und her.
Soll ich nun gehen oder rasch mal telephonieren, daß Mußmann mich vertritt?
So dachte Emanuel Tölle am 21. Juni, nachmittags sechs Uhr. Er saß in der Wohnstube am Fenster und sah gedankenlos auf den Engelbosteler Damm hinunter. Eine Beerdigung ging vorüber, ein kurzer Trauerzug in Zylindern und Gehröcken. Er schob sich zwischen klingelnden Straßenbahnen und fluchenden Kutschern hindurch, in Sonne und Staub, durch Lärm und Alltag. Kein Kranz, keine Blume lag auf dem Sarg. Judenbeerdigung, dachte Tölle und sah auf den Kupferstich an der Wand in goldenem Rahmen. »Der Schutzengel« hieß das Bild. Weißbehemdeter Engel mit Gänseflügeln geleitete ein zartes Kind über den Abgrund.
Die Tür zum andern Zimmer öffnete sich.
»Herr Tölle ... gehn Se ruhig, das kann noch lange dauern ... ich geb' schon Bescheid, die Lage ist prächtig ...«
Hebamme Lippelt schloß behutsam die Tür zum Schlafzimmer, in dem Luise Tölle ihr erstes Kind erwartete. Die Wehen dauerten schon zwölf Stunden.
Aber Tölle mußte zum Nachtdienst, der um sieben Uhr begann. Als er die Treppe hinunterging, öffnete sich in der ersten Etage eine Tür. Die dicke Witwe Müller machte ein bedauerndes Gesicht.
»Wie geht's ... Herr Tölle?«
»Weiß nicht, muß zum Dienst.«
Unten auf der Straße war es noch sehr heiß. Die Sonne brannte, aber er war Schlimmeres gewohnt als Sergeant der Landwehr, zwölf Jahre bei den Vierundsiebzigern stramm gedient. Die Bult war seine zweite Heimat, die Manöver Lichtpunkte seines Daseins, die Kaisermanöver Erfüllung aller Sehnsüchte gewesen. Beinah von Majestät angesprochen, wenn nicht Haupt-

mann Wülfing mit einer Meldung dazwischengekommen wäre, dachte er immer mit inniger Begeisterung an den Dienst unter der Fahne. Daß Majestät die Absicht hatte, mit ihm zu sprechen, konnte er durch Zeugen belegen. Emanuel war erfüllt von dem Bewußtsein, daß ein Gott lebt über den Sternen und auf ihn herabsah. Was ihn nicht hinderte, das irdische Leben zu genießen, es zu schmecken und davon zu naschen.
Die Mädchen in ihren sommerlich durchscheinenden Blusen ließen ihn erschauern, trotzdem er vieles erlebt hatte und glücklich verheiratet war. Wie er so die Artilleriestraße hinunterging, vergaß er die Kindsmutter und den Nachwuchs, der ihm bevorstand, sein Schnurrbart sträubte sich vor Vergnügen, und bei Wöltje schnell mal einen zu kippen, war entschuldbar für einen so hart geprüften Mann. An der Christuskirche begegnete ihm ein hübsches Mädchen, machte heitere Augen und zeigte freigebig plastische Formen. Das Leben geht eben weiter, dachte Tölle.
In der Artilleriestraße hatte Hermann Wöltje eine kleine Wirtschaft. Es gab dort echte Lüttje Lage, das Nationalgetränk der Hannoveraner, schwer zu trinken für Auswärtige, da es darauf ankommt, gleichzeitig einen hellen Kornschnaps und ein Glas Lagerbier in die Kehle zu gießen. Wöltjes prima Bockwurst und Ia Aufschnitt waren zu rühmen, ebenso das Spezialgericht, »Klöterjahn« genannt, ein wohlschmeckendes aber schwerbekömmliches Essen, welches gebieterisch nach einem nachfolgenden Schnaps verlangte. Eingeweihte behaupteten, daß der Klöterjahn von Jahr zu Jahr schlechter würde. Ob es nur Gerede war oder Neid und Verleumdung, weiß man nicht. Vielleicht hatte auch Mutter Wöltje das Geheimnis der Zubereitung von echtem Klöterjahn mit in ihr Grab auf dem Engesohder Friedhof genommen. Wöltje wurde nach ihrem Tode (sie starb am siebenten Kind) das Opfer von Haushälterinnen, die schlimmer waren als Ehefrauen.
»Tach, Tölle.« – »Tach, Wöltje...«
»Na, wie geht's?«
»Ach, da muß man Geduld haben, das ist zum Auswachsen...«
»Tjawoll... tjawoll«, brummte der Wirt und ließ ein Bierglas recht schön vollaufen. Als er den Schaum mit der Schaumkelle abschippte, meine er: »Müssen wir alle mal durchmachen.«
Wöltje war übrigens ein Menschenhasser, ein Nörgler und ein

Sozialdemokrat. Wenn das herauskäme, dürfte der königlich preußische Beamte Tölle nicht mehr ins Lokal kommen. Aber für Tölle war es sehr gut, bei Wöltje zu verkehren. Da war mal andere Luft als in den Lokalen am Postgebäude. Tölle war für Abwechslung.
»Ich komme vielleicht nachher mal wieder vorbei«, sagte Tölle und ging. Draußen schlug es schon halb sieben. Mächtig spät, denkt er, aber als er laufen will, fällt ihm ein, daß er heute doch entschuldigt sei. Wäre ja noch schöner!
Am Bahnhof lief ihm Mußmann in den Weg. »Mensch, mach fix.« Tölle meinte, von ihm könne man heute nicht soviel verlangen. Mußmann lachte: »Ich glaube, es hat schon mal jemand von dir ein Kind gekriegt.«
Im Dienstzimmer war Hochbetrieb. Tölle ging an den Sortiertisch und arbeitete. Oberpostschaffner Marahrens kam um neun. Das war sein Freund. Marahrens ging gleich zu Tölle. »Na...?«
Das war wenigstens Anteilnahme. Um halb zehn klingelte das Telephon. Tölle stürzte hin.
Es war dienstlich. Er sagte »ja, ja... nein, jawoll...« und »das ist in Ordnung.« Er sah draußen auf dem Bahnhofsplatz die Menschen laufen. Auf der Eisenbahnüberführung stand eine Lokomotive und pustete. Irgendwo schrie ein Kind. Tölle dachte an zu Hause.
Wo nur der Anruf der Hebamme bleibt? Die Nummer hat er ihr genau aufgeschrieben. Ob der Vorsteher wohl Krach macht, wenn angerufen wird mitten im Dienst? Das ist verboten. Paragraph elf der Hausordnung, Absatz vier.
Es wurde zehn, elf, halb zwölf. Um zwölf Uhr stand Tölle auf, ging zu Marahrens ins Nebenzimmer. »Du, ich geh' mal in die Kantine, en Happenpappen essen... wenn angeläutet wird...«
»Ja, ja, geh schon... ich weiß Bescheid... keine Bange«, lachte Marahrens und kaute an seinem Butterbrot. Der Geruch kitzelte Tölle angenehm. Er hatte Hunger, fragte: »Aus Bennigsen...?« – »Tjawoll... Landleberwurst.«
Unten in der Kantine war der Budiker Witkop gerade beim Aufwaschen. »Höchste Zeit«, brummte er, »mach gleich dicht.« Als er von Tölle die familiären Umstände erfuhr, wurde er gutmütig. Er machte sogar nochmal das Gas an und ließ eine Bockwurst ziehen. Ein kleines Helles extra und gratis zur Feier

des Tages. »Wird schon alles werden.« Die Wurst schmeckte gut, fast wie eine von Ahrberg. Nach zehn Minuten war Tölle wieder oben im Dienstzimmer.
Es war neue Post zum Sortieren da. Es dauerte bis zwei Uhr.
Tölle sah auf den Bahnsteig 3 des Hauptbahnhofes. Der Bremer Zug stand da, abfahrtbereit. Tölle sah, wie sich die Menschen in Knäueln vorwärtsbewegten. Die Reisesaison hatte begonnen. Die Kaffeebude war aufgemacht. Tölle glaubte den Kaffee zu riechen. Das würde aber bei ihm noch dauern, bis er Kaffee bekam. Ach Gott, wo blieb bloß der Anruf?
Tölle beneidete die Reisenden, die da sorglos und übernächtig auf dem Bahnsteig umherliefen. Wie gerne würde er auch mal reisen. Seit der Militärzeit hatte er das nicht getan. Als Soldat war er ja öfters durch Deutschland gefahren, aber im Viehwagen. Aber wenn er las »Nordseebäder« oder »Berlin«, dann bekam er Reiselust.
Tölle saß an seinem Tisch, die Augen fielen ihm zu, er war den Aufregungen des Tages nicht mehr gewachsen. Sein einfacher und gerader Sinn war verwirrt. Frau und Kind wurden ihm zu erdrückenden Tatsachen, mit denen er sich schwer abfinden konnte.
Emanuel Tölle, der Sohn des Tischlers Friedrich Bernhard Tölle aus der Stadt Linden vor Hannover, war ein schüchternes und etwas zurückgebliebenes Kind gewesen. Erst beim Militär ging eine dünne Kruste von ihm ab, darunter schimmerte der Mann Tölle, der Staatsbürger und Beamte, aber in ihm schlummerte noch etwas anderes. Der Mensch Tölle, von dunklen Sehnsüchten und ausschweifenden Träumen verfolgt. Manchmal erschrak er vor sich selbst, an weichen Sommerabenden oder in dunklen Nächten, wenn er Frauen und Mädchen vor sich sah, wenn er finster vor Schnaps und Bier nach Hause ging und jede Straßenhure ihn verlockte.
Um zwei Uhr fünfundvierzig rasselte das Telephon, Tölle schlief. Marahrens kam aus dem Nebenzimmer. »Mensch ... Tölle ... wach auf!« Schlaftrunken hörte er die Stimme von Minna Lippelt, der Hebamme: »Ein Junge ... acht Pfund ...!«
Die kürzeste Nacht des Jahres war vorüber. Der neue Tag kam zögernd hinter den Häusern des Raschplatzes herauf. Eine rosarote Wolke stand über dem Bahnhof, als Vater Tölle nach Hause ging.

Die Stadt und ihr Sohn

Als im Jahre 1866 das Schicksal in Gestalt der siegreichen Borussia aus der Haupt- und Residenzstadt eine schlichte Provinzstadt machte, trauerte sie nicht lange einer vergangenen Zeit nach, sie wuchs und vergrößerte sich, blühte auf und wurde eine saubere Offiziers- und Beamtenstadt.
Das springende Pferd, das Welfenroß, wurde zum braven preußischen Remontegaul.
Die Stadt hatte um 1900 eine Viertelmillion Einwohner. Das Generalkommando des 10. Armeekorps, die Reitschule und das Ulanenregiment waren daselbst, außerdem ein Füsilierregiment Nr. 73 und das Infanterieregiment Nr. 74. Artillerie und Train vervollständigten den militärischen Bestand.
Saubere breite Straßen wurden gebaut, Kirchen und Häuser in einem neugotischen Stil, der heute noch als warnendes Beispiel dienlich ist.
Am Hauptbahnhof saß der König August auf hohem Roß und sah bis zu Café Kröpcke hinunter, während er und sein Pferd den Rücken den ankommenden Fremden zukehrten.
Das Hoftheater hatte eine große Vergangenheit. Die Namen von Bülow und Marschner gaben ihm einst Glanz und Ruhm.
Bildungs- und Wohltätigkeitsanstalten jeder Art waren vorhanden, Technik wurde im ehemaligen Welfenschloß gelehrt und Krieg in der Kriegsschule in der Nähe des Waterlooplatzes. Von geradezu internationaler Bedeutung war die Reitschule.
Bürgerstolz und Kinderfreude war der Wald, die Eilenriede. Sie dehnte sich im Osten der Stadt aus und barg in sich die Vergnügungslokale und Erholungsstätten.
Lister Turm, Pferdeturm, Steuerndieb, Bischofshole, Kirchröder und Döhrener Turm. In diesem Wald war der Triumph der Zivilisation deutlich. Hier war wildwuchernde Schöpfung so planvoll gebändigt, hier war die Natur auf so vornehme Art geordnet worden, daß der Hannoveraner mit Recht sagen konnte: das gibt es nur bei uns!
Schloß Herrenhausen mit seinem französischen Park und seiner Fontäne war weniger schmerzliche Erinnerung an Königszeiten als gutes Fremdenwerbungsmittel. Auch der Georgen- und Welfengarten konnten sich sehen lassen samt

der großen Allee vom Königsworther Platz bis Herrenhausen.

Dies ist der grobe Umriß der Stadt, in der Bernhard Tölle aufwuchs. Er wurde ein kräftiger Bengel, der Liebling der Mutter, und fühlte sich wohl. Geschrei und Jammer des Augenblicks blieben ihm, wie allen kleinen Kreaturen, nicht erspart, und Mutter Luise opferte Gesundheit und Nächte ihrem Sprößling.

Vater Tölle ertrug es mit der freundlichen, dumpfen Art, die den Hannoveraner auszeichnet. Er ist ein tätiger und schlauer Mensch, nicht so temperamentvoll wie der Rheinländer, aber auch nicht so phlegmatisch wie der Hanseate. Der Hannoveraner ist ein dauerhafter Charakter, voll Sinn für das Praktische und auch für das Schöne. Die Künste spielten zwar keine überragende Rolle in der Stadt, man hielt sie wie einen Schmuck, man ließ sie blühen und gedeihen zum Ruhme der Stadt und war eigentlich nicht unduldsamer gegen ihre Verfertiger als in anderen Städten und Ländern. Das Beamtentum war tonangebend und mehr noch der Offizier. Dieser hatte in der Reitschule und in den hervorragenden Regimentern Betätigung genug, und er glänzte in der grauen und sachlichen Stadt wie ein Halbedelstein auf einem schmucklosen Kleid. Man ließ ihn glänzen, man drückte mehr als zwei Augen zu, wenn ein Verstoß von seiten des Offizierskorps die bürgerlichen Gemüter erregte.

Die Rangfolge war wie in den Kinderspielen: König, Edelmann, Bürger und Bettelmann. Der vierte Stand murrte und war stark vorhanden, aber machtlos. Die gottgewollte Ordnung hatte gewiß in Hannover ihren sichersten Platz.

Auch die Frömmigkeit der Staatskirche hatte jenen nüchternen und herzhaften Ton, den man liebte. Noch nicht westfälisches Schwarzbrot und nicht mehr mitteldeutsches Weizenbrot, so dazwischen lag der Geschmack der Hannoveraner.

Aber in dieser strebsamen und grauen Stadt wuchsen liebliche Mädchen. Vielleicht hatte das englische Regime in sie einen Baustoff gelegt, der sie von den übrigen Provinzweiblichkeiten unterschied.

Die Hannoveranerin ist tadellos und wagemutig zugleich. Sie ist Hüterin des häuslichen Herdes, aber auch bereit, in die Flammen eines faszinierenden Vulkans zu springen, und was sie tut, geschieht mit einer sauberen und frischgewaschenen

Natürlichkeit, mit kühler Haut und zarter Wangenröte, forsch und zärtlich.
Der Briefträger Tölle war bald nach der Geburt des kleinen Bernhard vom Engelbosteler Damm in die Artilleriestraße gezogen. Es war eine hübsche Dreizimmerwohnung in der dritten Etage, in einem besseren Haus mit viel Balkonen und figürlichem Schmuck.
Hier spielte sich Bernhards Jugend ab. Er war ein blonder, frischer Bengel, hübscher Butjer und Krachschlager, Lärmteufel auf allen Straßen, mit Löchern in Kopf und Knie. Bernhard besuchte die Schule am Clevertor. Er schlenderte wurstig und verspielt in den Unterricht, aber war beim Lernen sehr bei der Sache. Er spielte sich gerne auf, übertrieb und log, puffte starke Bengels von hinten in den Rücken und rettete sich immer rechtzeitig. Er lümmelte sich vor Bäcker- und Papierläden herum, ärgerte ältere Fräuleins mit abscheulichen Grimassen und machte dann wieder ein sanftes Frätzchen. Er war jedenfalls seinen Eltern gewachsen. Vater Tölle konnte nichts machen, wenn der Bengel log oder Schabernack trieb, und die Tränen Mutter Luisens waren keine besonders wirksame Waffe im Kampf gegen die Unarten des kleinen Berni. Eine merkwürdige Angewohnheit von ihm war, immer zu behaupten, er hätte bei dem Einkauf von Stahlfedern oder Schreibheften etwas »zubekommen«. Einmal einen Bleistift, einmal Abziehbilder, und das gute Briefträgerehepaar war verwundert über soviel Freigebigkeit der sonst so schlechten Menschheit. Niemals hatte Berni etwas »zubekommen«, er hatte es regelrecht gekauft und das Geld der unachtsamen Mutter aus der Küchenschublade gestohlen. Eines Tages hatte Bernhard, sein Abendbrot heftig kauend, erzählt, er hätte in der Papierhandlung in der Goethestraße vier große Bogen Abziehbilder »zugekriegt«, was ziemlich unglaubwürdig schien. Also machte sich die mißtrauische Mutter anderntags seufzend und ächzend auf, in die betreffende Papierhandlung zu gehen, um ein paar Stahlfedern zu kaufen. Dann sagte sie, ob sie nicht was »zubekäme«, wie ihr Sohn. Es gab große Verwunderung, das hätte man nie getan, das könne man sich bei den Zeiten nicht leisten. »Entschuldigen Sie man bloß . . . ich dachte man bloß«, konnte Luise Tölle nur flüstern. Sie weinte den ganzen Tag vor sich hin, sah Zuchthaus und Richtbeil über dem Haupte ihres Berni schweben.

Tölle sprach ernst mit seinem Sohn, aber er blieb beim Leugnen. Vater Tölle schlug ihn nicht. »Mein Sohn braucht das nicht«, pflegte er zu sagen. Tölle glaubte schließlich seinem Sohn mehr als den weinerlichen Besorgnissen Luisens. Er meinte: »Laß man, Muttern, der Junge ist schon richtig.«

Und Bernhard blieb »richtig«. Er hatte das Bestreben und die Fähigkeit, zu beherrschen, war immer Mittelpunkt bei den Kameraden und bei den Lehrern sehr beliebt.

Ohne ein Streber und Büffler zu sein, konnte er alles gut und gründlich. Tölle war die letzte Hoffnung der Lehrer, wenn alle sonst versagten. Er wußte nicht nur das Richtige, sondern brachte es auch mit einer schneidigen Fixigkeit heraus. Daß er unter dem Pulte einen »Schulfreund« aufgeschlagen hatte und daraus die Übersetzung ablas, kam niemals heraus. Und die andern »petzten« nicht. Blond und scheinheilig stand der Bengel Tölle in der Klasse, senkte flüchtig die Augen, erhaschte im Fluge die betreffende Stelle im kleinen Heftchen unter dem Pult und sagte es dann genauso auf, als ob es ihm gerade eingefallen wäre.

Mit dem Sohn des Fahrradhändlers Käferhaus in der Hainhölzer Straße verband ihn ideale Freundschaft und spekulative Absicht. Denn der Sohn eines Fahrradhändlers war eine Art Prinz oder vielmehr Kronprinz. Das Fahrrad war höchstes Ziel, das ein Junge von zehn Jahren erreichen konnte. Und wenn man das Glück hatte, einen Fahrradhändlerssohn zum Freunde zu besitzen, mußte man dem Schicksal dankbar sein. Die ganze Familie Käferhaus hatte natürlich Fahrräder. Mutter, Vater und Sohn fuhren nun hoch zu Stahlroß an schönen Tagen auf den Radfahrwegen der Eilenriede nach Steuerndieb oder zum Pferdeturm, um dort Kaffee zu trinken.

Beneidenswerte Menschen, die sich das leisten konnten! Ein armer Briefträgerssohn hatte keinerlei Chancen, in den Radfahrerhimmel zu kommen, es sei denn, er hätte einen solchen Freund wie Waldi Käferhaus. Der sorgte nun für Bernhard, hatte dann und wann ein Fahrrad zur Hand, und so lernte Berni heimlich und schnell diese hohe Kunst.

Das Unglück wollte es, daß Bernhard und Waldemar eines Nachmittags sich auf die Hainhölzer Straße wagten und der unerfahrene Bernhard ins Wackeln geriet, so daß er umkippte. Ein Bierwagen der Herrenhäuser Brauerei erfaßte Bernis Rad, und nur dem mutigen Herbeispringen eines Unteroffiziers vom Trainbataillon war es zu verdanken, daß dem Bengel außer einigen Abschürfungen an Gesicht und Händen nichts passierte. Das Fahrrad war freilich so demoliert, daß auch die Käferhaussche Kunst da vergeblich war. Mutter Luise fiel fast in Ohnmacht, als Berni in diesem Zustand nach Hause kam. Der Junge hatte sich ein Räubermärchen ausgedacht, das er aber vor Schwäche und Schreck nicht aufrechterhalten konnte. »Ich wollte euch doch überraschen«, meinte Bernhard, aber Emanuel Tölle tobte vor Zorn. Fast hätte er seinen Sohn geschlagen.

Die Bekanntschaft mit dem kleinen Joe de Vries, dem einzigen Sohn des Rechtsanwalts S. de Vries, machte Bernhard auf eigentümliche Art. Sie hätten sich wohl niemals kennengelernt, wenn nicht eines Tages zwischen den Schülern der Oberrealschule und den Gymnasiasten eine Balgerei entstanden wäre, eine von den schon traditionell gewordenen Auseinandersetzungen in der Goethestraße zwischen den Schülern jener beiden Lehranstalten, die nahe beieinander und doch durch eine abgrundtiefe Bildungskluft getrennt lagen. Der Übermut der Vornehmen mußte geduckt und das Heraufkommen der Sklaven verhindert werden. Die Gymnasiasten hegten einen tiefen Abscheu gegen eine Gattung Mensch, die es durchaus nicht darauf anlegte, die griechischen unregelmäßigen Verben kennenzulernen, die »nur« Französisch und Englisch lernte und die man durchaus verachten mußte. Es war kein Klassenkampf im wirklichen Sinne, der da zwischen Real- und Lyzeumsschülern ausgetragen wurde, denn mancher Gymnasiast hatte eine arme Mutter zu Hause, die sich das Brot vom Munde absparte, um den Sohn studieren zu lassen, und mancher Realschüler hatte vermögende und wohlhabende Eltern, die aber keine akademische Bildung bei ihrer Nachkommenschaft erstrebten.

Im Getümmel eines solchen Kampfes, der um zwölf Uhr mittags Ecke Clevertor und Goethestraße ausgefochten wurde, befand sich auch ein schwarzer, schwächlicher und kurzsichtiger Judenjunge: Joe de Vries.

Er war irgendwo da mit hineingekommen, trotzdem ihm jede handgreifliche Regung fernlag. Er hatte es sehr eilig gehabt, wollte schnell nach Haus laufen, da ertönte hinter ihm der Ruf »Itzig«. Er war das gewohnt und kümmerte sich wenig darum, er kniff die Lippen zusammen und ging weiter. Der Ruf Itzig war damals allgemein verbreitet, er war die Feststellung eines Juden, er bedeutete eine wegwerfende und verächtliche Sache. Joe wußte das, ertrug es, wie seine Eltern und Voreltern und Urahnen, verlor nichts von seiner wehmütigen Lebensfreude und war auch nicht erbost. Aber die Gymnasiasten, die diese Beschimpfung hörten, stürzten sich erbittert auf die Realschüler. Sie stimmten zwar im Prinzip dem Ausdruck »Itzig« aus vollem Herzen zu, aber aus Realschülermunde durfte ein solcher beleidigender Zuruf nicht ungesühnt bleiben.

Die Schlacht begann. Joe, der Anlaß und Mittelpunkt des Kampfes, wurde zu Boden geworfen. Er wehrte sich nicht. Ein großer Junge, der Schüler Wilkening, saß auf seinem Rücken und preßte ihm die Brust zusammen. Es war kaum zum Aushalten, vor seinen Augen begann es zu flimmern. Er öffnete den Mund, schrie, aber kein Ton kam aus seiner Kehle. Plötzlich wurde der Bedränger zurückgeworfen. Joe konnte atmen. Er richtete sich auf, konnte aber nur schwer sehen, da seine Brille zerbrochen war.

Es war der stämmige Schüler Tölle gewesen, der sich auf den langen Wilkening gestürzt hatte, aus Wut über so eine Feigheit. Er sah, wie der kleine schwarze Bengel japste, und schon saß er dem andern im Genick.

Joe stand zitternd und erschöpft auf der Straße. Er beschloß, wegzulaufen. Sein Befreier stand hinter ihm, der Feind hatte eine blutende Nase.

Bernhard Tölle schlug dem kleinen Joe freundschaftlich auf die Schulter: »Na ... lauf man ... du ... Memme!«

Das Wort Memme war eine Konzession an seine Kameraden, die grinsend hinter ihm standen. Joe sah ihn an, wurde rot vor Freude, sagte dann: »Danke auch ...«, lief auf seinen kurzen Beinchen die Goethestraße hinunter, bog in die Lützowstraße ein und verschwand.

Er war noch sehr aufgeregt, das Erlebnis hatte ihm gezeigt, wie hilflos er war. Trost gab ihm die Freude auf den heutigen Abend, an dem er beschenkt werden sollte. Es war das Chanukkafest, an dem man Lichter anzündete, und die Eisenbahn würde er bestimmt bekommen und vielleicht auch das kleine Harmonium.

Hohes Fest

Wenn die Suppe zu spät auf den Tisch kommt, wenn die Forelle zu lange gekocht hat, wenn der Wein nicht kalt genug ist, wenn ein Besuch, der eigentlich ganz gleichgültig ist, plötzlich absagt, wenn von den Winzigkeiten des irdischen Lebens irgend etwas anders wird, als er gehofft und geträumt hat, dann verliert er die Geduld, obwohl er der angesehene, plaudernde, dichtende, musizierende Rechtsanwalt Samuel de Vries ist, der sich nun nach dem Tode des frommen Vaters Raphael de Vries nur noch S. de Vries nennt.

Trotzdem er eine hübsche Frau hat und einen begabten, aber schwächlichen Jungen, den kleinen Joe, überfällt ihn mit den wachsenden Jahren Melancholie und Unruhe. Seine schmalen weißen Hände, sein kokett zugeschnittener Spitzbart, seine Belesenheit und Interessiertheit haben ihn durch eine sorglos verhätschelte Jugend geführt. Er war für die Eltern immer der Beste, der Einzige, der Intelligenteste gewesen. Er hatte es verstanden, sich eine bürgerliche Position zu schaffen, wie sie nur wenig Juden besaßen. Es war die Zeit, in der es zu beweisen galt, daß man eigentlich gar nicht anders sei als die Nichtjuden. S. de Vries begründete in einer süddeutschen Universitätsstadt eine Studentenverbindung, die es darauf anlegte, genauso zu trinken, genauso sich zu duellieren und zu randalieren wie die rein christlichen Burschenschaften und Korps.

Frömmigkeit war im Hause de Vries traditionell und selbstverständlich. Der Name des großen Rabbiners Isaak de Vries in Amsterdam verpflichtete Söhne und Enkel.

Raphael de Vries war ein schlechter Kaufmann und ein guter, wohltätiger Mensch gewesen. An seinem Sarge trauerten die Armen um ihren Beschützer und Freund. Raphael de Vries starb in dem Glauben, daß sein Sohn Samuel ein frommer und gottesfürchtiger Mann sei. Die letzte Stunde seines Lebens war die erste seines Enkels, den er Joseph zu nennen wünschte, der aber Joe genannt wurde.

Heute an dem heiligen und höchsten Tage stand der kleine Joe mit seinem Vater in der Synagoge, auf dem Platz, auf dem schon der Großvater gebetet hatte, täglich morgens und abends, jahraus, jahrein. Für S. de Vries war es nur noch eine lästige Pflicht. Er war ein aufgeklärter Mensch, für ihn war das

Gebot des Sinai verweht und verschollen. Wenn er den kleinen Joe noch im traditionellen Sinn erzog, dann geschah es aus einer Art Feigheit und in dem Bewußtsein, es seinem Familiennamen schuldig zu sein.
Der kleine Joe war sehr aufgeregt. Er stand erwartungsvoll in der Vorhalle der Synagoge und ließ die ermatteten Menschen an sich vorüberziehen. In Zylindern und schwarzen Mänteln, mit dem sorgfältig eingepackten Gebetbuche unterm Arm, strömte es auf die Bergstraße und Rote Reihe. Equipagen standen wartend mit unruhigen Pferden vor der Synagoge. Man hatte seit dem Vorabend sich kasteit, nichts gegessen und getrunken, kein Labsal dem Körper zugeführt, dagesessen und gestanden in Sterbekleidern und gebetet und gesungen, um Gott zu bewegen, Gerechtigkeit zu üben und Gnade. Nun war es entschieden, wer leben sollte und wer sterben, wer beglückt und wer erniedrigt würde im kommenden Jahr. Nichts konnte man tun, als sich ergeben und fromm sein, den Namen Gottes heiligen und im unscheinbarsten Geschehnis Gottes Allmächtigkeit preisen.
Das höchste Fest war vorüber, soeben hatte der Schofarton, von den zitternden Lippen des alten Vorbeters geblasen, das Ende des furchtbaren und heiligsten Tages verkündet. Blaß und überhungrig kamen die Frauen und Mädchen die Treppe herunter, die von dem Balkon führte, auf dem sie nach dem Gesetz abgesondert saßen.
Joe hatte zum ersten Male gefastet. Es war sein freier Wille gewesen, denn er war erst elf Jahre alt, und bis zu seiner Aufnahme in die Gemeinde, also noch zwei Jahre lang, wäre er von der Pflicht entbunden gewesen. Aber er wollte mittun, er wollte nicht mehr Kind sein und danebenstehen, wenn die Erwachsenen das taten, was seit Tausenden von Jahren Gebot war. Gewohnheit war es bei den meisten und eine dumpfe abergläubische Angst oder eine weichherzige konziliante Geste einer alten Mutter gegenüber oder die leere und verzweifelte Phrase »der Kinder wegen«.
Rechtsanwalt de Vries konnte sich von allem freimachen, konnte an Gott zweifeln und verbotene Sachen essen, sich's bei Hummer und Austern gutgehen lassen, aber am Versöhnungsfest nicht zu fasten, das brachte er nicht übers Herz.
Joe de Vries hatte am Nachmittag stark mit der Versuchung gekämpft, etwas zu essen, eine Kleinigkeit nur, Schokolade

oder eine Krume Brot, denn er fühlte sich sehr schwach. Hunger konnte man es gewiß nicht nennen, es war mehr als Hunger. Ein Ausgehöhltsein, ein Leersein, ein unnennbares Schwächegefühl und eine Mattigkeit in den Knien. Dabei war ihm fröhlich ums Herz. Joe hörte süße Schubertmusik in sich, die »Rosamunde« mit ihrer hüpfenden, tanzenden Melodie, ein Geistermarsch, ein seliges Intermezzo voll Wohlklang und berauschendem Behagen.

Joe lebte völlig in der Musik, seine Tage und Nächte waren davon erfüllt. Meistens saß er am Klavier und legte seine noch immer kleinen Finger in die richtigen Tasten. Er konnte schon die Dammsche Klavierschule bis in die schwierigeren Kapitel bewältigen. »An Alexis« spielte er sogar mit seiner Mutter, die eine geringe, aber ausreichende Fingerfertigkeit besaß. Joe hatte von der Musik schon vieles kennengelernt. Die leichten Stücke von Bach und die Präludien spielte er mit zarter Empfindung. Der alte Klavierlehrer Klapproth, der ihn zweimal wöchentlich unterrichtete, hatte große Freude an dem aufmerksamen und begabten Schüler, Johanna de Vries war stolz und am stolzesten S. de Vries, der Vater, der in seinem Joe einen Wagner und Brahms vermutete.

Joe hatte mit dumpfem, schwerem Kopf den Tag überstanden. Seine Schwäche wurde ihm zum Genuß, zur feinsten, geistigsten Empfindung. Nun stand er da und wartete, daß der Wagen seines Vaters vorfahren würde. Er wurde freundlich von den Menschen angesprochen, man ehrte in ihm den Namen der Familie, sogar der kurzsichtige Rabbiner Seligmann sagte: »Na, kleiner Mann, hast du Hunger?« Mit Stolz erzählte Joe, daß er gefastet hätte.

Da kam auch Edith mit ihren Eltern und erkundigte sich teilnahmsvoll. »Das tust du nur aus Genußsucht, Joe, damit dir mal das Essen schmeckt«, meinte sie. Aber Joe wurde ganz rot und sagte: »Am Essen liegt mir gar nichts, ich könnte meinetwegen noch einen Tag fasten.« Das war nun Prahlerei, denn im Grunde freute sich Joe ganz unbeschreiblich auf das Essen.

Wie herrlich wurde das auch vorbereitet! Man setzte sich nicht einfach zu üppigem Mahle, nein, man trank zuerst ganz starken Kaffee mit reiner Sahne, aß dazu frische Mohnbrötchen mit Butter dick bestrichen, die nach Heu und Wiese duftete, dann pausierte man eine gute halbe Stunde, bis das eigentliche Abendessen kam, das aus Suppe, Braten, Gemüse

und Nachtisch bestand. Dazu trank man leichten Rotwein, natürlich für Joe mit Wasser vermischt. An diese Herrlichkeiten dachte er, an die Genüsse des Magens, und war erfüllt von dem Gefühl, ein erwachsener Mann zu sein.
Johanna de Vries kam endlich und umarmte ihren Sohn, dann löste sich der Rechtsanwalt de Vries aus einer Gruppe von Männern, mit denen er Gemeindeangelegenheiten besprochen hatte. Er war trotz seiner inneren Abtrünnigkeit noch in der Gemeinde tätig und dort als glänzender Redner beliebt und bekannt.
Die Equipage des Rechtsanwalts de Vries war vorgefahren, der Kutscher Karl Appenroth legte grüßend die Hand an den Zylinder. »Na, Karl, wie geht's«, sagte der Rechtsanwalt wohlwollend, als er als letzter in den Wagen stieg. – »Danke, Herr Doktor, ich hab' ja mein Essen binnen.«
Johanna liebte die joviale Art ihres Mannes gar nicht. Sie fand das unschicklich, aber was sollte sie machen? Sie mußte leiden und dulden, und darin war sie Meisterin. Die Ehe hatte sie gelehrt, auf manches zu verzichten, das sie früher als selbstverständlich genommen hatte, als sie noch zu Hause war. Sie stammte aus einer jener seltsamen Judenfamilien, die man besonders in Hamburg trifft, deren Töchter eine eigentümlich mongolisch-japanische Gesichtsform haben.
Sie hatte eine große Mitgift gehabt. Ihre Eltern waren sehr fromm gewesen, ihr Vater war Ruben Lewinsky, der in Hamburg zu den größten Grundstücksmaklern gehörte. Der alte Lewinsky war schon über sechzig. Die Mutter starb, als Johanna zehn Jahre alt war.
Der Wagen fuhr die Bäckerstraße entlang bis zur Goethestraße, an altertümlichen Häusern vorbei. Es war dies Althannover, ein verarmter und schmutziger Stadtteil, einstmals stolzer Mittelpunkt städtischen Lebens. Man fuhr am Clevertor vorbei durch die Brühlstraße über den Königsworther Platz. Das Wetter war herbstlich rauh, es fing an zu regnen. S. de Vries war sehr aufgeräumt, er neckte den kleinen blassen Joe.
»Was gibt's zuerst, Joe?«
»Kaffee.«
»Und dann?«
»Ich weiß nicht ... ach so ... dann gibt's gar nichts, und dann gibt es Suppe.«
»Denk mal, Joe, wenn du nun langsam die Tasse an den Mund

führst, und ganz langsam ... ganz langsam läuft ein Schluck Kaffee dir in den Magen ... kannst du dir das vorstellen?«
Joe lag an seiner Mutter angelehnt, die sehr müde war und Kopfschmerzen hatte; er richtete sich auf, nahm seine letzte Kraft zusammen und sagte: »Ja, Vater ... ich stelle es mir vor.« Er lachte in sich hinein vor Freude.
Auf der Straße liefen alle Menschen so schnell. Es brannte Licht in den Geschäften, es war ja für die andern Alltag. Die Straßenbahnen ließen ihre Glocken in einem fort tönen, es war viel los auf den Straßen. Joe war es ganz traumhaft zumute. Seit heute früh war er in der lichterglänzenden Synagoge gewesen. Mittags zwar hatte er ein paarmal nach draußen gehen dürfen, um frische Luft zu schöpfen, aber das war gar nicht so schön gewesen, da nachher die Luft in der Synagoge noch schlechter zu ertragen war.
An der Schloßwender Straße geschah es, daß ein Schlachterwagen in schnellem Tempo auf den Königsworther Platz fuhr und plötzlich vor dem die Straße kreuzenden Wagen haltmachen mußte. Der Kutscher konnte das Pferd nicht mehr zum Stehen bringen, es rutschte auf dem Asphalt aus. Die Deichsel des Schlachterwagens drang durch die Scheiben des Wagens, in welchem der kleine Joe mit seinen Eltern saß.
Joe sagte im gleichen Augenblick: »Sieh mal, Vater ...«, da klirrte Glas, ein Geschrei von Passanten, ein Fluchen, ein schreckliches Durcheinander entstand. Karl Appenroth wurde vom Bock gestoßen, der kleine Joe lag ohnmächtig auf dem Polster.
Der Rechtsanwalt und seine Frau waren unverletzt geblieben. Ein Schutzmann bemühte sich, Ordnung zu schaffen, die Menschen schrien und schimpften. Johanna kümmerte sich nur um ihren bewußtlosen Sohn, sie nahm ihn, irgendein gutmütiger Mann half ihr dabei, und trug den bewußtlosen Jungen in das nahe Haus in der Parkstraße, wo die Räume festlich erleuchtet waren.
Der Rechtsanwalt mußte erst die Formalitäten erledigen, dem Schutzmann Rede und Antwort stehen, bis er eiligst und verstört nach Hause lief, wo ein Arzt sich schon um den Verletzten bemühte. Außer einer Hautabschürfung an Arm und Brust war aber nichts Ernstliches festzustellen.
So endete der erste Fasttag des kleinen Joe.

Der Schüler de Vries

Joe war ein unruhiges, träumendes, kindisches und dann wieder ernsthaft altkluges Geschöpf. Klein und mager, mit etwas zu großem Kopf und kurzgebissenen Nägeln, kurzsichtig und mit abstehenden Ohren behaftet. Eine ewig rutschende Stahlbrille auf sehr großer Nase, ein Judenjunge, ein »Miesnick«, keine Schönheit.

Nur in der Musik lebend, wuchs er in seinen einsamen Stunden zu einer Größe auf, die nur ihm bewußt war. Allein abends in dunklem Zimmer phantasierte er von nicht gelebter Freude und nie erreichter Liebe, trauerte um nicht Geborenes, nicht Gewachsenes, tanzte vor fremden Gottheiten, vor märchenhaften Frauengestalten...

Nach solchen Abenden war die Nacht tief und traumlos, der frühe Schulmorgen aber entsetzliche Marter. Schon das Aufstehen war eine Qual. Johanna de Vries mußte drei- oder viermal ins Zimmer kommen, um den immer wieder einschlafenden Jungen wachzurütteln. Joe mußte dann gewaltsam angezogen, gewaltsam an den Frühstückstisch gesetzt werden. Wie im Traum gelangte er in die Parkstraße, auf den Königsworther Platz, lief auf seinen kurzen Beinchen durch die Brühlstraße am Clevertor vorbei in die Goethestraße und kam immer ziemlich abgehetzt knapp vor dem Glockenschlag acht ins Gymnasium.

An der Ecke Clevertor und Goethestraße war ein Briefkasten, der im Leben des kleinen Joe eine Rolle gespielt hatte, als er an einem der ersten Schultage mit seinem Kopfe in schmerzhafte Berührung kam. Blutend und ohnmächtig hoben ihn die Passanten auf und brachten ihn auf die Feuerwache zum Verbinden. Damals war Joe knapp sieben Jahre alt. Der Zusammenstoß mit dem Briefkasten bewahrte ihn vor einem halben Jahr Quälerei, denn man brachte den armen Joe nach seiner Genesung gleich in ein Nordseebad zur Erholung.

Am Clevertor war die Realschule mit den rüden und gewalttätigen Schülern dieser für einen Humanisten verabscheuungswürdigen Bildungsanstalt. Joe hatte aber einen Freund dort, Bernhard Tölle, der den armen Joe einmal vor Prügel bewahrt hatte. Diese Freundschaft war seltsam, denn es bestanden gar keine gemeinsamen Interessen zwischen Bernhard und Joe.

Auch war der soziale Unterschied zu groß. Briefträgerssohn und Rechtsanwaltssprößling, da gab es eigentlich keine Brükken. Doch war das Zusammensein mit Berni immer erfrischend und vergnügt, ja, ab und zu durfte Berni ins Haus der Eltern kommen, in die schöne Villa in der Parkstraße. Aber Frau Johanna untersagte ihrem Sohn den Gegenbesuch.

Bernhard liebte Musik nur im Viervierteltakt, er war ein begeisterter Anhänger von Militärmärschen und bestimmte auch Joe, den Hohenfriedberger Marsch auswendig zu lernen. S. de Vries mochte Bernhard gern leiden, er gab ihm manchmal einige Zigarren für den »Herrn Papa«. Dieser war stolz auf die vornehme Freundschaft seines Sohnes, und für Mutter Luise bedeutete sie geradezu Triumph und nahe Verwirklichung ihrer Dienstmädchenträume. Sie wünschte nichts sehnlicher, als einmal den Rechtsanwaltssohn in ihrem Hause zu sehen. Eine Stufe zu diesem Glück wurde erreicht, als eines schönes Tages, es war Sonntag, die Familie de Vries mit der Familie Tölle im Kirchröder Turm zusammentraf.

Langsam aus dem Hintergrunde des Kaffeegartens herankommend, wuchsen Vater und Mutter Tölle in den Gesichtskreis der Familie de Vries. Da gab es kein Ausweichen, die Jungens begrüßten sich mit Hallo und Geschrei und die Erwachsenen mit Geziertheit und künstlicher Freude.

»Also ... das sind deine Eltern?« sagte Johanna zu Berni, der in seinem frischgewaschenen Matrosenanzug ihr die Hand reichte und dazu einen Kratzfuß verübte, der geradezu hoffähig war. Während die Jungens sich der Spielwiese zu bewegten, ohne sich um die Verlegenheit der beiderseitigen Eltern zu kümmern, entwickelte sich mühsam eine Art Unterhaltung.

»Na ... guten Tag ... freut mich sehr, Sie kennenzulernen ... Ganz meinerseits, Herr Doktor. Wie geht es jetzt der Gesundheit Ihres Sohnes? Danke der Nachfrage, besser ... ja die Schule ... na, wird schon werden. Und Sie, Herr Tölle ... haben Sie viel Dienst ... ja, es macht sich ... so, so ... ja, jaso ... jawohl ... natürlich ... hm ... Das Wetter ist gut ... ja ... na. Regen war ja genug ... rauchen Sie? danke, sehr liebenswürdig.«

Frau Johanna hatte ein falsches, etwas zu süßes Lächeln aufgesteckt. Ihr war die Begegnung einfach peinlich. Da hinten lorgnettierte Frau Isenstein lebhaft auf die Gruppe, und Johanna glaubte ihr spöttisches Lächeln zu sehen. Dabei war

der Briefträger Emanuel Tölle in seiner prächtigen Uniform und überhaupt ein stattlicher Mann. Mutter Luisens Blässe war erschreckend, sie hatte bestimmt etwas an der Niere.
Luise konnte sich an dem Foulardkleid der gnädigen Frau kaum sattsehen, ihr eigenes war nur bescheiden, schwarz mit weißen Tupfen. Und der Hut der Frau Rechtsanwalt war riesig groß, das war die letzte Mode, aber nur für die ganz feinen Leute.
Der Garten war gedrängt voll, man mußte sich also beizeiten nach Plätzen umsehen. Wer wollte nun entscheiden, ob die Familien sich zusammensetzen sollten oder nicht? Die Briefträgersgattin war von dem Ereignis der Begegnung derart aus dem Gleichgewicht gebracht, daß die Theorie ihrer Gewandtheit im Verkehr mit den Vornehmen sie gänzlich im Stich ließ. Was nützte ihr im Augenblick die Erfahrung ihrer Dienstmädchenjahre, wo sie doch immer nur bei erstklassigen Herrschaften gedient hatte und daher genau wußte, was sich schickt. So zum Beispiel mußte die Stimme immer etwas Beleidigtes und grundlos Gekränktes an sich haben. Gedehnt und geziert, ablehnend und doch verbindlich. »Tjaaöö ...« Luise wäre vor Glück gestorben, wenn sie sich mit dem Rechtsanwaltsehepaar an einen Tisch hätte setzen können. Sie seufzte vor quälender Aufregung.
»Na ... da wollen wir nicht länger stören«, meinte Emanuel mit männlicher Entschlossenheit. Bierdurst rauhte ihm die Kehle, und überhaupt fand er es an der Zeit, sich zu verabschieden. Seine Meinung von der vornehmen Welt stand fest. Gott ja, es gab eben Arme und Reiche, aber vor allem gab es Militär und Zivil. Schließlich war ein Rechtsanwalt doch nur ein Zivilist.
Er konnte sich lebhaft ausmalen, was de Vries für ein schlapper Soldat geworden wäre, wenn er gedient hätte. Ja, wenn er gedient hätte! Darüber sprach man am besten nicht. Das Nichtgedienthaben war eine Krüppelhaftigkeit, die man nur mit dem Mantel der christlichen Nächstenliebe zudecken konnte.
Die Familien nahmen Abschied. Familie Tölle ging in den hinteren Garten, wo auch eine kleine Bierbude war, während Johanna in ihrem Foulardkleid der Terrasse zurauschte. S. de Vries in einem dunkelblauen Anzug, hohem, steifem Kragen und einem kreisrunden Strohhut auf dem Kopfe folgte ihr. Der Schatten der Begegnung drückte etwas auf die Stimmung beider Familien. Dem Rechtsanwalt war es überall zu heiß, eigentlich wollte er auch noch spazierengehen, und bei Tölles lagen dunkle

Schatten auf dem Gemüt von Mutter Luise, die keinen rechten Lebensmut mehr hatte. Sie fühlte Schmerzen im Rücken und wußte, daß sie es nicht mehr lange machen würde.
Bernhard stopfte den mitgebrachten Topfkuchen in den Kaffee und war zufrieden. Vater Tölle blinzelte in die Sonne und stellte sich allerhand vor. Joe saß dösend auf seinem Stuhl vor einem Glas Milch, er nahm ab und zu ein paar Schluck und war sehr abwesend. Er hörte Musik, immer spielte ihm eine himmlische Musik auf und beglückte ihn.
Leider auch in der Schule, wo er unter den Lehrern nicht viel Freunde hatte. Er war immer »Pluck«. So nannte man den schlechtesten Schüler, der schandehalber auf der vordersten, also letzten Bank am letzten Platz saß. Joe döste auch in der Schule.
Mit Direktor Fettköter hatte er es ganz verdorben, ja, es hätte kürzlich ein trauriges Ende genommen, Karzer oder, schlimmer noch, Relegation aus der Schule wären ihm sicher gewesen, wenn nicht ein einziger unter den Lehrern, der Knabenlehrer Fritz Jünger, ein Machtwort gesprochen hätte.
»Der Schüler de Vries«, so sagte der Lehrer Jünger, »ist so geartet, daß er für die Tat nicht verantwortlich gemacht werden kann.« Das kann man nun auffassen, wie man will. Direktor Fettköter beruhigte sich nur, indem er den geistigen Schwachsinn des Schülers de Vries als Tatsache feststellte. Wrampelmeyer aber, der Lateinlehrer, forderte härteste Bestrafung. Er strich seinen langen, zornig abstehenden Bart und schnaubte: »Exemplarische Strafe ... Herausschneiden der Pestbeule ...« und ähnlich fürchterliches Zeug. Der Tatbestand war folgender:
Der Schüler de Vries hatte eine Arbeit, ein französisches Extemporale, mit einer Randzeichnung versehen, die unzweideutig die Figur und die Erscheinung des allseitig verehrten Direktors Woldemar Fettköter trug. Fettköter unterrichtete die Klasse im Französischen und mußte mit eigenen Augen in der an und für sich schon fehlerhaften Arbeit des Schülers de Vries am Rande der zweiten Seite, dort, wo er die Fehlerbezeichnungen mit blutigroter Tinte anbringen wollte, sein Konterfei erblicken. Woldemar Fettköter glaubte vom Schlag gerührt zu werden, als er das Heft aufschlug.
Es war in seiner Wohnung am Warmbüchenkamp an einem kalten Winternachmittage. Frau Hermine hatte versprochen,

für den Abend Puffer mit Bickbeeren zu backen, schöne knusprige Puffer, das stimmte Woldemar versöhnlich. Aber was wollten die knusprigsten Puffer bedeuten gegen dieses Bubenstück, gegen die Anpöbelung von seiten des schlechtesten Schülers, des Quintaners de Vries.
Welche Verkennung menschlicher Ehre und Würde lag in dieser Wahnsinnstat!
Der dösende, schreibende Joe hatte in diesem Extemporale eine Zeichnung an den Rand des Schreibheftes gekritzelt. Wäre es irgend etwas gewesen: ein Haus, ein Tier, ein Baum oder vielleicht das Gesicht eines inbrünstig geliebten Musikers (etwa Wagners spitzkinniges Antlitz oder Beethovens Rundstirn mit der eigensinnig-tragischen Unterlippe), es wäre zwar eine grobe Ungehörigkeit gewesen, die härtesten Tadel verdient hätte, aber sie wäre vielleicht entschuldbar gewesen. Aber das dicke, schwammige, stoppelbärtige Gesicht Woldemar Fettköters, des Direktors des königlichen Gymnasiums, im Profil zu zeichnen, es auf ein kurzes, dickes Untergestell zu setzen mit schlotterichten Hosen und krummen Beinen, dies zu tun und es noch dem Porträtierten abzuliefern im Vertrauen auf Gottes Hilfe oder auf einen Zufall, das war Verblendung oder plötzlicher Irrsinn.
Gänzlich unfaßbar war bei diesem kindischen Machwerk, daß auf dem Haupte des Lehrers eine Narrenkappe thronte, mit Liebe gezeichnet, mit kleinen Glöckchen und Tschindara. Sicher erklangen in Joe Papagenoliedchen und heiterste Mozartmusik, daß er sie zeichnete, sicher war er sehr glücklich darüber gewesen, und er lieferte die Arbeit mit dem Bedauern eines Künstlers ab, der sein Kunstwerk nur ungern der Menge überantwortet.
Joe hatte an diesen Streich drei Tage lang nicht mehr gedacht, bis eines Morgens der Direktor plötzlich in die Botanikstunde hereinbrauste, die Fritz Jünger abhielt. Donner und Blitz durchzuckte das Klassenzimmer, Funken stoben um den Kopf des armen Joe, um den das blaue Heft wirbelte. Fettköters Bauch wogte vor seinen erschrockenen Augen, er verstand und begriff nichts, man trampelte auf seinen Ohren herum, marterte seine arme Seele, er war Opfer und nicht Täter.
»Du verläßt sofort die Klasse... nach Hause... du Verbrecher... du Spitzbube... du Lump...!« So und ähnlich umdonnerte der Zorn des beleidigten Schuloberhauptes den fas-

sungslosen Joe de Vries, der in unstillbares Weinen ausbrach.
Nur dem gütigen Zureden Fritz Jüngers war es zu verdanken, daß Joe bis zum Entscheid der Lehrerkonferenz die Schule weiter besuchen durfte. Vater de Vries erschien sofort beim Direktor, versprach Strafe und Besserung, und so glätteten sich die Wogen rasch.
Fritz Jünger war und blieb Joes einziger Freund, und dieser seltene Mann verdient näher betrachtet zu werden.

Der Knabenlehrer Jünger

Der Lehrer Fritz Jünger lebte seine irdischen Tage in Hannover. Sie sind ein Teil der Ewigkeit, in der er fortleben wird im Gedächtnis von Generationen.
Sein Herz schlug unter einem Jägerhemd und unter einer grauen gestrickten Weste fünfundsechzig Jahre lang. Es war störrisch und unberechenbar, es schlug gelassen in Augenblikken des Schicksals und galoppierte bei geringfügigen Anlässen. Fritz Jünger war ein Mensch und wurde ein Begriff.
Sein Name erheitert heute noch bärtige Männer und gibt ihnen Anlaß zu fröhlicher Erinnerung. Die Geschichten von ihm und um ihn sind ungezählt, immer neue kommen hinzu, manche sind wohl erfunden, aber alle sind im tiefsten Grunde wahr.
Fritz Jünger war Lehrer am Lyzeum, das später königliches Gymnasium wurde. Er nannte sich Knabenlehrer und trug diesen Titel, der keiner war, so stolz wie ein General seine Orden. Der Knabenlehrer Jünger unterrichtete die Kinder im Alter von sieben bis zwölf Jahren. Seine Fächer waren Rechnen, Naturgeschichte und Geographie. Er hatte die Väter unterrichtet, und die Söhne waren für ihn nur ihre Wiederholung. Eine Generation ging, die andere kam, nur er blieb. Fritz Jünger in weitem schlotternden Anzuge, in ausgebeulten Hosen, mit einem schwarzen Regenschirm bewaffnet, den er wie ein Gewehr geschultert trug. So blieb er sommers und winters, sah die Errungenschaften der Neuzeit mit Spott und verachtete den Fortschritt.
Man glaube nicht, daß Fritz Jünger ein trockner Pedant gewesen sei. Er war ein großes Kind mit wirrem grünlichgrauem Spitzbart und kleinen stechenden blauen Augen. Er

glaubte nicht an die Wissenschaft und ihre Erkenntnisse. Er glaubte an Gott, weil es ihm selbstverständlich war, das Irreale für wirklicher zu nehmen als die greifbare Realität der Menschendinge.
Staub und Schutt lagen auf seinem Herzen, er tat nichts dagegen. Das Leben hatte ihn nicht enttäuscht, da er nichts erwartet hatte. Manchmal sah er in einem Kinde etwas Besonderes und Einmaliges, dies liebte er, geschah, was da wolle. So liebte er Joe de Vries, den kleinen, viel gescholtenen Judenjungen, den Sohn des Rechtsanwalts S. de Vries, den er auch unterrichtet und bevorzugt hatte. So vererbte sich die Liebe vom Vater auf den Sohn, obwohl der Kleine im Gegensatz zum Vater ein miserabler Schüler war.
Fritz Jünger verteidigte diese Liebe mit der ganzen Kraft seines vereinsamten Herzens, er überschritt oft dabei die Grenzen des Erlaubten. So übersah er geflissentlich die Tatsache, daß der Schüler de Vries ganz offensichtlich die Zeichnungen von Tieren und Pflanzen durchgepaust hatte. Er übersah es und billigte es schweigend. Manchmal erschien auch in der Sprechstunde des Rechtsanwalts der Knabenlehrer und fragte irgend etwas belangloses Juristisches, tat so, als ob dieses der Zweck des Besuches sei. Beim Hinausgehen steckte er unversehens in die Hand des Rechtsanwalts einen kleinen Zettel, auf dem die Aufgaben des morgigen Extemporale aufgeschrieben waren. Zum Erstaunen des kleinen Joe wurde genau die Aufgabe anderntags gestellt, die der Vater mit ihm geübt hatte.
Man sage nicht, daß dieses Vorgehen unrecht war, es war der geniale Instinkt eines Liebenden, der den Knabenlehrer dahin brachte, die schlechte Gesamtleistung des Schülers de Vries zu heben.
Jünger sah in dem Kleinen mehr als die andern, er sah ein verschüchtertes Herz und eine unergründliche Tiefe, darin es wogte und wucherte. Er war der Schatzgräber, der Wünschelrutengänger in den Gefilden des Außergewöhnlichen und Nichtbanalen. Wenn er aber in einem glattgesichtigen Kindergesicht den späteren berechnenden Bürger erblickte, dann kannten sein Spott und seine Verachtung keine Grenzen.
Er sagte oft: »Es gibt Kriechtiere und Vögel, dazwischen kommen die Affen, die so tun, als ob sie laufen und fliegen könnten.«
Fritz Jüngers Auftritt in eine Klasse war eine Zeremonie.

Wuchtig erdröhnte sein Schritt auf dem Korridor, wuchtig wurde die Türklinke heruntergedrückt, wuchtig stand er im Türrahmen, groß und mager. Sein gelbliches Gesicht zuckte, und seine Augen blickten starr vor sich hin. Dann trat er ein, schoß auf einen Jungen zu, der irgendwelche Dinge trieb, und schrie mit dröhnender Stimme: »Hütet euch... ich sehe bis zum Hintersten!« Dann ging er zum Klassenschrank, legte den Hut und den Schirm hinein, stellte sich auf das Katheder und schlug sich mit den Fäusten dröhnend auf die Brust, einmal... zweimal... dreimal... Mit weitaufgerissenen Augen sahen die Kinder auf das seltsame Gebaren ihres Lehrers. Er sagte dabei: »Die Lunge, ihr dummen Jungens, ist bei den Säugetieren der wichtigste Körperteil.«
Im Unterricht war Rechnen angesetzt, aber der Knabenlehrer kümmerte sich nicht um Stundenpläne. So geriet er oft mit dem Lehrerkollegium in Konflikt, aber wer wollte gegen den alten bewährten Knabenlehrer etwas ausrichten? Junge Lehrer, erfüllt von modernen Erziehungsideen, sahen in Jünger den Typ des gänzlich veralteten Schulmeisters. Sollte man vielleicht einen Menschen ernst nehmen, der in der Naturwissenschaft noch bei Linné hielt? Selbst der Direktor Fettköter konnte nichts gegen Jünger unternehmen. Wenn Fritz Jünger den an und für sich nicht schönen Namen des Direktors aussprach, dann schauderte man. So mußte Direktor Fettköter schweigen.
Die Rechenstunde begann mit folgendem: Fritz Jünger befahl der Klasse, das Fünfundzwanzigmaleins aufzusagen, und zwar möglichst schnell und im Chor. Es begann:
Fünfundzwanzig... fünfzig... fünfundsiebzig... hundert. Dann wurde es einzeln heruntergerasselt. Der Schüler Wucherpfennig kam nur bis fünfundsiebzig, er brach in Weinen aus. Jünger sah traurig und abwartend auf ihn herab, ging an den Spucknapf und spuckte geräuschvoll und ausgiebig. Dann sagte er mit langsamer Stimme: »Habe deinen Vater gestern auf der Straße gesprochen, Vater ist ein netter Mann, und...« Da unterbrach ihn der Schüler Wucherpfennig schluchzend: »Herr Jünger, mein Vater ist doch schon tot.« Ein Blitz fuhr herab, eine Donnerstimme dröhnte: »Widersprich mir nicht immer, dummer Bengel.«
Der Unterricht ging weiter, Fritz Jünger stand auf dem Katheder und dozierte: »Das Wichtigste ist das Staubwischen. Die

Dienstmädchen, Frauen und niedere gedankenlose Menschen nehmen den Lappen zur Hand und wischen kreisförmig auf der Tischplatte herum. Dadurch wird der Staub nur aufgewirbelt und setzt sich sofort wieder. Also scharf hersehen«, seine Stimme erhob sich, »der denkende Mensch nimmt das Tuch und wischt den Staub vom Tisch herab auf den Boden, so ...« Er schob mit dem Tuch den Staub vor sich her, bis er vom Tischrand zu Boden rieselte. Diese Demonstration, fast täglich ausgeführt, wurde mit dem Satz beschlossen: »So unterscheidet sich der Mensch vom unwissenden Tier.«
Wenn die Kinder zu Hause die Jüngersche Methode des Staubwischens begreiflich machen wollten, stießen sie auf Unverständnis. Ja, der Vater Heitmüller unternahm es sogar, dem Knabenlehrer einen Brief zu schreiben, in dem er sich diese »Aufhetzung der Kinder«, wie er es nannte, verbat. Vater Heitmüller hatte keinen Nutzen und keinen Schaden davon. Fritz Jünger sagte nunmehr bei der Vorführung des Staubwischens: »Alle mal hersehen, mit Ausnahme des Schülers Heitmüller.«
Daß der Knabenlehrer Jünger sich im Unterricht mit einem Taschenmesser die Nägel schnitt, daß er von den Kindern manchmal einen Apfel forderte (den die gute Mutter zum Frühstück mitgegeben hatte) und den rotbackigen Apfel scheinbar in Gedanken in kleine Stücke schnitt und vor den Augen des Spenders aß, das waren nur kleine Marotten und Eigenschaften eines einsamen Mannes. Aber daß er den Schülern wiederholt erzählte, er sei in London gewesen und von der Königin Viktoria auf der Straße in die Hofequipage geholt worden, nachdem sich Ihre Majestät erkundigt hätte, ob er der Knabenlehrer Fritz Jünger sei ... das zu erzählen und vorzutragen war mehr als eine Seltsamkeit oder Laune.
Es war eine dichterische Ausschmückung seiner kleinen Welt, die zwischen einem schlecht möblierten Zimmer und einem backsteinroten Schulgebäude lag. Das war der Fanatismus des Dichters, der nur an seine Welt glaubt und die Realität leugnet. Die Welt des Knabenlehrers Jünger war bunt und reichte um die ganze Erde. Da gab es Löwenjagden in Afrika, Brillantfeuerwerke, mit denen er von Fürsten und Königen geehrt wurde. Da war das Zahlungsmittel der Südsee, die Kaurimuschel, wirklicher als die Summe, die er allmonatlich von der Behörde in Groschen und Markstücken ausgezahlt bekam. Wenn er vom

Galadiner beim König von Spanien erzählte, wenn er die Arena schilderte, in der der Stierkampf ihm zu Ehren abgehalten wurde, dann ... wehe dem Schüler, der da lachte. Er war verworfen und vernichtet, er war ein vorwitziger Lümmel und Dummerjan.

Vor seinem Paradies stand der Knabenlehrer Jünger, den Regenschirm in der Faust, und verteidigte es vor Dieben und Eindringlingen. Wenn er manchmal den Vorhang lüftete und die Horde von Bengels hineinsehen ließ, dann war es Gnade und Auszeichnung.

Die Naturgeschichtsstunde hatte zum Inhalt eine flüchtige Belehrung der Kinder über das unsterbliche System Linnés. Aber vor allem mußte die Kunst des »Blumeneinwickelns« gelernt werden. Es kam darauf an, die Pflanzen beim Botanisieren so einzuwickeln, daß das Papier unten umgeschlagen werden konnte, so daß die Stiele wie in einem Sack ruhten, darauf kam es an. Das Botanisieren bestand meistens in dem Pflücken der beliebten Caltha palustris, der Sumpfdotterblume, die gleich hinter dem Schulhof zu finden war. Auch der gemeine Hahnenfuß war ein geschätzter Gegenstand des Botanisierens. Die Klasse zog dann mit Gejohle durch die Schulkorridore und störte den Unterricht der anderen. Fritz Jünger an der Spitze des Zuges auf Zehenspitzen tanzend, sich umwendend und ab und zu einem zu lauten Schüler einen Klaps versetzend. Draußen auf der Wiese balgten sich die Bengels und kamen mit zerquetschten Blumen bei dem Lehrer an.

Wichtig war noch eines: »die Lupe am Bande« ... die durfte in keiner Stunde fehlen. Die Lupe, ein hübsches, schwarz eingefaßtes Brennglas, mußte um den Hals des Schülers hängen, damit er jederzeit der Natur ihre Geheimnisse ablauschen konnte. Gewöhnlich benutzten die Schüler die Lupe, um unversehens dem Vordermann in der Stunde ein Loch in die Jacke zu brennen oder gar sein Gesicht zu verletzen. Fritz Jünger bestrafte in solchen Fällen nicht den Täter, sondern den Betroffenen, »weil er den Unterricht störe«. So stand es auch im Klassenbuch eingeschrieben.

In der Zoologiestunde kam es vor, daß Jünger sagte: »Jetzt kommen wir zum Orang-Utan« ... sich jäh unterbrechend, zu einem Schüler, der »döste«: »Bengel, wenn du was lernen willst, sieh mich an!«

Der Kernsatz lautete: »Das Säugetier bringt lebendige Junge zur Welt und zieht sie selbst auf.« Dies mußte so lange wiederholt werden, bis es im Gehirn verankert saß. Dort blieb es haften bis ins späte Alter.

Eines Tages ging Fritz Jünger zur gewohnten Stunde die Hildesheimer Straße hinunter, von der Ägidienkirche schlug es halb acht Uhr. Es war ein heiterer Morgen, der aber traurig enden sollte.

Als Fritz Jünger in die Georgstraße einbog, um wiegend und bedächtig in die Schule zu wandern, da fuhr aus einer kleinen Seitenstraße ein Radfahrer mit solcher Geschwindigkeit in die Georgstraße, daß der ahnungslose Knabenlehrer zu Boden geworfen wurde. Man lief herbei, um den alten Herrn aufzuheben, aber Fritz Jünger sprang auf, nahm den zerbrochenen Regenschirm in die Faust und ging auf den erschrockenen Fahrer zu, um ihn zu verprügeln. Es war ein Bäckergeselle des Konditors Struif, ein einfältiger und roher Bursche, anstatt sein Unrecht einzusehen, beschuldigte er den ehrwürdigen Lehrer.

Ein Schutzmann schrieb beide Namen auf, den des Lehrers sowie des Bäckers. Dann humpelte Fritz Jünger weiter zur Schule. Er war nicht zu bewegen, die Straßenbahn oder gar eine Droschke zu nehmen. Verspätet und schmutzig kam er an. Der Pedell Wudicke versuchte mit Wasser und Bürste die Kleider zu reinigen. Inzwischen saß Fritz Jünger in Unterkleidung in der Pedellwohnung und trank eine Tasse Kaffee, die Frau Wudicke bereitet hatte, aus Schicklichkeit hatte er einen Mantel des Pedells umgelegt.

Die unruhig wartende Klasse wurde von dem Herrn Direktor persönlich unterrichtet. Dieser hatte Mühe, den Kindern etwas begreiflich zu machen, da der Stil des Jüngerschen Unterrichts schon zu nachhaltig auf die Schüler gewirkt hatte. Endlich kam Fritz Jünger in die Klasse. Der Direktor erkundigte sich besorgt nach dem Befinden des Lehrers, aber Jünger winkte ab: »Lassen Sie das, Herr Direktor Fettköter ... lassen Sie das gut sein ... wie Sie sehen, lebe ich noch.« Dann stieg er aufs Katheder und hielt eine längere Rede, in der er die Menschheit in Menschen und Radfahrer einteilte. Er schloß: »Wenn ich irgendeinen von euch mit einem Veloziped erwische ... werde ich dafür sorgen, daß er aus der Schule gewiesen wird.« Das war nicht so schlimm gemeint, auch reichte seine Macht nicht so weit. Aber die

Schüler wagten nicht mehr, mit ihren Fahrrädern in die Schule zu kommen.
Einmal versuchte es der Schüler Willy Sauerbrey, mit seinem Rad zum Nachmittagsunterricht zu kommen. Er hoffte auf den dunklen und nebligen Novembertag, aber gerade, als er vor der Schule absprang, stand der Knabenlehrer Fritz Jünger vor ihm. Verstört wollte der Schuldige flüchten, aber Fritz Jünger drehte sich einfach um und ging ins Haus.
Es geschah nichts, kein Wutausbruch des Lehrers vor versammelter Klasse, keine Rede über verlotterte Moral, nichts, gar nichts ereignete sich. Aber etwas weit Schlimmeres geschah: in den nun folgenden Wochen wurde der Schüler Willy Sauerbrey von Fritz Jünger nicht mehr beachtet. Er wurde nicht mehr aufgerufen, obwohl gerade er das Fünfundzwanzigmaleins am schnellsten hersagen konnte. Der Schüler Sauerbrey war ausgelöscht aus der Welt, vernichtet, nicht mehr vorhanden. Ja, sogar die Zensur in seinen Heften trug nicht mehr die Jüngersche Eigenart, die darin bestand, daß hinter der Zahl 2 bis 3 oder 3 oder 4 bis 5 in schwungvoller Schrift zu lesen war: »Ich lobe den Fleiß« oder »Bravo« oder »Fauler Lümmel«. Nein, nichts dergleichen war in den Sauerbreyschen Arbeiten mehr zu sehen. Eine schmucklose Zahl, sonst nichts, wie es eben alle Welt machte.
Unter dieser Zurücksetzung litt der Schüler sehr, aber er konnte nichts dagegen machen. Die Klassenkameraden merkten deutlich diese Bestrafung und hänselten den armen Jungen mit der ganzen Roheit der Jugend.
Sauerbrey zog sich unversehens eine Blutvergiftung zu, mag es beim Zeichnen passiert sein, daß er sich mit der giftigen Tusche und der Reißfeder den Finger verletzte, kurz und gut, es ging ihm sehr schlecht. Er lag fiebernd mit geschwollenem Arm im Bett, mußte dreimal operiert werden, ja, man sprach schon von Amputation. In seinen Fieberträumen spielte der Knabenlehrer Jünger eine große Rolle, das Kind schrie und weinte und war nicht zu beruhigen, die Eltern verzweifelten.
Da wurde eines Abends an der Tür geläutet, und ein Schuljunge, ein Klassenkamerad des armen Willy, stand draußen und hatte in der Hand einen Strauß weißer Rosen. Eine Karte war daran befestigt:

Gute Besserung!
Knabenlehrer Fritz Jünger

Die Rosen beglückten das kranke Kind, es wurde ruhig, und nach einigen Wochen war es wieder gesund. Aber als der Junge in die Schule kam, stand auf dem Katheder ein fremder Lehrer.
Fritz Jünger war erkrankt. Eines Morgens stand er nicht mehr auf, sagte zu seiner Wirtin ganz ruhig: »Man muß die Königin benachrichtigen.« Die erschrockene Wirtin holte einen Arzt, der den bekannten Spezialisten Petermann mit heranzog. Das war ein Freund des Knabenlehrers. Die zwei Ärzte machten besorgte, aber nicht hoffnungslose Gesichter und einigten sich auf Herzbeutelentzündung.
Fritz Jünger war es gleichgültig. Er lag da und ließ alles mit sich geschehen. Man hatte das Gefühl, daß er mit jedem Tag zufriedener würde. Die Schwäche nahm zu, man wollte ihn ins Krankenhaus bringen, aber da richtete Fritz Jünger sich im Bett auf und sagte: »Petermann, laß das, es hat keinen Zweck.«
So lag Fritz Jünger noch acht Tage. Er schlief viel, und wenn er aufwachte, sagte er manchmal: »Kaldauke... vermieten Sie die Zimmer.« Am Tage vor seinem Tode schrieb er plötzlich mit kaum leserlichen Schriftzügen auf einen Zettel: »Vater und Sohn.«
Die gute Anna Kaldauke verstand nichts, der Kranke wollte auch nichts mehr sagen. Sie rannte in die Schule, und dem untrüglichen Scharfsinn des Direktor Fettköter war es zu verdanken, daß man Fritz Jüngers Wunsch begriff. Es konnte sich nur um den Schüler de Vries handeln, dem unbegreiflicherweise die Zuneigung des Knabenlehrers gehörte, und um dessen Vater. Man benachrichtigte den Rechtsanwalt de Vries. Dieser glaubte, daß es sich um etwas Testamentarisches handelte, nahm seinen Aktenmappe mit Schreibzeug mit.
Der Wagen des Rechtsanwalts hielt vor Jüngers Hause. Vater und Sohn stiegen aus. Der kleine Joe hatte ein Matrosenmäntelchen an und seine Schülermütze auf und hielt in der Faust einen Strauß roter Nelken. Er war etwas aufgeregt und auch neugierig.
Die Witwe Kaldauke empfing die beiden freudig, denn Fritz

Jünger hatte sie schon den ganzen Tag immer fragend angeblickt.
Im Zimmer war es dämmerig, in der Ecke stand das Bett. Es war ein unpersönlich und gleichgültig möbliertes Zimmer, das Schlafzimmer nebenan war das Arbeits- und Wohnzimmer.
Fritz Jünger sah zum Erbarmen aus. Sein Bart war sehr lang geworden und sein Gesicht ganz klein. Die Augen waren riesengroß und glänzten fiebrig. Die mageren Hände waren gelblich mit vielen blauen Adern.
Leise traten Vater und Sohn näher. Der Rechtsanwalt faßte sich rasch, nahm einen Stuhl und setzte sich ans Bett, mit der einen Hand zog er Joe heran, der hastig und verstört den Blumenstrauß aufs Bett legte. Das machte aber einen solch beängstigenden Eindruck, es erinnerte an Aufbahrung, daß der Rechtsanwalt schnell den Strauß nahm und ihn Fritz Jünger zeigte. Da verzog sich sein Mund mit den rissigen Lippen zu einem Lächeln, er nahm die Blumen in die eine Hand, und mit der anderen langte er aus dem Bett heraus, um den Jungen zu streicheln. Joe kamen die Tränen in die Augen, er schluckte heftig. Der Kranke sagte mit ganz klarer Stimme: »Dummerjan ... da gibt's nichts zu heulen.«
Er hielt die Hand des Knaben fest und blickte starr zur Decke. Kein Wort fiel während der nächsten Viertelstunde. Es war ein ungemütliches Schweigen. Was sollte man auch sagen? S. de Vries nahm die Mappe, räusperte sich. Fritz Jünger sagte leise:
»Pack wieder ein, Samuel, hier gibt's nichts zu erben.«
Schließlich wurde es so dunkel im Zimmer, daß man nichts mehr sah. Anna Kaldauke, die an der Tür gehorcht hatte, schlich herein und zündete die Petroleumlampe an. Jünger wollte irgend etwas, der Rechtsanwalt bemühte sich sehr, es zu verstehen. Endlich verstand er, denn Fritz Jünger zeigte ins andere Zimmer und sagte: »Muschel.«
Auf seinem Schreibtisch lag eine große gedrehte, schöngefärbte Muschel, emaillerosafarben, die holte der Rechtsanwalt. Jünger lächelte zufrieden, nahm die große Muschel und horchte, dann winkte er Joe zu, der sich über das Bett beugte, und drückte ihm die Muschel an sein Ohr.
»Behalte das, kleiner Butjer«, sagte er zärtlich, »immer behalten ... immer daran denken ... das ist das Wichtigste ... darauf kommt es an ...!«

Der kleine Joe lauschte entzückt auf das Rauschen und Dröhnen in der Muschel, es war das Meer, es war Musik, es war die ganze Welt, das Brausen der ewigen Schöpfung. Joe war sehr begeistert. Der Vater bedankte sich bei dem Knabenlehrer und sagte, er hoffe, ihn bald wieder gesund zu sehen. Fritz Jünger schmunzelte: »Machen wir«, sagte er mit ziemlich kräftiger Stimme, »wird gemacht ...«

Nach diesem Besuch ging es rasch abwärts mit ihm. Am letzten Tage verlangte er nach einem Globus. Man schickte in die Schule, und der Pedell Wudicke brachte den Klassenglobus. Staub lag auf Asien. Europa war verblaßt, nur Afrika glänzte wie neu. Beim Drehen quietschte der Globus etwas. Fritz Jünger ließ die Erdkugel nicht mehr aus den Händen. Seine mageren Finger streichelten und liebkosten den Erdball, fuhren über das Rund der Pole. Fritz Jünger nickte dazu und lächelte.

Der Pedell Wudicke saß am Bett, als er starb.

Fritz Jünger nahm den Zeigefinger und fuhr einmal um die ganze Erde, sagte dabei: »Staub wischen ... Wudicke.«

Dann steckte er sich aus und war tot.

Am Grabe sprachen der Geistliche, der Direktor Fettköter und ein Vertreter des Lehrerkollegiums. Die Schüler sangen einen Choral.

Der Schüler de Vries stand ganz dicht am offenen Grab. Er sah zum erstenmal, wie ein Mensch begraben wurde. Ihm kam das alles vor, als hätte er es schon längst erlebt. Neugierig guckte er in die feuchte Erde, es war April, es duftete nach Frühling, es sang schon eine Amsel. Joe zitterte vor Glückseligkeit und schämte sich gleichzeitig. Schmerz empfand er kaum, ein verwundertes tönendes Gefühl wuchs in ihm zu einer Heiterkeit, die er vorher nicht gekannt hatte.

Es wird gefeiert

Emanuel Tölles vierzigster Geburtstag fiel auf einen Sonntag. Es sollte hoch hergehen, mittags waren Pietsch und Marahrens geladen. Es sollte Wein geben, Gänsebraten und einen Pudding. Mutter Luise hatte einen schweren Tag. Sie stand im Dunkeln auf und kramte überall herum. Tölle wälzte sich noch im Bett, er schimpfte, knurrte über die Unruhe im Hause und war doch geschmeichelt.

Er träumte vor sich hin, dachte an dies und das, und eigentlich kam er sich nicht wie ein Vierziger vor. Gestern hatte er Postkarten mit Ansicht durch die Finger bekommen, ziemlich deutliche Sachen. »So was fürs Herze«, sagte der Kollege Marahrens. Da gab es nun einen großen Krach, ob die Post so was befördern dürfe oder nicht. Tölle war sittlich entrüstet, schrie was von Unanständigkeit und Schweinerei, die Post brauche das nicht zu expedieren, er solle mal das »Reglemang« durchlesen, sagte Mußmann. Das wisse er, sagte Tölle und ließ so im Wortgetümmel die Ansichtskarte in die Tasche gleiten.
Er feixte, strich seinen Schnurrbart und stieg aus dem Bett.
Da in der Tasche hier, das ist sie! Zufrieden geht er wieder ins Bett. Er hat die Karte in der Hand, sie ist glänzend und hat schon ein paar Sprünge vom allzu heftigen Anfassen. Man sah ein leichtbekleidetes Mädchen, Rückenansicht, den Oberkörper herumgedreht, ein Tuch floß den Körper entlang, ließ hier und da Haut sehen. Am Gesäß war das Tuch ziemlich verrutscht, auch eine Brust war sehr übersichtlich. Tölle sah fiebernd auf das Mädchen, ein junges, dummes Gesicht, aber so etwas wie Vorwurf lag darin, eine alberne Frage zierte den unteren Teil der Karte. »Denkst du an mich?« prangte da in geschnörkelter Druckschrift. Adressiert war sie an einen Herrn Julius Machold in der Vahrenwalder Straße. »Gruß Schmidtchen«, stand auf dem für die Mitteilung freigelassenen Raum.
Tölle war in die Karte versunken. Draußen ging man auf Zehenspitzen, um nicht zu stören. Die Uhr schlug neun. Ihm wurde es weinerlich zumute, er glotzte in die Karte und dachte, davon wird man auch nicht satt. Schnaps und Weiber, Weiber und Schnaps, darum kreisten seine Gedanken seit einigen Jahren. Er war fleischlüstern und traute sich doch nicht, obwohl er es so bequem haben könnte. So allein die Treppen hinauf mit Briefen, da ein nettes Dienstmädchen, man klingelt, man schwatzt, vielleicht ist sie allein zu Hause, aber ... das waren Träume. In Wirklichkeit wurde er um so kürzer und wortkarger, je mehr ihm ein Mädchen gefiel. Er war feige. Er dachte, man müsse nun mal anfangen mit dem allem, er war doch kein »alter Knopp«. Mutter Luise kränkelte seit dem Kinde, hatte dies und das und jenes, schluckte Pillen und Medizin und kam eigentlich nicht mehr in Betracht. Vierzig Jahre, Emanuel, sagte er sich, Mensch, nun wird es Zeit. Was haste denn gehabt? Früher als Sergeant ein paar Mädchen. Das lag weit zurück. Es war aber

alles so gleichgültig, hinterher verfault man doch. Er seufzte und wurde unglücklich.
In der Wohnstube befanden sich Mutter Luise und Bernhard mit glattgekämmtem Scheitel und ziemlich sauberen Nägeln. Den Topfkuchen zierten tatsächlich vierzig winzige Talglichter. Es hatte zwischen Mutter und Sohn eine Auseinandersetzung gegeben, denn der Bengel wollte schon um neun Uhr die Lichter anzünden, bevor Vater am Tisch erschien. Er versuchte es jedesmal, wenn Luise aus dem Zimmer gegangen war.
Nun stand Emanuel Tölle ziemlich überraschend in der Stube, und das erste, was er an seinem Geburtstag sah, war ein Wutausbruch Luisens, die sich endlich bewogen fühlte, ihrem unfolgsamen Sohne eine Maulschelle zu langen. Daß in diesem Augenblick das Geburtstagskind erschien, war im Programm nicht vorgesehen. So geschah es, daß Vater Tölle erst mal den Sohn vornahm und ihm auch eine Backpfeife verabreichte.
Kein schöner Beginn für den Geburtstag. Es gab Weinen und Geschrei. Hinterher war es gar nicht so leicht, wieder in die richtige Feststimmung zu kommen.
Neben dem Vertiko stand der Geburtstagstisch. Tölle besah sich etwas abwesend seine Geschenke. Nun mußte er ja begeistert sein, etwas sagen. »Lauter praktische Sachen«, brachte Luise stockend hervor. Bernhard wischte sich die Augen, schluckte und wartete, bis Vater sein Geschenk entdekken würde. Es war ein kleines Kunstwerk. Ein Pastellgemälde, Birken auf spinatgrüner Wiese. »Originalgemälde« stand dahinter in Bernhards unentwickelter Kinderhandschrift. Das stimmte aber nicht ganz, er hatte eine Vorlage gehabt, die Zeitschrift »Welt und Haus«, die Mutter jede Woche bekam.
Nun wäre es nicht schlimm gewesen, wenn Bernhard zugegeben hätte, das Bildchen abgemalt zu haben, aber er wollte es keinesfalls wahrhaben. Mit heimtückischer Vorsicht hatte er die betreffende Nummer der Zeitschrift nach getaner Arbeit beiseitegebracht. Luise sagte immer, wo denn bloß die Zeitschrift stecke, aber Bernhard machte dazu ein dummes Gesicht. Er war heimlich in den Maschpark gegangen, hatte »Welt und Haus« in kleine Stücke zerrissen und in den See geworfen.
Vater Tölle besah sich das Kunstwerk, sagte: »Ssü mal an, alleine gemacht?« Bernhard nickte stumm, die Tränen kamen wieder, es waren aber keine Reuetränen.
Zigarren von Mutter, Fehlfarben zu zehn Pfennig, »eigentlich

kosten sie zwanzig«, sagte sie halblaut. Eine Strickweste lag da, ein Schlips, ernst und den Jahren angemessen. Tölle hätte gerne einen helleren gehabt, aber das ging wohl nicht. Die größte Freude machte dem Geburtstagskind eine Flasche Kognak, umwunden von Eichenlaub mit einer Schleife, worauf stand:

»Das kleine Pferd gratuliert dem sturmerprobten Reiter.«

Ein Geschenk des Stammtisches im Restaurant. »Das kleine Pferd«, in dem Tölle verkehrte. Der Wirt Willi Voges hatte noch extra geschrieben und einen Gutschein für ein Dutzend »lüttje Lagen« beigefügt. Ein hochherziges Geschenk des sonst so knickerigen Voges. Dafür mußte man sich gleich bedanken, sagte sich Tölle, und sein Gemüt wurde erhellt.

»Das kleine Pferd« war ein altes verräuchertes Lokal in der Nähe des Raschplatzes, dicht am Land- und Amtsgericht und Justizpalast. Ein schöner Spruch war das Wahrzeichen dieses Lokals:

»Da hat das kleine Pferd sich einfach umgekehrt und hat mit seinem Stert die Fliegen abgewehrt.«

Man konnte diesen Vers auch singen, eine alte Melodie war den Worten unterlegt. Es war ein besseres Lokal, wo auch die Herren vom Amtsgericht verkehrten. Willi Voges war ein Original, ein echter Hannoveraner, ein Preußenfeind und Welfe. Er hatte Anno 1866 die Preußen einmarschieren sehen, und das wurmte ihn, obwohl er damals noch ein Kind war. Zwar verkehrten nur preußische Beamte bei ihm, aber weißgelb war seine Seele. Sommers, wenn Gerichtsferien waren, machten die Voges die Bude zu, gingen nach Barsinghausen am Deister, wo der Schwager eine kleine Wirtschaft hatte. Wenn Familie Voges in die Ferien reiste, wurde eine Tafel am Lokal angebracht:

»Das kleine Pferd ist auf Fettweide gegangen!«

Tölle schlürfte den Kaffee, stopfte den schönen lockeren Topfkuchen in den Mund und zog seinen Mantel an. Beim Weggehen mahnte Mutter Luise, pünktlich zu sein, weil um eins gegessen werden sollte. »Ja, ja, ich muß mich doch bedanken und ein paar Pullen mitbringen.«

Bei Voges standen noch die Stühle auf den Tischen. Tölle half mit, Ordnung zu machen. »Aber ... du hast doch Geburtstag«, lachte Voges. »Na eben drum.« Tölle sah mit Entzücken die Formen der kleinen Minna Klußmann aus Peine, die bei Voges

im Dienst stand. Minna war siebzehn Jahre alt, hatte früh die Eltern verloren und war entfernt mit Frau Voges verwandt. Zu Tölle sagte sie »Onkelchen«. Ihr Benehmen war sehr herausfordernd. Sie wußte, daß sie hübsch war, und turnte bei dem Aufräumen der Wirtschaft immer vor der Nase von Tölle herum, sie neigte sich zu ihm und flüsterte: »Darfst dir was wünschen... Onkelchen, hast doch Geburtstag.« Tölle wurde mutig:
»Na, geh mit mir auf den Schwof.«
Voges fiel vor Lachen fast um, Minna zog die Augenbrauen hoch: »Gemacht... mein Schatz.« Dann packte sie den Briefträger beim Kopf und küßte ihn mitten auf den Mund. »Das ist Vorschuß«, lachte sie. Tölle war verwirrt. Was soll Voges denken? Aber Willi Voges dachte überhaupt nichts, wenigstens nicht mehr, als notwendig war.
Tölle ließ Bier anfahren.
»Na... prost... du Lustgreis«, sagte Voges, »die nächsten Vierzig noch weiter, hopp... hopp...!«
Das war Glückwunsch und rechte Freude. Draußen fing es an zu schneien, und Tölle saß im Warmen, Minna neben ihm; nach dem zweiten Glas faßte er um ihre Hüfte. Sie kuschelte sich an ihn: »Na... Onkelchen.«
Mit Minna war es so, daß sie ein bißchen erholungsbedürftig war. In ihrer vorigen Stellung, kaum siebzehn Jahre alt, hatte sie einen Schatz gehabt. Es war der Sohn des Hauses, ein junger Mensch, noch nicht zwanzig Jahre alt. Als die Eltern etwas merkten, flog Minna aus dem Hause. Das war in Hildesheim in der Steuerwalder Straße gewesen. Nun waren ihr die »grünen Jungens« zuwider, sie sehnte sich nach »gesetzten Leuten«. Im übrigen war Minna fromm und ging jeden Sonntag in die Christuskirche, wo Pastor Köthe so schön predigte.
Um halb eins wurde Tölle unruhig.
»Mensch... gib mir ein paar Pullen mit, ich muß nach Haus.«
Willi Voges stieg in den Keller und kam mit vier Flaschen Niersteiner zurück: »Das ist was Feines.«
Tölle nahm sein Paket unter den Arm, tätschelte Minna auf den Hintern: »Also... auf Sonnabend...«
Mutter Luise war nahe an der Verzweiflung. Die Gäste waren da, und Tölle noch nicht. Pietsch, der Sattlermeister und Schützenkönig vom vorigen Jahr, war gekommen und Familie

Marahrens, Emil, Agnes und der Sohn. Er hieß Georg, Schorse genannt, und war so alt wie Bernhard, ging aber in eine andere Schule. Die Jungens prügelten sich auf der Straße, als Vater Tölle nach Hause kam. Er war sehr guter Laune, drückte seinem Sohn die Weinflaschen in die Hand: »Vorsicht... Berni«, und kletterte die Treppe hinauf. Er kam sich sehr wichtig vor, als er den Gänsebraten roch.
Die Gesellschaft war etwas überhungert. So kam es, daß die Glückwünsche ein wenig hastig vorgetragen wurden.
Was schenkte der Schützenkönig Pietsch? Ein prächtiges Buch: »Das Weidwerk und seine Bedeutung für die deutsche Kultur.« Tölle war kein Jäger, aber der Goldschnitt und überhaupt das Ganze machte ihm Spaß. Er freute sich und legte das große schwere Buch mit den vielen farbigen Bildern auf den Geburtstagstisch zu den praktischen Sachen.
Mutter Luise behielt ihren feuerroten Kochkopf während der Mahlzeit. Tölle ärgerte sich über seine Frau, weil sie immer nur »ein Schnippelchen« aß. Aber der drohende Wutausbruch ging in der Feststimmung unter.
Marahrens klopfte in dem Augenblick, als Bernhard einen Knochensplitter verschluckt hatte, an sein Glas. Zuerst mußte der Nachwuchs des Hauses gerettet werden, der allseitig mit heftigen Schlägen auf den Rücken traktiert wurde, bis das mörderische Geflügelstück zum Vorschein kam. Endlich ging die Rede vom Stapel, die Emil Marahrens in seiner genauen Briefträgerhandschrift aus einem Toastbuche abgeschrieben hatte. Die Rede war lang, sie enthielt vieles, was nicht paßte. Marahrens hatte es mit abgeschrieben, und es merkte niemand, außer Bernhard und Schorse, die sich heftig unterm Tisch anstießen, als Marahrens sagte:
»In diesem Hause, wo Zucht und Sitte beheimatet sind, sitzt das Silberpaar vor uns, so jung wie am Tage ihrer grünen...«, da merkte Emil etwas und schloß unvermittelt: »Das Geburtstagskind lebe hoch!«
Schorse Marahrens war an das Mahagoniklavier gesprungen und intonierte nach ausführlicher Sortierung seiner zehn dicken Finger das schöne Lied: »Hoch soll er leben... hoch soll er leben... dreimal hoch!« Er klappte beim Spielen mit der linken Hand beträchtlich nach. Die Freude und das Geschrei waren groß, man beglückwünschte das Geburtstagskind und den Redner, stieß miteinander an, daß der ff. Niersteiner aufs

Tischtuch tropfte. Nach dem Gänsebraten, der saftig und knusprig war, gab es Pudding mit Himbeersoße. Vater Tölle holte noch einen braunen Tonkrug von der Firma Schlichte, Steinhagen, und man war zufrieden. Die Herren steckten sich Zigarren ins Gesicht, St. Felix Brasil mit Goldring und schönem, weißem Brand. Es war schon gleich halb drei Uhr.

Der Sonntagnachmittag lag erwartungsvoll da.

Mutter Luise bereitete unter Assistenz von Frau Marahrens und der kleinen Spormann aus der dritten Etage, die zum Aufwaschen gekommen war, den Geburtstagskaffee. »Heute mal reine Bohnen«, sagte Luise, gab aber zu dem Lot noch einen gehörigen Posten Kornfrank.

Drinnen in der Stube war man gerade bei faulen Witzen angelangt, als Luise mit dem Kaffeegeschirr ins Zimmer kam. »Swinegel«, sagte sie und lachte vor sich hin.

So stimmt es, so ist's richtig, das sind eben Männer, dachte sie zufrieden. In diesem Augenblick erschien ihr das Leben leicht.

Dann gab es den Kaffee, frischen Butterkuchen, und auch vom Topfkuchen war noch eine Menge übriggeblieben. Man trank und aß trotz des Gänsebratens beträchtlich. Hinterher war große Beratung. Was tun?

Das Wetter war nicht freundlich in diesen Dezembertagen. Es schneite wieder, und es war sehr windig. Pietsch schlug einen Skat vor, der allgemeinen Beifall fand. Die Frauen setzten sich in die Ecke, und Mutter Luise holte den Beutel mit den kaputten Strümpfen. Im Ofen legte man gehörig nach, und es wurde gemütlich. Um halb sechs schickte Tölle die beiden Jungens nach Bier. Wöltje sollte ihnen einen Kasten mitgeben. Um sieben Uhr war das Bier, aber noch nicht der Skat zu Ende. Mutter Luise wurde unruhig. Was dachte sich Tölle? Sollte sie auch noch Abendbrot machen?

Da klingelte es an der Tür, Männerstimmen wurden hörbar, und herein spazierten Eggeling, Heitmann und Dohrs vom Stammtisch. Sie wurden mit Hallo begrüßt, nach einer Weile kam noch Frau Spormann mit Fritz Tietge, ihrem Neffen, der gerade seinen Dienst bei den Vierundsiebzigern abmachte. Tietge hatte ein rotes Bauerngesicht und einen kahlgeschorenen Kopf. Er war schon achtzehn Jahre alt, setzte sich aber zu den beiden Bengels ins Zimmer, die sich sehr über den Soldaten freuten.

Die Stube war nun voll, man konnte vor Qualm nicht die Hand vor Augen sehen, und die Männer brüllten und amüsierten sich. Manchmal ging einer hinaus und tappte im Dunkeln, bis er die richtige Tür fand. Mutter Luise beschloß um acht Uhr, Butterbrote zu schmieren. Die Frauen schafften es bald, ein neuer Kasten Bier wurde von der Jugend geholt, und alles ging in Ordnung, Marahrens und Familie verabschiedeten sich um neun. Pietsch blieb noch, er war Junggeselle.
Um zehn waren alle erschöpft von der Feier, dem Essen und dem Skat. Vater Tölle brachte den Rest des Besuches noch »um die Ecke« und landete doch beim »Kleinen Pferd«. Minna Klußmann sagte: »Na, also.« Voges gab eine Stubenlage aus. Tölle war um zwölf ziemlich »blau«.
Auf dem Heimweg kam er in die falsche Richtung und wurde in der Fernroder Straße durch ein helles Licht in Verwirrung gebracht, das auf die Straße drang. Musik und Gekreisch verrieten festliche Stimmung in der »Ameise«, einem verrufenen und geheimnisvollen Lokal, das nicht nur Gastwirtschaft, sondern mehr als das war. »Fremdenzimmer«, in Klammern »Tageszimmer«, sprachen deutlich alle Möglichkeiten aus, die dem Vergnügungssüchtigen dort winkten. Tölle wäre in nüchternem Zustande kaum hineingegangen.
So stand er plötzlich mitten drin, sah zuerst vor Qualm und Dunst nichts, bis eine Stimme rief: »Mensch... Sergeant Tölle!« Unangenehm berührt, wollte Tölle rückwärts, aber ein weicher unbekleideter Arm fuhr ihm ins Gesicht: »Na... Pappchen, bange?« Und dann kam mit ausgebreiteten Armen ein magerer Mann mit hellblondem, hängendem Schnurrbart auf ihn zu: »Na, also, endlich. Kennst du mich nicht?«
Es war Hermann Wendelken, gebürtig aus Syke, einstmals Kamerad bei den Vierundsiebzigern, Kapitulant wie Tölle, aber aus irgendwelchen Gründen vorzeitig aus dem königlichen Dienste ausgeschieden. Tölle mochte ihn nicht recht leiden, aber hier...?
Am Tische waren schon eine Batterie Flaschen und einige tiefdekolletierte Frauenspersonen, die den Ankömmling mit Geschrei begrüßten. Wendelken machte bekannt: Susi, Anni, und holte ein weißblondes Mädchen mit grellgeschminktem Munde an den Tisch. »Das ist Schmidtchen.« In Tölle dämmerte etwas, Schmidtchen, nanu, wo hatte er das denn gelesen, ach richtig... heute früh... die Postkarte mit dem drallen Mäd-

chen. Rechtzeitig besann er sich auf das Dienstgeheimnis und schwieg. Er dachte: was es bloß für Zufälle gibt!

Wendelken wohnte in einem kleinen Ort zwischen Bremen und Geestemünde. Hatte dort ein Hotel, am Bahnhof gelegen, der Neuzeit entsprechend eingerichtet. Hermann Wendelken war ein kräftiger Vierziger, der schon manches Ding im Leben gedreht hatte. Wie kam er in die »Ameise«? Er war nach Hameln gefahren, und wie das mit den Anschlüssen schon so ist, da ist er eben ein paar Stunden in Hannover. Morgens um halb fünf ging sein Zug weiter, und was soll er da machen? Da ist er eben zur »Ameise« gegangen, zu seinem Freund Louis Battermann und seiner Frau, die so was Französisches an sich hat, überhaupt nicht ohne ist und die den Hermann gern hat. Na, und da ist er eben hier.

»Mensch, Tölle, weißt du noch die Sache mit der dicken Berta in Pyrmont, bei die Manövers? Die ist jetzt verheiratet, bei mir im Ort, na, ich sage dir, manchmal knuff' ich sie in die Seite, und da lachen wir. Erinnerst du dich noch?« Tölle erinnerte sich nicht. Auf seinem Schoß saß Schmidtchen, und ihm war gar nicht gut. Er bestellte eine Runde Kognak. Battermann brachte sie persönlich.

Irgendwie kam heraus, daß Tölle Geburtstag hatte. Das ganze Lokal feierte nun. Zuerst schmiß Hermann eine Flasche Sekt. Dann bezahlte Tölle eine Flasche, und dann kehrte man zum Bier zurück.

Es war schon fast drei Uhr, als Tölle mit Hermann Wendelken und Schmidtchen wegging. Er war ganz schlapp und benommen, sagte immer: »Hermann... wo bleibst du denn die Nacht... bei mir zu Hause, weißt du...« Hermann grinste: »Na, mach dir man keine Sorgen, ich komm' schon unter... Besuch mich mal, Tölle.«

Tölle ging nach Hause und kam ziemlich sicher an. Luise lag im Bett. Sie sah wächsern und elend aus. Als Tölle krachend ins Bett fiel, wachte sie auf und konnte nicht mehr einschlafen. Für sie begann bald wieder die Arbeit.

Tölle schnarchte. Luise weinte vor Übermüdung.

Auf der Straße schimpften zwei Betrunkene.

Station

Die Schnellzüge halten nicht gerne dort. Ein einziger, abends 8 Uhr 19, hat eine Minute Aufenthalt. Es gab einen jahrelangen Kampf des Vorortverkehrsvereins Bremen und Umgebung, bis das durchgesetzt wurde. Abend für Abend wurden um 8 Uhr 15 die Lichter auf dem Bahnsteig angezündet, Abend für Abend knurrte der Bahnhofsvorsteher »so'n Blödsinn«, denn der Personenzug um 9 Uhr 10 brachte die meisten Passagiere. Der Schnellzug D 33 kam aus Bremen, eigentlich aus Hannover, auch hatte er ein oder zwei Berliner Wagen mit, die aber meistens leer waren. Irgendein Passagier sah aus dem Fenster, fragte den Stationsvorsteher: »Wo sind wir denn?«, der sagte immer den Stationsnamen so undeutlich, daß man nichts verstand, gab das Abfahrtssignal, und vorbei war der ganze Spaß.

Das Licht wurde gelöscht, denn es wäre ja reine Verschwendung gewesen, wenn er das hätte brennen lassen. Drinnen im Stationszimmer klingelte das Telephon, es war Pennigbüttel. Auch das war erledigt. Schranke zwei und drei wurden geöffnet. Es hätte ebensogut unterlassen werden können, denn niemand kam jetzt die Straße herunter.

Cohrs war müde. Er hatte die gestrige Nacht gesoffen, bei Wendelken drüben im Hotel. »Hohenzollernhof« hieß das Ding, hatte aber nur zehn Zimmer und war veraltet.

Albert Cohrs war Bahnhofsvorstand und trug eine rote Mütze. Er war verlobt mit Gesine Geffken, die aber vor ihm noch andere gehabt hatte. Cohrs war mit Hermann Wendelken befreundet, aber Gesine kannte ihn anscheinend noch besser. Cohrs war gestern sehr eifersüchtig gewesen, denn Hermann hatte die Gesine in seinem Wagen, einem alten Klapperkasten, nach Hause bringen dürfen, weil Cohrs gerade um elf Uhr einen Güterzug passieren lassen mußte und Gesine um elf zu Hause sein wollte. Gesine setzte alles durch, was sie wollte, Cohrs »ging mit ihr« nun schon ein Jahr. Er hatte sie beim Schützenfest kennengelernt, da war sie sehr zutraulich und nett gewesen, und alles ging so, wie er wollte. Aber der Müller Geffken war alt und wünschte sich einen jungen Müller zum Schwiegersohn, ihm konnte auch die strahlendste Uniform nicht imponieren. Er sagte zu Cohrs »oller Preuße«, obwohl seine Beamtenuniform nichts Militärisches an sich hatte.

Geffken war eingefleischter Welfe und hißte an seiner Mühle am Geburtstag des alten, längst verstorbenen Königs Georg von Hannover die weiß-gelbe Flagge.
Was seine stramme und blonde Tochter Gesine betraf, so »schlug sie nach der Mutter«, die vor langen Jahren mit einem Müllersknecht nach Amerika »gemacht« hatte. Man muß bedenken, daß Geffken schon über fünfzig war, als er geheiratet hatte. Gesine war ein reizvolles Mädchen, das schon früh die Männer wild gemacht hatte. Man munkelte sogar von einem unehelichen Kind, das sie in Bremen bei Verwandten untergebracht hätte, aber das war vielleicht nur Klatsch. Der Bahnhofsvorsteher Cohrs hatte es sich in den Kopf gesetzt, sie zu heiraten, zum Erstaunen der Leute, denn Cohrs war ein sehr feiner und stiller Mann. Er stammte aus Geestemünde, wo sein Vater am Fischereihafen einen Posten als Verwalter hatte.
Cohrs ging auch an diesem Abend, nachdem er den Personenzug abgefertigt hatte, zu Wendelken.
Übrigens war mit dem Personenzug der Grundstücksmakler Thaler gekommen, hatte Cohrs freundschaftlichst begrüßt und war mit seiner kleinen Ledertasche in den »Hohenzollernhof« gegangen.
Was mochte Moritz Thaler wohl veranlassen, hier zu übernachten, dreiviertel Stunden von Bremen entfernt, wo er doch eine schöne Wohnung hatte? Sollte er mit Wendelken was vorhaben? Will der etwa das Hotel kaufen?
In Wirklichkeit war es so, daß Gesine den Hermann Wendelken gebeten hatte, mal herumzuhören, ob die alte Mühle nicht loszuschlagen sei. Das hatte sie ihm unter anderm gestern auf der Heimfahrt noch mitgeteilt. Man wollte den alten Geffken ins Altersheim nach Hannover bringen, und Gesine sollte mit Hermann das Hotel führen. Hermanns Frau war kränklich, und Hermann brauchte eine Stütze, Gesine wollte den Vater im Altersheim unterbringen. Was man mit Cohrs machen wollte, war unklar. Gesine wußte es auch nicht. Sie war seine Braut, nun ja, aber das nahm sie nicht so ernst. Und mit dem Heiraten hatte sie es gar nicht eilig. Sie wollte aus der alten Mühle heraus. Im Hotel konnte sie auch Geld verdienen, und unter den Herren Geschäftsreisenden gab es wohl manchen, der am Ende eine gute Partie werden würde. Wenn Hermanns Frau einmal ...

Aber das wollte sie gar nicht denken, das war ja direkt schlecht, und so eine war sie nicht.
Cohrs und Geffken waren ahnungslos über den Handel, der da erledigt werden sollte. Das hätte noch Zeit, meinte Gesine, als Hermann unruhig sagte: »Du hast ja doch keine Vollmacht, und so geht das nicht...« Aber Gesine hatte ihm im kleinen Wäldchen gut zugeredet und ihn in jeder Weise zufriedengestellt, so daß er nachgab. Er hatte dann anderntags an Thaler telephoniert. Der war nun da.
Als Cohrs in die Gaststube trat, saß Moritz Thaler beim Abendessen. Er aß drei Spiegeleier mit Speck und trank eine Flasche Rotwein dazu, das schwarze Brot tunkte er zum Schluß in die fettigen Überreste und wischte damit den Teller sauber. Thaler rief Cohrs zu: »Da kömmt ja der Herr Eisenbahn persönlich!«, und lachte schallend über den eigenen Witz.
Cohrs ging vorsichtig näher, er wollte eigentlich lieber in die Gaststube gehen, die nebenan lag, denn hier war es ihm zu vornehm. Es gab drei Nischen, in denen Tische standen, weiß gedeckt und von je zwei roten Plüschsofas flankiert. Die ganze Pracht machte einen recht schäbigen Eindruck. In den Vasen aus gepreßtem Glas steckten staubige künstliche Blumen. Es roch im Zimmer nach kaltem Rauch, Bier und dem alten Plüsch. An der Wand hing eine prächtige Reklame des Norddeutschen Lloyd: Leben und Treiben auf einem Ozeandampfer. Man sah elegante Herren mit hohen Kragen und kühner Schiffermütze, vornehme Damen mit Wespentaille und kleinen Hütchen, die sich auf dem breiten Deck ergingen, während ältere Herren in Liegestühlen sich der Ruhe hingaben. Die charakteristischen gelben Schornsteine der Lloyddampfer waren sichtbar, und man sah auf einem der vertrauenerwekkenden und beruhigenden Rettungsringe, die an der Reling hingen, den Namen des Schiffes.
Unter dem Bild saß Moritz Thaler, klein, mit bläulich rasiertem runden Gesicht, einem englisch gestutzten Schnurrbart, der schon graue Fäden zeigte, auf dem Kopf einen glattgestrichenen Scheitel, mit dem das Haar nicht ganz einverstanden war, denn es kräuselte sich an manchen Stellen. Thalers Nase hing etwas über die Oberlippe. Er wirkte mit seinem gelben Teint durchaus jüdisch. Der Jude Thaler hieß er kurzweg, und er fand sich damit ab. Wie mit vielem in seinem Leben.
»Na... setz dich man her, Cohrs«, sagte Thaler in seiner

gewaltsam derben Art, mit der er die Leute zu behandeln pflegte. Er duzte alle, das war aber nicht ernsthaft gemeint, es war die aggressive Abwehr eines isolierten und vereinsamten Menschen.
Wendelken kam ins Zimmer. »Na... du Gauner...«, sagte Thaler, und Wendelken lachte gutmütig. Sein mageres Gesicht verzog sich zu einem Grinsen. Er wußte, wer er war, und darum konnte er sich ruhig »Gauner« titulieren lassen. Cohrs störte ihn heute, denn Gesine wollte noch kommen, das durfte Cohrs keinesfalls wissen.
»Nabend, Cohrs, hast du deinen Jammer ausgeschlafen?«
»Das war man halb so schlimm«, lachte Albert, »ich will mal rasch noch ein Bier trinken...«
»Nee, nee, Cohrs, das trink man hier«, sagte Thaler und zwinkerte mit dem an sich schon halb geschlossenen Auge zu Wendelken hinüber. Hermann verschwand und kam mit einem Glas Hemelinger Bier zurück.
Thaler nuckelte an seinem Rotwein. »Du oller Giftmischer«, sagte er zu Wendelken, »das nennst du Bordeaux?« und erzählte strahlend den alten Witz: Zwei Juden kaufen sich eine Flasche Bordeaux und versuchen zu Hause, sie mit dem Korkenzieher zu öffnen, aber die Stanniolhülse läßt sich nicht abnehmen. Der eine zieht und schwitzt, der Korken rührt sich nicht. Endlich sagt der andere: »Du Esel, was bohrst du da oben, siehst du nicht, da unten steht es doch: Bohr do!«
Thaler beendete unter prustendem Lachen seinen Witz, aber seine Tischgesellschaft kicherte nur höflich. In solchen Augenblicken erwachte in Moritz Thaler der ganze Jammer des Lebens, er fühlte sich wie ein Weißer unter Negern.
Cohrs erzählte dann weitschweifig von dem neuen Projekt der Eisenbahn wegen eines Umbaues des Bahnhofs, aber niemanden interessierte es besonders. Thaler sagte unvermittelt: »Und Ihr Fräulein Braut, Herr Eisenbahnminister... immer gut zu Wege?«
»Ja, danke der Nachfrage«, er wolle nun bald heiraten, und der Herr Thaler müsse zur Hochzeit kommen, und der Wendelken würde schon ein feines Essen zurechtmachen. Aber Gesine wolle noch nicht so recht, wie so die Weiber sind. Na, meinte Thaler, er sei doch ein Mann, und das sei wohl die Hauptsache.
»Fahren Sie mal wieder nach England, Herr Thaler?« sagte Cohrs.

»Ach, ich weiß nicht, kömmt aufs Wetter an; von hier aus ist es ja ganz nah, die nächste Station ist ja Bremerhaven, und dann kömmt ja England.«
»Tscha«, sagte Cohrs, »wer doch auch mal reisen könnte ...«
Da mußten sie doch wahrhaftig lachen. Saß da ein königlich preußischer Eisenbahner und wollte gern Eisenbahn fahren.
»Er is' sich ein gediegener Mensch«, sagte Wendelken, und Thaler lachte so, daß er rot anlief. »Gib schnell mal drei Kognaks ... fix«, schnauzte er und klopfte dem erstaunten Cohrs auf die Schulter. »Feines Mädchen, leckeres Mädchen, wie man in Köln sagt ... na, die wird wohl stramme kleine Cohrse absetzen, was?« Cohrs schämte sich, aber war geschmeichelt. Als Hermann mit den Kognaks kam, schlug die Uhr neun. Cohrs erschrak: »Nun muß ich rüber.« – »Kommst doch wieder?« fragte Wendelken scheinheilig, aber Cohrs verneinte, heute ging' es nicht, er müsse noch bis zehn drüben bleiben und dann mal früh schlafen gehen, es täte ihm ja mächtig leid, aber ... »Lauf nur schnell, deine Eisenbahn brennt noch an«, rief Moritz Thaler.
Cohrs rannte ins Dunkle über die Straße. Als er um die Ecke bog, glaubte er Gesine zu sehen. Aber das kann sie doch nicht sein, dachte er, Gesine ist doch zu Hause.
Viel Zeit zur Besorgnis hatte Cohrs nicht, denn als er in die Station kam, läutete schon Block 18.

Schwere Nacht

Um zwölf Uhr spannte Hermann an. Gesine mußte nach Hause; sie war sehr unruhig, da Cohrs ihr vorhin gerade in den Weg gelaufen war. Gott sei Dank, ohne sie zu sehen.
»Komm, Gesine ... los.« Hermann war ungeduldig.
»Ja, ja, ich komm' schon, nur nicht so stürmisch.«
Thaler half als Mann von Welt dem Fräulein in den Mantel.
»Pardon, Mademoiselle«, sagte er dabei und zwinkerte lebhaft.
»Also morgen früh, da komm' ich so en passant mal vorbei. Und da stehen Sie vor der Tür und sagen: Oh, Herr Thaler ... na, so was! Das sagen Sie, und dann rede ich mit dem Alten. Und nachmittags kommt Hermann, so ist's richtig.«

Gesine nickte. Thaler sagte zu Wendelken: »Mach nich so'n Krach, wenn du nach Haus kommst.« – »*Wenn* du nach Haus kommst«, betonte er zynisch.
Moritz ging in die erste Etage in sein Zimmer Nr. 3, die Treppe knarrte furchtbar. Kann er auch mal machen lassen, denkt er, Bruchbude, verdammte! Das elektrische Licht geht auch nicht mehr ordentlich. Die Birne war ausgebrannt, im Flur tappte er sich bis ans Ende, vor Zimmer 2 standen zwei Paar ausgetretene Schuhe, Mann und Frau ... was die wohl hier wollten? Er blieb einen Augenblick stehen, lauschte und fühlte sein Herz klopfen.
Die Luft in seinem Zimmer ist schwül und muffig. Er macht das Fenster auf, flucht über den Staub, noch nicht mal festhaken kann man die Fenster. Er starrt ins Dunkle, es ist sommerlich warm, trotzdem es erst April ist. Thaler seufzt, ächzt und bedauert sich sehr, als er seinen Koffer auspackt. Er besitzt einen seidenen Schlafanzug. Für wen? denkt er. Waschzeug ist in Ordnung, und nun noch die Schlaftropfen, mit denen er seit zwanzig Jahren lebt.
»Millionär bist du an mir geworden«, schnauzte er immer den Apotheker Rosenbrok in Bremen an, wenn er sich seine Tropfen erneuern ließ.
Aber wo sind denn die verdammten Tropfen? ... Ich habe sie doch selbst eingesteckt.
Kalter Schweiß bricht ihm aus, er zittert, wirft sich aufs Bett, in Kleidern, in Stiefeln. Er hat die Tropfen vergessen. Er ist gefangen in diesem gottverlassenen Ort, in dieser entsetzlichen Spelunke.
Was soll er tun? Er wird nicht schlafen, nein, er kann nicht, er hat es nie gekonnt. Er läuft im Zimmer umher, flucht und schimpft, horcht zum Fenster hinaus, es ist ganz dunkel draußen. Man kann nicht die Hand vorm Auge sehen. Da sind Bäume, da ist eine Mauer, ist da nicht der Judenfriedhof? Ja richtig, Wendelken neckte ihn immer und sagte:
»Von mir ist es nicht weit in Ihren Himmel.«
So ein Gauner, so ein Spitzbube, dies blödsinnige Geschäft mit der Mühle. Ritt ihn der Teufel, daß er hier übernachten mußte, ausgerechnet hier, anstatt in seinem sauberen weißen Bett in Bremen. Er denkt mit tränender Rührung an sein Zuhause, in dem er sich doch manchmal so vereinsamt fühlt. Aber was ist das gegen eine solche Räuberhöhle?

Er setzt sich auf den Bettrand. Moritz, Esel, Idiot, Hanswurst. So denkt er von sich in diesem Augenblick. Da er geläufig Englisch und Französisch spricht, sagt er es sich auch in diesen Sprachen auf, aber es tröstet nicht.
Da sitzt er nun, der schlaue, reiche Moritz Thaler, und weint seinen Schlaftropfen nach. War er nicht von jeher ein Schlemihl, ein Hanswurst? Damals, als er von Hoya nach Hannover in die Lehre ging und dann nach Hamburg zu Lewinsky ... da hätte er fast geheiratet. – Hätte er's nur! – Oder in London, oder in Paris: Bonjour, Monsieur Thaler, comment ça va ... how du you do, Mr. Thaler, how are you?, danke der Nachfrage, mies, scheußlich, zum Kotzen. Da ist noch ein Spiegel, gelb und fast blind, Moritz sieht sein Gesicht nur undeutlich darin, aber es genügt, um einen unglücklichen Menschen zum Selbstmord zu treiben.
Thaler legt sich angekleidet aufs Bett, der Kragen drückt, er läßt es geschehen, das Licht an der Decke blendet ihn, ein Stechen in der Seite läßt ihn gleichgültig. Moritz starrt ins dunkle Fenster. Ihm ist elend und hilflos zumute. Was nützen ihm Erfolg und Geld, wenn er wie ein Bündel zur Seite geworfen, ein erledigter Fetzen Mensch ist. Zu Hause ist auch keine Freude zu holen, nur Elend und Jammer. Warum ist er auch in dieses Nest gekommen, hierher, der Wendelken war doch ein Antisemit und ein Gauner ... Und dieses Geschäft mit der Mühle konnte auch nichts einbringen. Aus dem Hotel hier was Ordentliches zu machen, das wäre was. Aber er hat keine Lust dazu, soll er wieder mal der Dumme sein? Er wälzt sich im Bett umher. Ob ich mich ausziehe? Es hat doch keinen Zweck, ich bin ja so müde.
... Gesine ist ja ein famoses Weib. Hierher, Fräulein, bitte aufs Oberdeck ... das Meer ist ganz ruhig ... Setzen Sie sich man, Steward, zwei Kognaks. Ja, der Cohrs, der ist nun Matrose oder tot, meinen Sie, wieso denn? Ach, der Hermann will hier reiten, angespannt hat er auch schon, da kommt er aber nicht weit. Sehen Sie, dieser Plüsch taugt nichts ... das macht die feuchte Luft ... Es tutet immer, wenn ein Wagen entgegenkommt ... und dann Nebel. Ja, Sturm ist unangenehm, aber mit Ihnen ... Gott, ist das ein weicher Arm, darf ich, ja? Cohrs steht vorne auf der Lokomotive, er fährt zu schnell, kommen Sie näher heran, so ... warum ich nicht mal. Hermann durfte. Nein, so alt bin ich noch nicht, meine Mutter paßt auf, aber die

sieht nicht mehr so gut, seit Vater tot ist ... ich gehe nicht nach Hannover ... das Schiff legt da nicht an ... nein, es ist zu stürmisch. Ich glaube, man geht besser in die Kajüte, welche Kabine haben Sie? Nein, ich meine bloß, so, hier hört uns wirklich niemand. Da kommt die Zietemannsche mit dem Kaffee, nein, der Wecker ist nicht in Ordnung, sonst stände ich hier nicht ohne Tropfen auf dem zugigen Bahnsteig ... das Gleis ist verbogen, sagen Sie, ja ... wie macht er das denn ... bei zehn Prozent fängt erst das Vergnügen an. Das hätte ich Ihnen sagen können ... Sie läuft ja fort. Um Gottes willen, der Zug fährt ja auf der kaputten Schiene! Wenn ich doch nur meine Tropfen genommen hätte, dann könnte die Sirene nicht so heulen. Nebel und Nebel ... immer wieder dasselbe. Ja, da können Sie nichts machen, Herr Cohrs, er schlägt mich! ... ausgerechnet mich ...!

Moritz Thaler ist mit einem Schrei aus dem Bett gesprungen. Er weiß nicht, wo er ist. Das Licht an der Decke brennt trübe, im Hofe ist Lärm, ein Wagen ...

Er fühlt sich elend und verschwitzt, war eingeduselt, hat geträumt. Das war kein richtiger Schlaf gewesen. Wie spät ist es denn? Halb zwei ... ach du lieber Gott!

Kommt Hermann jetzt erst nach Hause ... so'n Bengel. Und die kranke Frau? Was geht das mich an!

Thaler kriecht mit zerschlagenen Gliedern aus dem Bett. Er will sich ausziehen. Er stöhnt und ächzt. Wenn er doch nur die Tropfen hätte!

Als er die Hose seines Schlafanzuges hochnimmt, fällt die Flasche mit den Tropfen auf den Boden, zum Glück auf den alten zertretenen Bettvorleger.

Er atmet auf. Nun ist alles gut. Er wird schlafen.

Hohenzollernwetter

Der 20. Juni leuchtete über der Stadt. Es war ein Sonnabend. Oder eigentlich ein Sonntag, denn der Kaiser kam, der Herr und Gebieter über sechzig Millionen Menschen.

Der König von Preußen besuchte wieder einmal die Stadt Hannover, die Welfenstadt, die nun bevorzugte Haupt- und Residenzstadt der Provinz. Das Lieblingsregiment des Kaisers und Königs waren die Ulanen, die festlichen Reiter und stolzen

Lanzenträger kriegerischen Ruhms, der weit zurücklag, aber jeden Augenblick erneuert werden konnte. Am Königsworther Platz lag ihre Kaserne, und es verging kaum ein halbes Jahr, in dem der Kaiser nicht in ihren Mauern geweilt hätte. Auch die Reitschule besuchte er oft, in der edelste Reitkunst, preußische Strenge sich zu einem Ruhmeskranze Hohenzollernscher Kulturarbeit vereinigten.

Im heutigen Festprogramm waren folgende Punkte vorgesehen: Nach Ankunft der Majestät Vorstellung von Behörden und Vereinen im Rathaus, anschließend Parade auf dem Waterlooplatz. Dann Frühstück in der Ulanenkaserne. Bald nach vier Uhr sollte Prinz Rupprecht von Bayern eintreffen, ebenso Prinz Adolf zu Schaumburg-Lippe, der Herzog Friedrich Ferdinand und Prinz Albert zu Schleswig-Holstein-Sonderburg-Glücksburg.

Die Gastwirte und Hoteliers sahen den Kaisertagen immer mit besonderem Wohlgefallen entgegen, ebenso die Jugend, die an diesem festlichen Tage schulfrei hatte.

Die Weiblichkeit der Stadt, alt und jung, Backfisch und Dienstmädchen, blühte auf in ihren durchbrochenen Batistblusen, den strahlenden Kriegern huldreich entgegen. Ihr sonst so spitzes und sprödes Gebaren, die gespreizte und gezierte Schamhaftigkeit der norddeutschen Stadt lockerte sich an den Kaisertagen zu südlicher Wärme und Leichtigkeit.

Es war auch so schön. Immer schien die Sonne, wenn der Kaiser kam, immer wurden die Straßen, die der Herrscher passieren sollte, schon vom frühen Morgen an mit gelbem Sand bestreut. Ganz dick und verschwenderisch, denn für den Kaiser mußte man ja alles hergeben, sogar das Leben.

Um das ging es freilich vorläufig nicht, wenn auch die Sozialdemokraten, jene ewigen Nörgler, die besser daran täten, sich den deutschen Staub von den Pantoffeln zu schütteln, nach dem Worte des jungen Kaisers, sich in dem kriegerischen Glanze der ewigen Kaisertage, des ewigen Hohenzollernwetters nicht so recht wärmen wollten. Und sollte man die kümmerliche Schar von Anhängern des alten hannoveranischen Königshauses ernst nehmen, wie den Voges vom »Kleinen Pferd«, der zwar seine Wirtschaft nicht immer zumachen konnte, wenn der Kaiser kam, aber doch persönlich nicht anwesend war. Er fuhr an diesen Tagen ganz früh nach Barsinghausen mit der Elektrischen, um mal »Luft zu schnappen«. Dann blieb er so lange bei

seinem Schwager, bis der Kaiser aus Hannover abgereist war. Der Sicherheit halber telephonierte er aber vorher an und fragte seine Frau, »ob der junge Mann noch da sei«.
Der 20. Juni war bis in die neunte Morgenstunde vorgerückt. Man hatte zuerst den Bahnhofsplatz mit Sand bestreut, dann die Bahnhofstraße bis zu Café Kröpcke. Dann wurde abgesperrt, mit einem Riesenaufgebot von Schutzmannschaft, mit blitzblanken Uniformen und Pickelhelmen.
Absperren war die Hauptsache, das gehörte dazu, damit war jeder einverstanden. Das mußte auch der roteste Sozialdemokrat einsehen. »Wär' ja noch schöner, wenn da alle durchtrampeln könnten, tjawoll auch«, sagte der plattfüßige Kellner im Café Kröpcke zu Moritz Thaler, der ahnungslos in die Stadt gekommen war. Er saß verstimmt bei einer Tasse Kaffee, wollte eigentlich ins Altersheim fahren, um eine Stelle für den alten Geffken zu besorgen. Das war natürlich wieder einmal an ihm hängengeblieben, diese Reise hierher. Verdammtes Pack, brummte er, was geht das mich an? Überhaupt, hier sind alle übergeschnappt, allesamt. Es kann gar keine Rede davon sein, daß er heute überhaupt das geringste erledigt.
»Geben Se mir mal ein Kursbuch«, schnauzte er den Kellner an, »zwölf Uhr fünfzig ab Hannover, da bin ich um drei in Bremen, na ja . . . oder soll ich mal bei de Vries anläuten, mal guten Tag sagen. Vielleicht kann ein Rechtsanwalt das auch erledigen. Eigentlich geht es mich ja nichts an . . . aber dazu bin ich immer da«, schimpft er vor sich hin.
Als er mit de Vries telephoniert, glaubt er nicht recht gehört zu haben, als Johanna ihm sagt, daß ihr Mann den ganzen Tag nicht zu sprechen sei, er müsse ins Rathaus. Nanu, was er denn da wolle, die brauchen doch noch keinen Rechtsanwalt. Unter Stammeln und Zögern gestand nun Johanna de Vries, geborene Lewinsky, dem Makler Moritz Thaler, daß der Herr Rechtsanwalt S. de Vries heute dem Kaiser vorgestellt werden sollte, um zwölf Uhr im Rathaus.
Thaler schmiß den Hörer hin, fluchte in allen Sprachen, die ihm geläufig waren. »So'n Esel, so'n Hanswurst, wenn das der alte de Vries wüßte, oder Lewinsky . . . die würden sich den Bauch halten vor Lachen. So mußte es ja kommen, am Ende ließ sich der noch taufen! . . .«
Thaler entschloß sich zur sofortigen Abreise. Wenn's auch ein Bummelzug ist, denkt er, da steig' ich in Hoya aus und geh' mal

aufs Grab der Eltern. Er hatte plötzlich Sehnsucht danach, in all dem Lärm und Kommandogeschrei auf den Straßen.
Wie die Schutzleute dahersprengen, als ob irgendwo Krieg ausbricht. Die Leute waren ja überkandidelt. Das war doch in Bremen anders. Das gab's doch nicht in Bremen. Wenn der Kaiser mal kam, da schrie man hurra oder auch nicht. Aber da wehte schon ein bißchen Meerluft, Salzluft, Weltluft. Da lag doch gleich der Ozean, England, Amerika!...
Thaler riß aus, zwängte sich durch die Menge, kam auf merkwürdige Weise auf den Bahnhof, auf dem eine Kirchhofsruhe herrschte. Die Vorhalle war leer von Zivilisten, nur ein junger Polizeileutnant stand wie eine Statue in der Mitte. Ein Billettschalter war geöffnet, an dem Thaler erfuhr, daß in zehn Minuten ein Bummelzug bis Wunstorf ginge, dann nach einer Viertelstunde einer bis Bremen. »Hält der in Hoya?« fragte Thaler und freute sich, daß er da aussteigen konnte. Sechs oder sieben Wochen war er nicht mehr dort gewesen. Das kam selten vor.
In Hoya ruhten Jacob und Sophie Thaler auf dem kleinen Friedhof der jüdischen Gemeinde. Gegenüber vom Friedhof hatte Otto Hartje sein Hotel. Das Grundstück hatte Thaler in einem Anfall von Schwermut gekauft und weit über den Wert bezahlt. Da verbrachte er oft häßliche Abende, sinnlose Stunden unter Bauern und kleinen Leuten, in feuchtem Bett weinte er dann vor Sehnsucht nach dem elterlichen Grab, das so nahe war. In solchen Nächten war er wieder der kleine Judenjunge Moritz Thaler, nichts weiter sonst.
Als Thalers Zug aus der Halle des Hannoverschen Bahnhofes fuhr, ertönte rauschende Musik, ein klirrender Militärmarsch stieg in die verrauchte Bahnhofshalle, abgehacktes Kommandogeschrei ließ die hohe Glashalle erzittern: der kaiserliche Hofzug fuhr ein. Thaler sah aus dem Coupéfenster die schimmernden Uniformen und Federbüsche. Er setzte sich seufzend auf das grüne Polster seines Coupés, sah in der Ferne den Herrenhäuser Garten und das Palmenhaus und war bald in Wunstorf.
Seit dem frühen Morgen war Bernhard Tölle auf den Straßen, Luise hatte ihm ein Butterbrot eingepackt und ihm immer wieder eingeschärft, vorsichtig zu sein. »Ja... doch ja... doch«, war die Antwort. Er trieb sich überall umher, wo was los war. Und wo war nichts los?

Die aus den Fugen geratene Stadt, vom Hohenzollernwetter begnadet, zeigte sich im funkelnden Licht des Junis. Bernhard sah sogar die hübschen, sommerlich gekleideten Mädchen mit Vergnügen an, obwohl er erst zwölf Jahre alt war. Jungens waren ihm lieber, aber auch die Mädchen hatte er gern. Er spielte sich gerne als Kavalier und Beschützer auf.
Neulich hatte er sogar einen Kuß abgekriegt, so unversehens und plötzlich. Vater Tölle war dabei und lachte. Es war bei Voges im »Kleinen Pferd«, wo er Vater holen mußte, da Mutter plötzlich einen Schwindelanfall bekommen hatte. Da war eine nette junge Person, die hieß Minna, saß ganz dicht bei Vatern, und als sie Bernhard sah, packte sie ihn am Kopf und gab ihm einen schallenden Kuß. »Ein strammer Tölle«, schrie sie durchs Lokal. Vater lachte, ging aber mit ihm gleich nach Hause.
Bernhard ging zuerst mal zu seinem Freund Käferhaus, aber der war nicht zu Hause, so mußte Bernhard alleine losziehen. Er konnte nun nicht gleichzeitig am Bahnhof den Kaiser ankommen sehen und am Rathaus die Auffahrt der höchsten und allerhöchsten Herrschaften besichtigen. Er entschloß sich, an der Ecke Markt- und Karmarschstraße stehenzubleiben. Der Sand wurde gestreut, und die Schutzleute fingen schon an, zu schnauzen, wenn einer über die Straße wollte.
Also hier war es richtig. Nach und nach sammelten sich die Leute an, und um zehn Uhr konnte Bernhard nur mit Mühe sein Butterbrot aus der Tasche ziehen, so voll war es. Ab und zu schrie ein Witzbold hurra, dann gab es großes Hallo, wenn ein verängstigter Kutscher von den Schutzleuten angehalten wurde. Schön war auch ein Offizier, der in gestrecktem Galopp auf seinem Rappen durch die Straßen ritt. Alles reckte die Hälse. »Mensch, das ist doch Heyden-Linden – der da – nee, was denn, das ist doch Lynker ... den kenn' ich doch ... Mensch, stell dich nich so an ... du Butjer! Was, der Stadtdirektor ... der hat keine Orden an ... was ... der is' dich kein Reserveoffssier ... was, der kein Offssier?«
Man versuchte, sich zu prügeln. Schutzleute führten einen Schreier ab. Um halb elf zogen die Vierundsiebziger zum Bahnhof, um elf fiel eine Frau in Ohnmacht, um elf Uhr fünfzehn brach eine Kette Zuschauer durch, da von einem Dach ein Ziegel heruntergefallen war. Die Ordnung wurde rasch wieder hergestellt. Elf Uhr zweiunddreißig geschah folgendes:

Ein schwarzes Coupé fuhr in scharfem Trabe die Karmarschstraße hinunter. Als es in die Marktstraße einbiegen wollte, sprengte ein Schutzmann auf den Wagen zu. Nach einem Wortwechsel zwischen Kutscher und Polizeioffizier sah man eine Hand, mit weißem Glacéleder bekleidet, eine Karte aus dem Wagenfenster herausreichen. Der Polizeileutnant warf einen Blick darauf, salutierte und gab den Weg frei. Stolz fuhr der Kutscher in die Marktstraße hinein. Die Menge sah erstaunt auf den Wagen. Nanu?... Das war ja sicher ein großes Tier! Einer schrie hurra, ein zweiter, plötzlich schrie alles hurra. Kein Mensch wußte warum. Die einen sagten, es sei der Stadtdirektor, die anderen meinten, es sei der Intendant des Hoftheaters. Da schrie eine Frau: »Mensch, das is ja en Jude!«

In die Ecke des Wagens gedrückt, sehr bleich, in Frack und hohem weißem Kragen, saß der Rechtsanwalt S. de Vries. Ihm war gar nicht wohl. Das Hurrageschrei empfand er als Hohn, und überhaupt bereute er diesen Streich sehr. Aber wie das so kam: der Stadtdirektor, mit dem er öfters in Gesellschaft zusammentraf, sagte eines schönen Nachmittags, nach einem Diner bei Kommerzienrat Ledermann:

»Herr Doktor, wollen Sie mal Majestät vorgestellt werden?«

»Aber Herr Stadtdirektor, nein. Das ist ja sehr liebenswürdig von Ihnen... aber...«

»Nee, nee, de Vries, im Ernst, Sie sind was für Majestät.«

Der Rechtsanwalt dankte verbindlichst, aber das wolle er doch nicht.

»Na, dann nicht«, sagte der Stadtdirektor etwas pikiert und behandelte de Vries von nun an kühler. Das ärgerte S. de Vries. Wochenlang redete er mit Johanna darüber, die als Hamburgerin, also als Republikanerin gleichsam, wenig Verständnis dafür hatte. Sie lachte ihn aus, sagte »Schtus« und »Schaute«, was soviel wie Unsinn und eitler Fant bedeutete. De Vries aber dachte ernsthaft darüber nach. Es ließ ihm keine Ruhe. Eines Tages ging er zum Stadtdirektor und bat ihn um die Liebenswürdigkeit, ihn Majestät bei nächster Gelegenheit vorzustellen. Die Gelegenheit war rasch gekommen. Majestät wünschte des öfteren Zivilpersonen, die sich treu und ergeben bewährt hatten, kennenzulernen. Nun stand ein Besuch des Herrschers bevor, bei dem Zünfte und Vereine dem Kaiser huldigen wollten. Da erhielt auch der Rechtsanwalt samt einer Reihe

vaterländisch zuverlässiger Männer den Befehl, sich am 20. Juni, mittags elf Uhr fünfzig, auf der Freitreppe des Rathauses einzufinden. »Frack und Ordensschmuck erbeten.«
Die Wochen vor diesem ereignisreichen Tage drohten die Familienverhältnisse im Hause de Vries zu zerrütten. Es wurde von nichts anderem gesprochen als von der Vorstellung bei Majestät. Johanna verzweifelte, nur Joe fand es sehr lustig. Er wurde immer mitgenommen, wenn Vater Anprobe bei dem Hofschneider Kahlfeld in der Georgstraße hatte. Dann saß Joe auf dem Stuhl und sah zu.
Kahlfeld baute den Frack kunstgerecht, er legte seine ganze Liebe hinein und seinen Neid, denn er war früher Schauspieler gewesen und wollte so gerne »Hofschauspieler« werden. Er wurde aber nur »Hoflieferant« und verdankte diesen Titel nicht dem deutschen Kaiser, sondern einem Balkanfürsten, der einmal nach Hannover gekommen war, um die Reitschule zu besichtigen; da war Kahlfeld auf die Idee verfallen, durch Vermittlung es durchzusetzen, daß Fürst Milanowitsch zu ihm kam. Kahlfeld war als Schauspieler einmal auf einer Tournee mit einer Truppe in das Fürstentum des Balkanherrschers geraten, hatte nach einem Gastspiel einen Orden bekommen, ein glitzerndes Sternchen an buntgeschecktem Bande. Den trug Kahlfeld, als der Fürst eintrat. Erstaunen ringsum, Erklärung, lächelnde Huld des Fürsten und einige Tage später die Bestallung zum Hoflieferanten. Es ist nicht geklärt, ob Durchlaucht den Sommeranzug bezahlt hat, sicher aber ist, daß der gütige Vermittler, ein stark verschuldeter Hauptmann von der Reitschule, seine Rechnung in Höhe von zirka tausend Mark bei Kahlfeld nicht beglichen hat.
Der Frack war das, was die Kenner ein Gedicht nennen. Nur das Knopfloch war verwaist und leer, denn S. de Vries konnte der Bitte um Ordensschmuck nicht entsprechen, es sei denn, er hätte sich den Balkanorden des Schneiders ausgeliehen.
An jenem Tage nun, als Hohenzollernwetter über die Stadt gezogen war, hoffte de Vries immer noch, der Besuch der Majestät würde abgesagt werden, aber es ging alles programmmäßig. Im Rathaus nahm er Aufstellung zwischen Geheimräten und Stadträten und Bürgervorstehern, unter Offizieren und biederen Handwerkern, die irgendeine Schärpe trugen, Vertreter einer Zunft, die dem Kaiser zu huldigen hatten. Er stand unter diesen Menschen und fühlte sich sehr vereinsamt.

Selbst der Stadtdirektor, in Amtstracht und goldener Kette, war kühl zu ihm, aber das mußte wohl so sein.
S. de Vries wartete von elf Uhr fünfundfünfzig bis zwölf Uhr fünfundvierzig, jede Minute brachte ihm das Lächerliche seiner Lage deutlicher zu Bewußtsein, er wollte am liebsten weglaufen, mußte aber ausharren. Sein Stolz schmolz in sommerlicher Wärme, und er glaubte Johannas Stimme zu hören, die nachdrücklich »Schaute« sagte.
Endlich hörte man Geschrei und Musik, die Glocken der Marktkirche läuteten, die Hitze war unerträglich. Der Kneifer war beschlagen von Schweiß, Hemd und Kragen hatten längst die strahlende Glätte eingebüßt, sie waren schon weich geworden. S. de Vries stand an der Treppe, drunten glitzerte alles in Uniformen, und Helmbüsche standen silbern in der Sonne.
De Vries hatte das Gefühl wie vor langen Jahren, als er das Abitur machte, nur war er damals jünger und elastischer gewesen. Es war auch nicht gut, daß er heute morgen schon zwei Glas Portwein getrunken hatte.
Da zogen die Ulanen um die Ecke. Voran die Musikkapelle zu Pferde. Der vorderste Reiter hatte rechts und links auf seinem Pferde eine silberne Pauke, die waren der Stolz des Regiments und der Stadt. Nach der Musik kam ein Trupp Ulanen, die Lanze in der rechten Faust, die jungen Gesichter starr und ernst. Es waren ausgesuchte Mannschaften. Das Volk tobte vor Begeisterung; Tücher winkten; die Fahnen, die schlaff in der sommerlichen Luft zu Boden hingen, von den Häusern gegenüber und im Rathaus fingen plötzlich an zu wehen. Nach den Ulanen kam ein Raum, so groß wie fünf Pferde in der Länge etwa, darin war ein weißes Pferd von erlesener Schönheit mit grauen Tupfen und langer silberner Mähne, im Sattel saß eine Gestalt in Ulanenuniform, strahlender, schimmernder als die anderen.
Es war der Kaiser.
Das Geschrei wurde zum Orkan, Glockengeläute, Musikgetöse, und mit einem Male Stille, vollkommene Stille. De Vries sah einen Mann auf dem weiten Platz stehen, es war der Stadtdirektor, man hörte aber seine Stimme nicht, obgleich er sprach, man sah nur die gerade Figur des Kaisers und das stolze nervöse Nicken und Scharren seines Pferdes. Endlose Zeit, qualvolle Zeit. S. de Vries glaubte, eine Ewigkeit sei vergangen, als er den Kaiser absteigen sah. Die Vorstellung unten begann. Offiziere traten vor und zurück, Ordonnanzen jagten im

Bewußtsein ihrer Wichtigkeit über den Platz. Als der Kaiser mit seinem Gefolge die Stufen heraufschritt, spielte die Musik einen schmetternden Marsch.

Langsam, viel zu langsam kam der Zug, der strahlende, hoheitsvolle Zug, näher. Der Stadtdirektor ging in respektvoller Entfernung neben dem Kaiser, auf der anderen Seite der Adjutant.

S. de Vries stand geradeaus gerichtet und fühlte mit jeder Sekunde mehr sein Elend, seine Aufregung. Nun war der Kaiser gleich bei ihm. De Vries überlegte sich, was er antworten solle. Der Kaiser war ja ein belesener, gewandter Mann, vielleicht fragte er etwas Juristisches oder Literarisches. Was kannte er denn gleich? Ihm fiel nichts ein. Wenn ihn in diesem Augenblick Majestät gefragt hätte, ob er Goethe kenne, er hätte es nicht gewußt.

Da kam der Kaiser langsam auf ihn zu. S. de Vries erstarrte, seine Hände waren längst abgefallen, lagen abgetrennt von ihm irgendwo. Eine Träne mußte sich in diesem Moment auf sein Augenglas legen, wie dumm, nein, wie dumm...! Als er sich entschloß, die Träne fortzuwischen und zu diesem Zwecke den Kneifer abnahm, sah er mit seinen kurzsichtigen Augen eine Gestalt vor sich, ein Gesicht, zwei Gesichter, eines davon blaß mit einem Riesenfederbusch auf dem Helm und zwei blauen Augen, Schnurrbartspitzen in die Höhe gezogen, rasch setzte de Vries den Kneifer wieder auf. Majestät stand vor ihm, der Stadtdirektor nannte den Namen, de Vries beugte sich tief, ganz tief, eine Hand berührte ihn, er nahm sie, schon war sie fort. Er hörte eine helle kurze Stimme: »Gedient?«

De Vries schoß das Blut zu Kopf. Sein Schlund war trocken. Ein Laut entfuhr ihm, der sollte heißen: »Leider nein, Majestät.« Aber ob er es wirklich gesagt hatte, wußte er nicht. Der Stadtdirektor sagte es ihm auch später nicht, niemals in seinem Leben wußte er die Antwort, die er dem Beherrscher des Deutschen Reiches gegeben hatte.

Wie im Traum gelangte de Vries in seinen Wagen. Er war wie ausgelöscht. Die Anspannung von Wochen und Monaten war vorüber. Er sank in sich zusammen, schloß die Augen. Draußen wogten die erregten Menschen an ihm vorbei. Die Absperrung war aufgehoben. Man lachte und schwatzte und drängte sich. Es war immer noch Sommerwetter, Kaiserwetter, Hohenzollernwetter.

Zweiter Teil

Sonntagsfahrt

Luise Tölle sah noch einige Sommer, in denen sie still und im Bewußtsein, daß alles bald zu Ende sei, am Fenster saß und die Menschen lärmen und hasten sah. Einige Winter, in denen sie die Kohlen vom Keller heraufschleppte, wenn Tölle auch schimpfte und der kleine Berni mithalf. Sie sah noch einige Frühlinge mit Sturm, Regen und zaghafter Sonnenwärme; die gelben Herbstblätter in der Herrenhäuser Allee tanzten noch einige Male um ihre müden Füße, dann legte sie sich hin und stand nicht wieder auf.
Sie wurde ins Krankenhaus in der Haltenhoffstraße gebracht, sie wurde untersucht und beklopft, aber es war zu spät. Sie hatte Schrumpfniere. Sie starb an einem dunklen Novembertage, als die Sonne gar nicht aufgehen wollte, sie entschlummerte still und machte niemandem Arbeit, wie das so ihre Art war. Selbst die Krankenschwester war nicht im Zimmer, ganz allein und etwas verwundert, daß das so einfach ist, starb Mutter Luise. Sie wurde von ihrem Mann und dem kleinen Bernhard beweint, auf dem Stöckener Friedhof begraben und ließ ihre Familie etwas ratlos zurück, denn Emanuel war ein unpraktischer Mensch und Berni erst sechzehn Jahre alt. Vater Tölles Gemüt lockerte sich mit den Jahren, er wurde gleichsam jünger und lebenshungriger, aber das war schwer mit väterlicher Würde und Strenge vereinbar. Bernhard nahm sich viel Freiheit heraus, viel mehr, als Emanuel in der Jugend jemals hatte; aber was sollte er machen? Freunde hatte der Briefträger genug, Rat war immer billig, aber in Wirklichkeit tat Berni, was er wollte, und Emanuel ging auch seiner Wege.
Noch in den letzten Lebenstagen Luisens hatte Berni ihm Kummer gemacht, als er mit ihm auf dem Rückweg vom Krankenhaus bei Voges eingekehrt war und dort mit gedämpfter Freude begrüßt wurde.
Emanuel erzählte von Luisens Krankheit.

»Siehste Voges ... da merkste elf Jahre überhaupt nichts ... und dann mit einem Male ... dann ist's zu spät.«
An jenem Tag also verschwand Berni plötzlich und wurde später von Vater Tölle, der mal wohin gehen mußte, in einem dunklen Zimmer, das leer stand bis auf ein altes grünes Sofa, entdeckt. Und zwar in Gesellschaft der strammen und drallen Minna. Die Überraschung war groß. Berni wurde frech, trotz seines unordentlichen Aufzuges, Minna schnauzte den Briefträger an, »sei du man ganz stille«.
Der September war mächtig heiß, als Hermann Wendelken und Gesine Geffken ihren Vater ins Altersheim brachten. Thaler hatte die Mühle schließlich auf eigene Rechnung gekauft, ein unsinniges Geschäft übrigens, da Moritz Thaler doch gar nichts mit einer Mühle anfangen konnte. Wer kaufte denn altmodische Windmühlen? Das konnte nur dem schlauen Thaler passieren.
Der alte Geffken wehrte sich: »Ich geh' nicht da raus ... nur mit den Beinen voran ...« Schließlich ging er doch. Er war verfallen und fluchte. Hermann und Gesine brachten ihn nach Hannover. Das hatte Moritz auch bezahlen müssen. Den Alten hatten sie abgeliefert, sie bummelten erleichtert und vergnügt Arm in Arm die Georgstraße hinunter. Wen trafen sie an der Ecke Langelaube? Den Briefträger Tölle.
»Hallo ... Tölle ... Mensch ... wohin?« Tölle war erfreut und schlug vor, zusammen zum Benther Berg zu fahren. Er kannte Gesine noch nicht und wurde angeregt.
Nun zog man los, drängte sich in der Elektrischen und war sehr vergnügt. »Was macht denn deine Frau ... Tölle?« fragte Hermann. – »Die ist doch gestorben, Hermann ... vor einem Jahr. Habe ich's dir nicht geschrieben?« – »Tja ... Emanuel das tut mir leid, dreimal Benther Berg ... laß man, Tölle ... so, danke.«
Die trübe Stimmung hielt nicht lange an.
Dann ging man auf den Berg, Gesine und Tölle nebeneinander.
»Also Fräulein, Sie wollen jetzt dem Hermann helfen in dem Hotel? Na, ich besuch' euch mal, ich komm' mal da rauf.«
Aber Emanuel dachte an etwas anderes. Er dachte ernsthaft daran, sich zu verändern oder sogar wieder zu heiraten. Bernhard kam ja bald aus der Schule, kam in die Lehre, eigentlich sollte der Bengel Ingenieur werden, aber das Geld

langte wohl nicht. Geld, Geld und immer wieder Geld, das ist die Welt, denkt Tölle, und dabei denkt er an noch etwas anderes. Wie Luise starb und daß es so schwer war die erste Zeit mit dem Bengel allein zu Hause, der schon zu erwachsen war und höllisch aufpaßte, was der Vater trieb. Marahrens lud ihn oft ein: »Komm man, Emanuel, du mußt doch ein bißchen Abwechslung haben, so ganz alleine.«
Er dachte: wer weiß denn eigentlich von meinen Sachen, von den Nachmittagen bei Schmidtchen? Solange Muttern noch gesund war, hab' ich's ja nicht getan. Ich bin ja schließlich noch kein Krüppel mit meinen sechsundvierzig Jahren.
Eigentlich interessierten ihn nur die jungen Dinger, so die Zwölfjährigen, wo noch alles unentwickelt war, so dösige alberne Gänschen, da war er hinterher. Die Töchterschule in der Langensalza Straße war sein beliebtes Spaziergangsziel.
Nun fuhr man also zum Benther Berg, am Sonntag, im September, es war noch sehr schwül. Das Lokal war voll, alle Tische besetzt. Hermann als Fachmann organisierte.
»Nun wartet mal hier, ich spreche mit dem Wirt.« Er verschwand. Tölle und Gesine standen an der Barriere, dahinter war die Tanzfläche.
»Wie gefällt Ihnen das?« ... meinte Emanuel.
»Ach, gut ... en bißchen voll ...«
»Na, wollen wir mal versuchen?«
Tölle faßte Gesine um und walzte los. Die Musik spielte den neuesten Schlager, den Walzer aus der »Lustigen Witwe«.
»Kennen Sie das, Frollein?«
»Woher soll ich das kennen? ... Nee ... warten Sie mal ... nee, ich weiß doch nicht.«
»Das ist die ›Lustige Witwe‹, Frollein Geffken, die müssen Sie mal sehen im Mellinitheater, aber fein ...!«
Plötzlich fiel ihm ein, daß er ja selbst Witwer ist, lustiger Witwer, das ist ihm etwas peinlich. Er spricht nicht mehr darüber. Ein festes Mädchen, die Gesine, denkt er, soll die nicht verlobt sein? Hermann, der Herzensbrecher, hat da wieder mal was angerichtet, was?
»Sie sind doch verlobt, Frollein, nicht wahr?«
»Gott, ja, mit Herrn Cohrs, der ist Stationsbeamter bei uns.« In diesem Augenblick dachte Gesine wirklich an Cohrs, es kam nicht oft vor. Cohrs war sehr unglücklich, Gesine hatte ihn in den letzten Wochen zu schlecht behandelt. Der gute Cohrs war

manchmal tagelang schwermütig. Alle rieten ihm, die Gesine laufen zu lassen. Er tat es aber nicht.
Emanuel wurde ganz aufgeräumt, neben ihm tanzte ein junges Ding. Die walzte mit einem Soldaten und guckte immer zu Tölle hinüber. Emanuel fühlte sich, guckte zurück, dabei preßte er Gesine an sich, meinte aber die andere. Der Walzer war zu Ende. Hermann hatte mit Autorität und Nachdruck einen Tisch verschafft. Der Zufall wollte es, daß gerade am Nebentisch das Gänschen mit dem Soldaten saß. Tölle war sehr vergnügt, den nächsten Tanz machte er mit der Kleinen, mit Anni Staufenbiel, der Tochter des Stadtreisenden Willi Staufenbiel aus der Osterstraße.
Anni und Emanuel verstanden sich sofort; sie konnte schon gut mit Männern umgehen, und er sah in ihrem Frätzchen die ganze dumme Süße der Jugend, die er so liebte. Anni war das einzige Kind und auf den Tag siebzehn Jahre alt. Das erzählte sie strahlend. Übrigens sah sie etwas älter aus, hatte schon entwickelte Brüste und Taille. Auch trug sie ziemlich lange Röcke. Emanuel schleppte sie mit an den Tisch, da der Soldat verschwunden war. Gesine machte Stielaugen über das ungleiche Paar, denn neben Anni sah Emanuel etwas alt aus.
»Na... Frollein... ein Bier gefällig?« fragte Tölle. Aber Hermann, der Kavalier, sagte: »Bier is nich... Wein... mal die Karte!«
Der Wein hieß Liebfrauenmilch und hatte auch Ähnlichkeit damit. Aber wenn man, wie Tölle, dazwischen ab und zu einen Kognak kippt, dann ist es ja auch egal. Er wurde wild, als er Hermann mit Anni tanzen sah.
Die Stimmung im Lokal war schon auf dem Höhepunkt, als Tölle mit Anni »mal Luftschnappen« ging. Das dauerte sehr lange, ungefähr eine Stunde, sie gingen die Wiese hinunter, dem Wald zu, und waren in Gesellschaft. Überall saßen und lagen Pärchen, Tölle meinte, das wäre ja ein Skandal, und lachte. Anni trippelte neben ihm her. Schließlich kam die Lichtung, und man sah von hier die Lichter der Stadt.
»Sehen Sie mal, Frollein Anni... wie schön.«
Anni fand das auch. Aber noch besser war die dunkle Stelle im Walde, die zwar etwas feucht, aber sehr bequem war. Es roch nach Pilzen. »Champignon«, meinte Emanuel, während Anni auf irgend »so'n Giftpilz« riet. Das war ja auch egal. Es war belanglos und gleichgültig neben der Tatsache, daß Emanuel

seine Arme um Anni gelegt hatte und sein Mund den ihren berührte. »Das kitzelt«, lachte Anni, aber gewöhnte sich rasch. Emanuel benahm sich sehr ungeschickt, er war aufgeregt und streichelte unaufhörlich Annis Gesicht, dann versuchte er, die Brüste zu berühren. »Du hast ja kein Korsett an!« sagte er erstaunt und fühlte die zärtliche Haut, roch das Parfüm und die betäubende Ausdünstung ihres Körpers.
Er seufzte und stöhnte. Das war etwas anderes als Schmidtchen, dies verdorbene Ding, bei der er nur ein hastiges und unvollkommenes Vergnügen empfand. Ob sie noch Jungfrau war? Er zitterte, er schwitzte, er verzweifelte. Er fing an zu plappern. Seine Wünsche überstürzten sich. Anni war etwas verwundert, sie hatte schon einiges erlebt, nahm es aber nicht so wichtig. Und dieser ältere Mann da benahm sich so ungeschickt. Es war ja nett, nach dem »jungen Gemüse« mal einen richtigen Mann, einen stattlichen und erwachsenen Mann zu haben, aber der da fing am Ende an zu weinen. Da wurde Emanuel plötzlich böse, packte sie, schüttelte sie und benahm sich wie ein Verrückter, Anni sprang auf. »Na... dann nich«, sagte sie. Sie wollte davonlaufen, aber Tölle hielt sie fest. Er sagte, sie müsse entschuldigen, er könne wohl den Wein nicht vertragen. Er wurde ganz nett.
Sie ging wieder mit ihm in den Saal zurück. Der Tisch an dem Hermann und Gesine gesessen hatte, war leer. Da saßen Fremde. Tölle war es unangenehm, er brummte was von Unverschämtheit. Er müsse den Hermann suchen, sagte er zu Anni. Die fand auch ihren Soldaten wieder, sagte vorher Emanuel noch schnell ihre Adresse und verschwand. Tölle irrte im Lokal umher, nichts machte ihm Spaß, die Adresse der Anni schrieb er sich in sein Dienstbuch, die konnte er mal wiedersehen. Im übrigen sehnte er sich nach Hermann, mit dem er was besprechen wollte. Er fand ihn ziemlich betrunken mit einigen andern an der Theke.
»Na... du Lustgreis...«, schrie Hermann. Tölle wehrte ab, sah aber den Grad der Besoffenheit und entschloß sich mitzumachen. Wo Gesine war, wußte Hermann nicht. »Die geht schon nicht verloren«, meinte er. Um zwölf Uhr kam sie an, etwas zerdrückt und erhitzt. Hermann bestellte ihr ein Bier, um ein Uhr gingen sie zur Straßenbahn.
Es war die letzte. Man mußte auf der Plattform stehen. Fast alle waren betrunken. Der Schaffner kannte diese Fuhre, die

Hauptsache war, daß er sein Geld bekam. Das war manchmal nicht so leicht. In Badenstedt wäre Tölle beinahe hinausgefallen, da ein Mann aussteigen wollte. Am »Schwarzen Bär« stiegen noch einige hinzu, trotzdem wenig Platz war, neben Tölle stand ein Mädchen mit einem Soldaten, die knutschten sich. Emanuel sah, daß es Anni war. Er war sehr unglücklich und eingeklemmt in den Menschen. Er schubste und stieß, erregte Unwillen. »Na, mach man nich so'n Theater... Onkel«, sagte eine. – »Austreten gibt's nich...«, brüllte ein junger Mann. Man lachte. Am Steintor mußte alles raus. Hermann kam und Gesine, die wollten noch zu Voges. Ob Tölle mit wollte?
»Ja, ganz gern, aber...« Tölle guckte sich die Augen aus nach Anni. Die war wohl schon ausgestiegen. Hermann winkte einer Droschke, dann fuhren sie los. Gesine sah, daß Tölle unglücklich war, und versuchte ihn zu trösten. Hermann sagte: »Mensch, Tölle... du mußt Weihnachten bei uns verbringen... sicher.« Auch Gesine setzte ihm zu.
Er versprach es. Als sie beim »Kleinen Pferd« ausstiegen, erschien ihm die Idee sogar ganz gut. Er könne ja Berni mitnehmen, mal sehen. Jedenfalls wollte Tölle gerne kommen, und Weihnachten wäre ja bald.
Emanuel blieb nicht lange im »Kleinen Pferd«. Er war müde und fühlte sich schlapp.
Als er nach Hause kam, brannte im Zimmer von Bernhard noch Licht. Emanuel freute sich, wollte die Türklinke herunterdrükken, da fiel ihm die Sache mit dem kleinen Mädchen ein und der Benther Berg. Er schämte sich etwas und ging still in sein Zimmer.

Irgendein Nachmittag

Bernhard und Joe saßen im Café, es war nachmittags fünf Uhr. Sie saßen an der Scheibe und sahen auf die Georgstraße. Auf der andern Seite ging Edith. Sie war nicht allein. Der Schauspieler Matthias Momber begleitete sie, er war der Liebling Hannovers. Der Hofschneider Kahlfeld, der ehemalige Schauspieler und die theaterkritische Kompetenz der Stadt, war bei dem Debüt des Matthias Momber, als Nathan der Weise, nach der Ringerzählung in ein lautes und ostentatives »Bravo« ausgebrochen. Der Beifall prasselte über den trefflichen Charakterdarsteller hinweg. Sein Ruhm begann. Freilich sagte Kahlfeld in der Pause laut und vernehmlich zu dem Rechtsanwalt de Vries: »Gut... aber kein Sonnenthal.« Dies war eine Einschränkung, denn Sonnenthal galt als der größte Darsteller des Nathan.

Edith und Matthias Momber trafen sich oft. Zum Unglück des kleinen Joe, der sich in Edith verliebt hatte. Joe spielte Klavier, Edith sang. Joes Beziehungen zu Edith waren aber ganz geistig und unkörperlich, trotz Wagners süßer, schwül duftender Tristanmusik, die sie beide zusammengeführt hatte. Im Hoftheater saßen Edith und Joe nebeneinander. Sie kannten sich bisher nur oberflächlich, und Ediths Spott ließ sich oft an Joe aus. Aber an jenem Abend, als das Vorspiel zu »Tristan« erklang, faßte Edith zart Joes Hand. Da war der Blitz durch ihn hindurchgefahren und hatte ihn verwandelt. Die Musik rauschte nur für sie beide, Edith und Joe! Tristan und Isolde, das Sehnsuchtsmotiv rankte sich empor, kletterte zur leidenschaftlichen Wucht der Violinen, tröstend klang es, Gewißheit gebend: Ja, Liebe ist, warme Zärtlichkeit strömt ins Herz, hinsinken, ertrinken, versinken, höchste Lust, unbewußt... Der Pralltriller ist tröstliche Hoffnung, es gibt die Liebe, die den Tod überwindet...

Joe fühlte ohnmächtige Eifersucht in sich aufsteigen. Wer war Momber? Ein Schauspieler, ein Komödiant, wie es viele gab, kein Sonnenthal, gewiß. Aber was war denn Joe, der Schüler Joe de Vries, der Schandfleck der Klasse, der begabte, nichtsnutzige Joe? War er vielleicht etwas? Joe kannte sich. Er fühlte, daß er es schwer haben würde im Leben, aber er freute sich darauf. Mit der Liebe zu Edith war in ihm eine zähe und entschlossene Kraft erwacht, alles aus sich herauszuholen. Die Nachmittage bei Edith, zweimal in der Woche, waren die Höhepunkte in seinem Leben, Schule war gleichgültiger Zwischenfall mit Ärger und Spektakel. Wichtig nahm er die Klavierstunden beim alten Klapproth, dem Kammervirtuosen am Hoftheater, der in derselben Straße wie Edith wohnte.

Bernhard hatte Joe mitgenommen an diesem Tage zwischen Weihnachten und Neujahr. Es war der fünfte Tag des Chanukkafestes. Zu Hause bei de Vries wurden in diesen Tagen die neunarmigen Leuchter angezündet. Der Rechtsanwalt fügte sich in diesem Punkte seiner Frau, mit Rücksicht auf den alten Lewinsky, der zu Besuch in Hannover war.

Es war nachmittags halb vier. Joe hörte mit Entzücken die Caféhausmusik. Zur näheren Erklärung des jeweiligen Musikstückes wurde eine Tafel mit einer Nummer an einem Pulte aufgehängt, da wußte man nun, was gespielt würde. Die Direktion des Cafés hatte ein schön gedrucktes Verzeichnis des Musikrepertoirs auf jeden Tisch gelegt. Berni, der eifrig in dem Programmheft herumblätterte, ohne zu einem greifbaren Resultat zu kommen, sagte: »Mensch ... weißt du ... was das ist ... ich kann's nicht finden ... hier Nummer ... einhundertelf?«
Joe hörte dann die süße Bohèmemusik, »wie eiskalt ist dies Händchen«, Dachkammer und rührende Liebe, er kannte das alles ...
»Das ist doch Bohème ...«
»Na, danke ... sieh mal das Mädchen ... das wollen wir mal ranholen.«
Joe sah, wie Bernhard einem hübschen und frechen Ding zuwinkte. Das tat er, obwohl er noch Schüler war, kraft seiner langen Hosen und seiner sechzehn Jahre. Das Mädchen war jung und schnippisch und hieß Anni Staufenbiel.
Anni setzte sich zu den jungen Herren, sie kannte Berni gut und mochte ihn leiden. Sie kam gerade aus dem Bett, nachmittags um vier, da ihr Vater verreist war und sie gestern mächtig gebummelt hatte. Im Café war sie bekannt, sie ging immer nur »durch«, setzte sich nur hin, wenn ein Bekannter oder eine Freundin dasaß. Und da das immer der Fall war, saß sie täglich im Café. Der Geschäftsführer betrachtete sie als diskrete Anziehung seines Etablissements.
Bernhard entwickelte seine Kavalierseigenschaften. »Also ... was wünscht das gnädige Fräulein ...?«, er sprach geziert albern. Leise flüsterte er dem ängstlichen Joe ins Ohr: »Mensch ... bestell Schwedenpunsch ... dann bekommst du alle Weiber.«
Anni lachte, sie hatte es gehört und war geschmeichelt.
Der Kellner kam, scharwenzelte um den Tisch. »Die Dame?«
»Bringen Sie eine Chartreuse ... echte ... nein zwei ... oder trinkst du auch ... Also dann zwei Chartreuse«, bestellte Berni und rückte näher an Anni heran. Joe wurde es sehr elend zumute. Er dachte an Edith. Er kam sich verworfen und schmutzig vor, die Musik spielte Nummer dreihundertneun, »G'schichten aus dem Wiener Wald«. Joe harrte gespannt auf

den Anfang des Walzers. Atemlos sagte er zu Berni: »Ob sie wohl das Ritardando spielen? Das muß man nämlich, die tun es bloß immer nicht.«
Berni kitzelte Anni. »Du ... das ist unser Musikdirektor.« Joe nahm es nicht übel.
Die Kapelle spielte das Ritardando nicht, sie schoß in gemütlichem Eilzugtempo in den Walzer hinein und hielt sich nicht lange auf. Joe wurde zornig, aber das verstanden die andern nicht. Niemand verstand ihn, nur Edith. Er wollte zu ihr gehen, vielleicht war sie jetzt zu Hause; überhaupt mußte er heim, die Lichter anzünden, sonst würde der Großvater traurig.
Als Joe gehen wollte, wurde Bernhard wütend, Anni rückte näher an Joe heran und machte ihn ganz verwirrt. An den Nebentischen zischte man, denn es wurde Solo gespielt, Nummer zweiundfünfzig. »Erotik« von Grieg für Violine und Klavier, da mußte man leise sein.
Joe haßte dieses Stück. Es schien ihm ein gezuckertes und verlogenes Machwerk zu sein, zwar sagte Klapproth, es hätte auch Qualitäten, aber auch er konnte es auf die Dauer nicht verteidigen.
»Du gehst nicht, Joe ... wir gehen ja bald alle zusammen ... bei mir wollen wir noch ein bißchen feiern ... also mach keine Sachen, Joe.«
Als Anni ihm ihre Hand aufs Knie legte, gab er nach. Also schön, er blieb.
Schließlich wurde es halb sechs, Bernhard rief nach dem Kellner, und Joe beglich die Rechnung. Draußen war es dunkel und kalt. Joe hatte ein schlechtes Gewissen.
Ein Wagen wurde herangeholt, man stieg ein. Vor der Wohnung Bernhards bezahlte Joe wieder.
»Mein Vater ist nicht da, der kommt erst morgen«, sagte Bernhard zur Erklärung, »mein Vater ist verreist.«
Oben in der Tölleschen Wohnung war es ziemlich unordentlich. Zwar kam Frau Schmidt aus der ersten Etage täglich zum Aufräumen und kochte auch für Berni mit, aber wenn so ein Junge auch nur drei Tage allein haust, dann sieht es schlimm aus. Eigentlich sollte Berni mitfahren, aber er wollte nicht, und am zweiten Feiertage war Tölle abgedampft, er wollte einen Tag vor Silvester wiederkommen. Die Stube war noch am ordentlichsten, der Tisch sauber und gedeckt fürs Abendessen,

das schon in zwei dicken Butterschnitten mit Wurst und Käse in der Küche stand. Das hatte Frau Schmidt besorgt.
»Ist ja kein Zustand für so'n Bengel ohne Mutter, und der Alte ist komisch, reist weg, na, was soll man machen, die heutige Welt.«
Frau Schmidt tat, was sie konnte, sie war Witwe und fünfundfünfzig Jahre alt. Sie hoffte immer noch, einmal den Briefträger zu heiraten.
Im Wohnzimmer hing ein Bild, eine Photographie von Mutter Luise und Vater Tölle. Luise sah leidend und zart aus. Besorgnis und die Angst der langsam denkenden und lebensunfrohen Menschen lagen in ihrem Blick. Dagegen konnte auch der Hofphotograph Höffert nichts machen. Emanuel sah stattlich aus und zufrieden, das war sein Gesicht, eigentlich aber seine Maske.
Als Anni Vater Tölles Bild sah, schrie sie: »Nanu, wer ist denn das?«
»Das ist mein Vater«, sagte Berni.
»Och ... Mensch ...«, meinte Anni und fing an zu lachen.
Es wurde bald gemütlich. Am Weihnachtsbaum, der in der Ecke stand, hing noch einiges Backwerk, Anni fand es sehr gut, Bernhard auch, besonders, da Anni auf seinem Schoß saß und eine sehr dünne Bluse anhatte. Joe starrte auf den Baum, er hatte noch nie vorm Weihnachtsbaum gesessen, das war verboten.
Berni stand auf. »Ich hole Kognak.«
Anni legte sich aufs Sofa, sah die Eltern Tölle über sich hängen. Joe ging linkisch in der Stube umher, er fand Anni reizend, aber er hatte Angst, er dachte krampfhaft an Edith.
Berni blieb lange draußen, Anni sagte: »Na ... kleiner Mann ... setz dich mal her ...« Joe setzte sich auf die äußerste Ecke des Sofas. Anni lächelte, ihre gesunden geraden Zähne leuchteten, ihre schlanke Gestalt wälzte sich hin und her. Ihr blondes Haar duftete seltsam, die Hände waren übernatürlich weiß. Anni streichelte Joes Hand, dann zog sie ihn an sich, er spürte ihre feuchten frischen Lippen und einen Kuß, der ihm den Atem nahm. Aber er küßte noch einmal, er berührte ihre Zunge, die kleine und spitze Zunge ...
Bernhard stand plötzlich im Zimmer, sagte »Pardon« und entkorkte eine Flasche.
»Mensch ... ich mußte lange suchen, mein Alter hat ja alles ausgesoffen ... na, war's schön?«

Joe sprang auf. »Ich geh' jetzt.«
»Hol lieber ein paar Gläser, Joe, ich hab' sie vergessen, du weißt ja, wo sie stehen.«
Als Joe aus der Küche zurückkam, war die Tür zum Wohnzimmer abgeschlossen. »Moment«, rief Bernhard. Joe war entsetzt.
Er war erregt und tief unglücklich. Was sollte er tun? Seinen Hut und Mantel konnte er doch nicht im Stich lassen, die lagen in der Stube. Er setzte sich in die Küche und kam sich vor wie angespuckt.
Sein reines, sauberes Leben war vernichtet. Nie mehr würde er Edith wiedersehen können.
Joe saß eine Viertelstunde oder noch länger in der Küche und starrte auf den Tisch, wo unter zwei Tellern die Butterbrote für Bernhard bereit lagen. Das Gaslicht flackerte und sang, auf der Straße rasselten die Wagen. Im Stockwerk unter ihm sagte eine Männerstimme:
»Mensch ... das ist doch alles nur provisorisch.«
Das Wort »provisorisch« machte der Stimme anscheinend Schwierigkeiten, denn sie wiederholte es sehr artikuliert und deutlich ein- bis zweimal. Joe lachte, er verstand den Witz und den Doppelsinn plötzlich. Ja, dies war provisorisch ... dies alles ... dieser Dreck da ... diese Gier ... das tägliche Sichängsten und Sichquälen, der Triumph Bernhards wie der des Schauspielers Matthias Momber ... alles provisorisch. Aber es mußte doch etwas geben, etwas Bleibendes ... etwas Ewiges?
Die Musik Wagners oder Beethovens oder die unbegreifliche Musik Mahlers ... war sie ewig? ... Die »Kindertotenlieder« ... »Nun will die Sonn' so hell aufgehen« ... oder das eine Lied, das Edith so schön sang, obwohl sie es kaum verstand ... »Ich bin der Welt abhanden gekommen« ... ja, das war sein Zustand, und ihm kam alles abhanden, auch der Gott seines Großvaters Lewinsky ... der jetzt zürnend auf ihn sah, auf den pflichtvergessenen, unverbesserlichen Joe, der in alles glitt, was er nicht wollte ... in all den Dreck ... pfui ... pfui!
Joe war in sich versunken, als jemand vor ihm stand, ein großer, starker Mann im dicken Mantel ... mit rotem Gesicht und einen leichten Fuselgeruch ausstrahlend.
Emanuel Tölle war plötzlich heimgekehrt. Einen Tag früher, als er beabsichtigte. Ihm hatte es bei Wendelken zwar gut gefallen, aber er war sehr beunruhigt um Berni, er konnte zu

keiner Freude kommen. Bier und Schnaps gab's reichlich, und auch Gesine war nett und Hermann ... aber ... er hielt das nicht aus. Nun stand er in der Küche, setzte den kleinen Koffer auf den Tisch. Da war doch der kleine de Vries? Nanu ... wo ist Bernhard? »Was machst du da ...?« brüllte er plötzlich. Joe stammelte völlig wirres Zeug und stürzte zur Tür hinaus, ohne Hut und Mantel.
Tölle ging an die Wohnzimmertür, die war abgeschlossen, da drinnen geschah etwas. Eine Wut packte ihn, er schrie und rüttelte; Bernhard öffnete endlich.
Unten auf der Artilleriestraße stand Joe und fror erbärmlich. Wenn er so ohne Hut und Mantel nach Hause käme, was sollten die Eltern denken? Wie spät war es denn? Schon halb acht; jetzt saß man beim Abendessen oder suchte ihn.
So konnte er nicht über die Straße. Da kam eine Droschke, hinein! ... Das Portemonnaie steckte zum Glück in der Hosentasche.
In der Parkstraße ließ er den Wagen halten, schlich durch den Garten und den Hof ins Haus. Im großen Zimmer unten war Licht, er hörte Stimmen. Er trat leise auf, wie ein Dieb. Da stand Johanna de Vries plötzlich vor ihm. Er konnte kein Wort sagen.

Rotes Wetter

Der Rechtsanwalt de Vries saß in der kleinen Frühstücksstube von Mußmann am Bahnhof und trank seinen Sherry. Er war verärgert und zerstreut, hatte Pech gehabt in der Verhandlung, denn sein Klient war verurteilt worden.
»Wollen der Herr Doktor noch einen?«
»Jawoll, Fritz«, sagte er zu dem Kellner, »und irgend was zu essen ...«
Schinkensemmeln lockten verführerisch auf der »kalten Platte« und Krebsschwänzchen. De Vries blickte etwas zur Tür, gewohnheitsmäßig, wenn er hier saß, dann griff er zu. Das schmeckte! Wenn jetzt der alte Lewinsky hereinkäme? Er erinnerte sich noch an das erste Mal, an dem er »verbotene Speisen« gegessen hatte, das war auf einer Ferienreise in Tirol gewesen.
Da war er in ein einfaches Bauernwirtshaus gegangen und

hatte einen Teller Suppe bestellt. Das war harmlos, man soll nicht gleich mit Schinken und Austern anfangen, dachte er. Die Suppe war eine kräftige Bouillon, und S. de Vries schlürfte sie behaglich. Der Sommer war kalt, und auf den Bergen lag schon Schnee. Als er den zweiten oder dritten Schluck getan hatte, wurde ihm schwindlig, richtig schwarz vor den Augen... er konnte nicht weiteressen...

Ja, so war das gewesen. Aber heute wurde ihm nicht mehr schlecht, o nein, da kannte er sich schon ganz gut aus in den verbotenen Sachen. Er wußte, wie westfälischer Schinken schmeckte, er kannte den Torfgeruch des niedersächsischen, er wußte portugiesische von holländischen Austern zu unterscheiden, und die amerikanischen blue points verschmähte er.

Draußen marschierten Soldaten vorbei mit Musik und Getöse. Fritz stand am Fenster, sagte nach rückwärts:

»Heute ist woll Demonstration, die passen aber schon auf...«

»Ach so, Sie meinen wegen dem Krach im Reichstag? Das wird doch nichts... Bülow hat ja erklärt, daß er scharf zugreifen wird.«

Der Oberkellner Fritz sagte bloß: »Ach, der...«

Fritz war nämlich ein Feind der Sozis, und ihm gefiel die schlappe und schwache Haltung der Regierung gar nicht. Die Sache mit dem Daily Telegraph, mit dem Interview des Kaisers, hatte Staub aufgewirbelt, nun drohten die Sozialisten mit Demonstrationen.

»Tach, Herr Doktor... Tach... Tach...«

»Na... mal nen Happenpappen... Fritz...«

»Tjawoll... Herr Momber...«

Matthias Momber war eingetreten und setzte sich zu dem Rechtsanwalt.

»Nun, Herr Doktor... was halten Sie von der Politik?«

»Ich bin nur ein schlichter Rechtsanwalt... Herr Hofschauspieler...«, meinte S. de Vries und nahm aus seinem Zigarrenetui eine kleine schwarze Zigarre, St. Felix Brasil, bezogen von der Firma Carsten Mende in Bremen, »rauchen Sie, Herr Momber?...«

»Danke, ich bin Zigarettenraucher... übrigens mit dem ›Hofschauspieler‹ dauert es auch nicht mehr lange, nächste Saison oder spätestens übernächste gehe ich fort. Ich will mal Modernes spielen, nicht immer abwechselnd ›Veilchenfresser‹ und

›Die Quitzows‹! Kennen Sie eigentlich den ›Michael Kramer‹, Herr Doktor?«
»Nein, von Hauptmann ... was?«
»Ja, das ist eine Rolle für mich, aber hier haben sie Angst! Überhaupt will ich Ihnen mal sagen, die Zukunft ist bei den Privatbühnen, die können noch Stücke wagen ...«
»Sogar Wedekind«, sagte der Rechtsanwalt.
»Ja, sogar Wedekind ... das ist übrigens ein Kerl.«
»So?« meinte de Vries ungläubig, »so, jetzt sind wir aber nah an der Politik ... na prost.«
De Vries trank seinen dritten Sherry, Momber Wermut mit Soda. Es war gleich zwölf Uhr. Die Frühstücksstube füllte sich. Amtsgerichtsrat Kannemacher ging schnell ans Büfett: »Schnell, Fritz ... einen Kognak und ein Brötchen«, dann setzte er sich an den Tisch zu dem Rechtsanwalt: »Morgen ... Morgen ...«
Kauend sagte er mit wichtiger Betonung: »Heute gibt's Krach, die Sozis wollen's nicht anders.«
De Vries sog an seiner Brasil, nickte nur. Momber schwieg.
»Und, meine Herren«, Kannemacher flüsterte, »der Kaiser hat sich die Sache sehr zu Herzen genommen, soll krank sein, erledigt. Ist das nicht ein Skandal? Wo er doch das Beste will.«
Momber suchte nach einem Zitat, fand aber keines; schließlich sagte er, er hätte da auf der Probe gehört, der Kronprinz solle die Stellvertretung des Kaisers übernehmen, für einige Zeit, aber das sei wohl nur ein Gerücht. Kannemacher erregte sich:
»Das kommt von der Nachgiebigkeit ... das habe ich immer gesagt ... der einzige ist der Oldenburg-Januschau, der hat wenigstens seine Majestät verteidigt ... Bülow war man schwach ... noch ein Brötchen, Fritz ... nee, mit Wurst ... was ... na diese Jagdwurst ... ich esse erst um vier heute ... muß wieder aufs Gericht«, sagte er wie zur Entschuldigung.
De Vries schwieg dazu. Seit jenem Tage, an dem er der Majestät vorgestellt wurde, war eine Wandlung in ihm vorgegangen.
De Vries war mit sich uneins, sein Leben war erfolgreich, und er hatte Geld verdient, aber es fehlte irgend etwas, was, konnte er nicht sagen. Was soll man tun? Was soll man glauben? Seit einiger Zeit interessierte ihn der Monismus, aber er hatte

Bedenken, so einfach war das doch nicht, wie die guten Leute dachten, so einfach nicht!
Kannemacher wischte sich seinen Schnurrbart, erhob sich: »Ja, meine Herren . . . wir gehen ernsten Zeiten entgegen.«
De Vries glaubte, das schon einmal gehört zu haben. Er lächelte, als er die kleine und gewichtige Figur des Amtsgerichtsrats verschwinden sah.
»Na ja«, sagte Momber, »es gibt sone und sone . . .«
Matthias Momber war aufsässig, aber nur anfallsweise. Er lebte in seiner Kunst, liebte das Theater und hatte dafür viel Entbehrungen durchgemacht. Er hatte sich an kleinen Schmieren herumgedrückt und das Elend der Komödianten genau kennengelernt. Ihm konnte man nichts mehr vormachen. Eigentlich war er ein verschütteter Musikant, er spielte Klavier, besonders Wagner, aus dessen Klavierauszügen er meisterlich vortragen konnte. Er gab sogar öffentliche Konzerte damit. Er hatte großen Zulauf, besonders von Damen. Es war auch zu interessant: ein Schauspieler und ein Pianist in einem. Er hatte vor zwei Jahren geheiratet. Eine kleine Schauspielerin im Sommerengagement. In Hannover wußte es niemand. Seine Frau war augenblicklich in Kattowitz engagiert, das war weit weg. Seine Ehe war ebenso geheim wie seine Abstammung, denn Mombers Vater war ein kleiner jüdischer Lehrer in Passau und hieß Levisohn.
Auf der Straße wurde es plötzlich auffallend lebendig. Man hörte Pferdegetrappel und rhythmische Schritte. Fritz, der wieder am Fenster stand, sagte: »Polizei.«
Momber sah auf die Uhr, sagte, er müsse nun gehen, aber als er aufstand, hörte man plötzlich Geschrei auf der Straße, es war ein dumpfes brandendes Geräusch, dazwischen einige Pfiffe.
Die Herren sahen sich an. Nun wurde es ernst. Der Wirt kam persönlich aus dem Hinterzimmer gerannt, sagte etwas zu dem Kellner, der mit einer Stange die Schaufensterjalousie zumachen wollte. Zu diesem Zweck mußte er die Tür aufmachen, und in diesem Augenblick brach ein Geheul los, ein Singen und Schreien. De Vries stand auf. »Sie können jetzt nicht gehen, meine Herren«, sagte der Wirt, »die Demonstration kommt die Straße herunter.«
Und wirklich, mit einem Male hörte man Gesang.
»Der Bahn, der kühnen, folgen wir, die uns geführt Lassalle . . .«

Der Ernst-August-Platz war wie reingefegt von Menschen, nur eine Kette Schutzleute, den Helmriemen um das Kinn, stand am Eingang der Bahnhofstraße. Es waren bleiche entschlossene Männer, bereit, ihr Leben für den Kaiser hinzugeben, Familienväter und Söhne. Der Gesang wurde stärker und stärker, er brach plötzlich ab und ging in Johlen über. Der Wirt, der Kellner und die beiden Gäste sahen durchs Fenster, wie eine Abteilung berittener Schutzleute in die Bahnhofstraße sprengte. Schreie ertönten, furchtbar und eindeutig.
»Um Gottes willen«, sagte de Vries, »daß so was möglich ist!«
Der Wirt knurrte was von Revolution und Bankerott. Momber rezitierte hämisch: »In Staub mit allen Feinden Brandenburgs ...«, aber wohl war allen nicht zumute.
Der Zusammenstoß mußte genau bei Café Kröpcke erfolgt sein, denn nun sah man verängstigte, verstörte Menschen die Straße herunterjagen. Ein Mann wurde von einem berittenen Schutzmann mit dem Säbel niedergeschlagen. Der Schutzmann ritt hinter ihm her und gab ihm so von oben herab eins auf den Kopf. Da waren auch Frauen, die schrien, aus den gegenüberliegenden Häusern sahen Menschen, die Läden waren schon alle geschlossen. Die friedliche Bahnhofstraße war zum Kampfplatz und Schlachtfeld geworden. Die Polizei griff durch und zersprengte die Demonstranten.
De Vries konnte es nicht fassen. Der Schauspieler kam sich vor wie im Theater, vermißte nur das Stichwort, das ihn zum Auftreten bestimmen sollte.
»Schrecklich ... schrecklich«, sagte der Rechtsanwalt.
Der Wirt aber war zufrieden, er sagte, das sei richtig, man müsse den Kerlen zeigen, was es bedeutet, Umsturz zu machen.
Man sah, wie einige Menschen sich bemühten, den auf der gegenüberliegenden Seite der Straße liegenden Mann aufzuheben; schließlich kamen zwei Polizisten und trugen ihn fort, sie kamen über die Straße, dicht an der Frühstücksstube vorbei. Sie trugen einen älteren Mann, der einen Säbelhieb über den Kopf bekommen hatte. Das Blut tropfte dunkel auf den Boden.
De Vries sah das Gesicht, es war blaß und etwas gedunsen. Der Schnurrbart hing über die Lippen. Ihm kam der Mann bekannt vor.

Es war der Briefträger Emanuel Tölle, der an diesem Tage, ohne zu wollen und zu wissen, mitten in die Demonstration geraten war. Er hatte dienstfrei und ging in Zivil aus, war im »Kleinen Pferd« gewesen und wollte die Georgstraße hinuntergehen. Er war etwas angeheitert und konnte wohl nicht mehr recht unterscheiden; so kam es, daß der königlich preußische Beamte als Revolutionär und Aufrührer niedergeschlagen wurde.
Man brachte ihn zur Bahnhofswache. Er wurde verbunden, aber man ließ ihn ohne weiteres laufen, als er seinen Briefträgerausweis vorzeigte.
Denn das konnte es nicht geben, einen königlich preußischen Sergeanten der Landwehr, zwölf Jahre treu gedient für Kaiser und Reich, als Sozialdemokraten, das war unmöglich!

Tödliche Langeweile

Der Briefträger mit verbundenem Kopf, mit unehrenvollen Wunden, vom Staate persönlich geschlagen und geschändet, war eine traurige Figur. Schlichter Bürgersinn und achtbare Staatstreue flohen vor dieser Gestalt, und was nützte es dem unschuldigen Manne, daß er immer wieder betonte, er wäre nur »so mit hineingekommen« in die Demonstration.
Gewiß, man konnte Unglück haben, aber der Makel, das Kainszeichen des Abtrünnigen und geheimen Empörers, war in ihn eingebrannt.
»Tja... Mensch... das nimm dir nich zu Herzen«, sagte Freund Voges, und Minna Klußmann versuchte ihn zu trösten: »Das kann jedem passieren.«
»Laß man... laß man...«, brummte Tölle. »Ihr habt ja alle keine Ahnung, keine Ahnung habt ihr, keine Ahnung habt ihr!«
Marahrens freilich war seltsam mißtrauisch. »Wenn auch zufällig«, sagte er zu seiner Frau, »so hat er's doch gewollt... da kannste sagen, was du willst.«
Sozusagen wegen Mangel an Beweisen freigesprochen, lebte Emanuel Tölle nun seine Tage, das geringste Versehen war bei ihm Verbrechen, der kleinste Verstoß gegen das Hergebrachte finstere Revolte.
Ein Mensch, der seinen Sohn ziemlich wild aufwachsen ließ, ein solcher Mensch verdiente doch kein Bedauern? Nur Frau

Schmidt aus der zweiten Etage, Elise Schmidt mit der geheimen Neigung, war die einzige, die ihn verteidigte.
»Ihr seid woll nicht ganz richtig ... bei euch piept's woll?« So waren die Argumente, die Reden des einzigen Verteidigers Emanuel Tölles. Und dieser Verteidiger war sehr persönlich interessiert, denn Emanuel hatte sich nicht erklärt, hatte weder ja noch nein gesagt, bei ihren Andeutungen und zarten Anspielungen auf Witwertum und Unordnung. Ja, er ahnte in seinem Innern wohl, daß eine endgültige und entschiedene Ablehnung dieser heiratslustigen Witwe ihn des letzten Freundes berauben würde, er sah wohl ganz klar, daß im selben Augenblick, wo er Elise Schmidt sagen würde, daß sie absolut keine Hoffnung hätte, er auch in ihren Augen zum Sozialdemokraten gestempelt wäre und von dann ab keines Bleibens mehr für ihn in dem Hause in der Artilleriestraße sein würde.
Und sein Sohn Bernhard? Dem war sozusagen, um mit seinen Ausdrücken zu reden, alles »schnuppe«. Das war seine ganze Anteilnahme. Berni war nun in der Lehre bei Gebrüder Ellebrecht, Maschinenfabrik und Automobil-Reparaturwerkstatt in der Glockseestraße. Es sah so aus, als ob Berni sich als Schlosserlehrling recht wohl fühlte, als ob er sein Englisch und Französisch längst vergessen hätte, es schien, als ob er nichts weiter wäre als ein strammer großer Bengel, ein Mann beinah, der Sonntags aussah wie ein Erwachsener, und Mädchen und Zigaretten zur Verfügung hatte, wie er wollte. Das war eigentlich Beruhigung für Vater Tölle, aber seit der Geschichte mit der kleinen Anni, als Vater Tölle ein unliebsames Wiedersehen feierte, hatte Emanuel keine Macht mehr über seinen Sohn. Ja, er hatte sogar Angst.
Denn Bernis Art, ihn anzusehen, ihm zuzustimmen, hatte etwas Heimtückisches. Bernhard nützte diese Macht aus, nahm wenig Rücksicht auf seinen Alten, der die Fesseln der Ehe nun mit einer Vaterschaft vertauscht hatte, die ihn weitaus mehr einengte als die besorgte Liebe der guten Luise, die draußen am Engesohder Friedhof lag und nichts mehr spürte von Lust, Elend und Schmerz. Ein Mann, der als Staatsverräter, als Sozialdemokrat verschrien war, ein solcher Mensch konnte nichts anderes tun, als in sich zu gehen, sich zu bessern oder zu verschwinden.
Emanuel hatte wenig Zeit zum Nachdenken, seine Dienststunden verliefen regelmäßig, seine freie Zeit war angefüllt mit

den Versuchen, seine Begierden in geordnete Bahnen zu bringen.
Da saß er, mit verbundenem Kopf, und starrte aus dem Fenster. Es war Sonnabend, es regnete Strippen. Der Kopf war sehr benommen und wirr, die Wunde war ja gut verheilt, aber er spürte ein Ziehen und Stechen, ein Brennen und noch etwas. Eine Unruhe, ein Durst, Hunger, Sehnsucht und Ohnmacht, sein Dasein erschien ihm traumhaft. Doch war Tölle kein Dichter, kein Träumer, er war begabt mit Witz und einem Verstand, genügend für den preußischen Beamten, aber zu wenig für einen Mann in dieser Lage.
Tölle wurde getrieben von Wünschen, die er kannte und zu deren Befriedigung ein Schmidtchen oder eine Anni ausreichte. Aber das ging nicht mehr so glatt. Auch die regelmäßigen Spaziergänge in die Langensalza Straße, wo die Töchterschule war, traute er sich nicht mehr zu machen.
Wenn ein treuer Staatsbürger mal einen Seitensprung und eine Knutscherei wagte, selbst eine Fahrt zum Benther Berg, es wurde verziehen und entschuldigt (wir sind ja alle Menschen). Ein verdächtiger und anrüchiger Mensch aber mußte ganz stille sein und bei jeder Bewegung darauf achten, nicht anzustoßen.
Emanuel am Fenster sitzend, auf die Straße sehend, wo die Lichter glänzten, die Menschen in Sonntagsvorfreude umhergingen, war das nicht ein ruhiger Anblick, der erfreuen konnte und beruhigen? Du hast deinen Dienst getan, Emanuel. Du kannst zufrieden sein, du kannst ausruhen und auf die Straße schauen...
Aber woher soll Emanuel diesen Frieden nehmen? Erbittert war er, und eine dumpfe Wut stieg in ihm auf, er hatte die Menschen satt, diese feigen Memmen, diesen Voges, diesen Marahrens, diese wohlwollend mißtrauische Stimme vom Vorsteher Nölting:
»Wir wissen, lieber Tölle, daß Sie unschuldig sind, daß Sie da so mit hineingekommen sind, aber wenn ich Ihnen, nicht als Ihr Vorgesetzter, nein, als Ihr Freund, raten darf...«
Ja, ja, das hörte er im Ohr, diese sabbrige Freundlichkeit, er hatte sie satt, so satt!
Er stützt den Kopf in die Hände, er seufzt, etwas zu laut wohl, denn er hört, wie bei der Schmidt leise ein Fenster aufgeklinkt wird. Die horcht, die belauert ihn, gleich wird sie anklopfen

und mit ihrer fetten Stimme sagen: »Herr Tölle... soll ich Ihnen ein Butterbrot machen?« Er läuft im Zimmer umher, sieht auf die Uhr, denkt, ob er wohl noch zu Wöltje gehen soll, der behandelt ihn seit der Sache wie einen Parteigenossen, dabei haßt er doch die Sozis, haßt sie... wie er alle haßt.
... Nee, wenn ich zu Wöltje gehe, bin ich wieder lackiert, das geht nicht. Was darf ich überhaupt noch tun? Gar nichts, nichts kann ich machen. Wenn ich mit 'nem Mädchen gehe, dann gaffen sie, ach, da ist ja der Briefträger, der eins über'n Kopp gekriegt hat. Wenn ich allein gehe, ach, da ist ja der Kerl, kein Wunder, daß er allein geht.
Soll er heimlich in die Fernroder Straße zu Schmidtchen? Ach... nee ... ach nee ... diese Hure! Was Junges, was Frisches, am besten so'n Töchterchen aus der Schule!
Tölle läuft Sturm... gegen sich selber, gegen seine Wünsche. Aber er gleitet in sie hinein. Er ist weibertoll, aber in einer bösen und rachsüchtigen Art. Vor den Männern muß er ja ducken, aber wenn er ein Weib, so'n kleines Aas, kriegen kann, die muß büßen.
Tölle geht in die Küche, in die Speisekammer. Da muß doch noch Steinhäger sein, aber nein, den hat der Bengel ausgesoffen. Vater Tölle hat keine Autorität mehr über seinen Sohn. Tölle findet endlich einen Rest Kognak, eine billige Sorte, die er nicht kennt. Sie stammt wohl von Bernhards heimlichen Gelagen. So'n verfluchter Junge!
Tölle schluckt den kleinen Rest, als ob er die ewige Seligkeit davon erwartet. So... nun ist's ihm leichter.
Wenn nur nicht die Langeweile wäre, die tödliche Langeweile, was soll er tun? Früher kannte er das nicht, da kam erst der Dienst und dann noch einmal der Dienst, und dann kam endlich das Vergnügen. Aber nun graut ihm davor, unter die Leute zu kommen. Ob er wohl heute abend mal mit Berni ausgeht, so der Vater mit dem Sohne, aber wann kam Berni wohl? Darauf war kein Verlaß. Auf niemand ist Verlaß!
Hier im Zeitungsständer ist eine »Woche«. Er setzt sich an den Tisch. Auf der ersten Seite, wie immer, der Kaiser. »Bilder von den Herbstmanövern.« Tölle versinkt in Erinnerungen, er sieht sich als Sergeanten durch den Staub und Dreck jagen, und abends im Quartier, und die Mädchen und das Bier, ja, das Soldatenleben! »S. M. der Kaiser im Gespräch mit dem Feldmarschall Häseler«, ein schönes Bild, S. M. leutselig und

würdevoll, daneben das Altweibergesicht des Generals. »Hochzeit im Hause des bekannten ...« »Neuestes Bild des Dichters Ernst von Wildenbruch«, »Unser Automobilkorps«, sieh mal an, das gab es also, dazu ein Artikel. »Doch glauben wir nicht, daß im Ernstfalle das Automobil ... als Beförderungsmittel von größeren Truppenteilen in Betracht kommen kann ... wegen der Abhängigkeit von guten Wegen und Gelände ...«
Das war ja was für Bernhard, der schwatzte den ganzen Tag von Vergaser und Düsen und solchen Fremdwörtern. Da war ja auch das Luftschiff des verrückten Grafen Zeppelin, das bei Echterdingen aufbrannte. Er las, daß die Volksspende für einen neuen Zeppelin sechs Millionen hundertsiebzigtausend Mark gebracht hätte. Ja, das war auch nötig, das brauchen wir, sagt sich Tölle, jawoll, wegen England.
Dann war ein Roman in der »Woche«, der interessierte ihn nicht, aber die Bilder von dem Ballett, die waren fein, zwar ... kannte er bessere. Wo waren denn die?
Tölle steht auf, kramt in der Schublade des Büfetts, findet endlich eine kleine Mappe. Er wischt sich den Schnurrbart und sieht sich die Bilderchen an, hier ist alles so deutlich, diese halbnackten und nackten Dinger, noch schöner als in Wirklichkeit, da war alles so verbraucht und dreckig, pfui Deibel ... Tölle springt auf, Wut packt ihn, er schmeißt die kleinen kostbaren Photographien in die Ecke, nimmt Hut und Mantel und geht die Treppe hinab. Da er die Etagentür laut zuknallt, guckt die Schmidten unten durchs Türloch, schüttelt den Kopf, sagt: »der Arme« und bedauert ihn sehr.
Elise Schmidt denkt, sie will mal nach oben gehen, in Tölles Wohnung, da wird es schön unordentlich aussehen, sie hat ja den Drücker, da kann sie hinein, wenn nicht von innen abgeschlossen ist.
Im Wohnzimmer findet sie in der Ecke die schönen appetitlichen Bilderchen. Sie sammelt sie ein. So'n unordentlicher Mensch, sagt sie zärtlich. Aber bei genauerem Hinsehen wird sie ganz rot, nein so was. Wer hätte das gedacht, so'n Schweinigel, so'n Strolch! Die Schmidten redet sich in eine furchtbare Wut, schimpft und tobt. Das Bild des Emanuel Tölle ist vom Piedestal gefallen. Nein, so'n Schweinekerl, und so einen wollte sie heiraten, nein, dazu war sie doch zu schade! Sie ist ganz unglücklich und wütend. Ach nee ... ach nee ... wer hätte das gedacht!

Sie will nichts mehr mit diesem Menschen zu tun haben. Sie weiß, was sie sich und ihrem seligen Mann schuldig ist.
Als sie müde und um Jahre gealtert die Treppe hinuntergeht, glaubt sie fest daran, daß Emanuel Tölle ein Verbrecher ist, ja sogar ein Sozialdemokrat.

Ein Abend

»Wenn euer Stationsvorsteher nachts auf dem Bahnsteig steht, braucht er keine Laterne ... der leuchtet ja im Dunkeln«, sagte der dicke Zigarrenhändler Ludwig Wätjen und lachte dabei so, daß er beinahe einen Erstickungsanfall bekam. Die Heiterkeit der übrigen Gäste, die bei Hermann Wendelken im »Hohenzollernhof« saßen, war gedämpft. Schließlich wußte man ja, wie die Dinge standen, und man war ja auch kein Unmensch. Wätjen war aus Bremen und konnte so einen Witz riskieren.
»Ein Tjammer«, sagte er, »en reinen Tjammer ...«
Dann erzählte er umständlich und auf plattdeutsch, daß der höchste und schönste Augenblick seines Lebens der sei, wenn er an einem mächtig kalten Wintertage, wenn so alles klirrt, eine schwarze Brasil sich ansteckt und dann mitten durch die Kälte über Land geht. »So eine schwarze Brasil, die wärmt, und man hat schon ganz klamme Ohren und Finger, und dann so stundenlang auf der Chaussee, und dann in ne Wirtschaft und einen Köm trinken ... das ist das Schönste. Weißte, so ne richtige schwarze Brasil mit Sumatradeckblatt, wie du sie bei mir schon für siebzig Mark kriegen kannst.« Wätjen meinte nicht pro Stück, sondern pro Tausend.
Es war übrigens weit davon entfernt, Winter zu sein. Gott sei Dank war das überstanden. Es war Mai und schon sehr warm.
»Es gibt noch ein Gewitter«, meinte Hermann.
Die Fenster standen weit offen, es war neun Uhr abends. Hermann dachte daran, daß das Eis zu Ende sei. Er muß morgen mal telephonieren und was bestellen.
Auch sonst denkt er so manches. An seine Frau, die nun ganz sachte eingeschlafen und nicht wieder aufgewacht war. Im Josephsstift war man sich nicht einig über die Krankheit geworden, und Sezieren wollte er nicht zulassen.
Die Geschichte mit Gesine wurde nun schwieriger, sie war seine Stütze, aber er wußte, daß sie auf mehr rechnete. Aber er

war vorsichtig. Nur nicht binden, dachte er, erst mal das Leben genießen. Er vergaß, daß er es eigentlich schon genug getan hatte.
»Jawoll... Herr Wätjen, drei Helle... zwei Köm... jawoll, danke.«
»Hat der Zug wieder Verspätung... wie immer, was?«
»Ich glaube nicht... da ist ja schon das Signal... machen Sie man zu... und also bis nächste Woche...«
»Tjawoll... tjawoll...«
Wätjen geht ab, trifft in der Türe Gesine. Die trägt Schwarz, obwohl der alte Geffken noch lebt, aber Frau Wendelken ist erst seit vier Wochen tot. Die Leute finden das übertrieben, denn Hermann trägt nur einen Flor, aber Gesine weiß schon, was sie will.
Nur mit Cohrs weiß sie es nicht so recht, das ist der einzige Schatten in ihrem Leben. Vater Geffken ist ja wohl gut aufgehoben, er schimpft zwar furchtbar und droht mit der Heimkehr; aber was will so ein alter Mann machen?
»Hermann... hast du Cohrs gesehen...?«
»Nee... wieso denn, der kommt doch nicht mehr hierher, der geht doch jetzt zu Bruns, da kann man nichts machen.«
»Ich hab' ihn heute gesehen, da ging er hier vorbei, der sieht sehr schlecht aus, was machen wir bloß...«
Wendelken wischt die Gläser ab. Er ist wütend.
»Wir... sagst du, wir... was geht das alles mich an?«
Gesine lacht bloß: »Alter Esel, du hast's nötig.«
Hermann packt Gesine am Arm:
»Jetzt bist du ruhig, verstanden!«
»Warum ich... sei du doch still... du lustiger Witwer...« Sie geht hinaus, schmeißt die Tür zu. Gemeines Weib, denkt Hermann, richtiges gemeines Stück. Wie kam er da heraus? Das ganze Leben muß er wohl die Gesine mit herumschleppen. Er hat sie satt, aber sie hat ihn in der Tasche. Übrigens kann sie gar nichts machen, sie fliegt höchstens selber hinein.
»Guten Abend... Herr Wachtmeister...«
»'n Abend, Wendelken... ein Helles bitte...«
Der Landjäger und Gendarm Kreikenberg steht in der Türe. Er füllt sie ganz aus. Er hat einen mächtigen Umfang und schwitzt. Er setzt sich ächzend.
»Mensch«, sagt er, »Mensch, das ist 'ne Schweinerei... der Cohrs is weg.«

»Was«, schreit Hermann, »was heißt das ... weg?«
»Er ist nicht auf der Station, sollte um sieben wieder Dienst machen, zu Hause ist er auch nicht, die suchen nun alles ab, haben nach Geestemünde telephoniert...«
Wendelken wird es heiß, er geht an die Tür und ruft: »Gesine ... Gesine ...!«
Keine Antwort.
Kreikenberg war ein gutmütiger Mensch, aber heute war er böse. Das war auch 'ne Sache für einen Familienvater, so abends um halber neune, wenn man gerade die Stiebel von den brennenden Füßen abgezogen hat, wieder loszutuffeln und so'n Stationsbeamten zu suchen, der ausgekniffen war. Gott, tja, auch ... was soll man da machen? – Er trinkt sein Bier aus und geht.
Jan Viehbrock erschien, der Kohlenhändler aus Weyerdeelen, er war wie immer ziemlich betrunken.
Viehbrock fuhr jeden zweiten Tag, oder besser gesagt jede zweite Nacht, von Weyerdeelen nach Bremen, mit seinem Wagen. Fuhr nachts um zwölf los und kam gegen Morgen in Bremen an, da lud er Torf ab und Kohlen auf, bummelte durch die Stadt, kannte alle Leute vom Torfhafen bis zur Schwachhauser Chaussee, gab hier und da einen aus, schnackte und spuckte und soff. Auf diese Weise war er an die fünfundfünfzig Jahre alt geworden, ein wetterfester Mensch, gutmütig in den wenigen Augenblicken der Nüchternheit, voll von Herrschergelüsten, wenn er betrunken war. Sein Pferd hielt an jeder Wirtschaft, und es war so abgerichtet, daß es nur anhielt, wenn Licht in der Gaststube war. Nachts zwischen eins und sechs Uhr früh konnte Jan ruhig auf dem Bock schlafen, das Pferd ging an allen Kneipen vorüber. Jan war an diesem Abend mit dem Zug angekommen und wartete auf die Kleinbahn, die ihn nach Hause bringen sollte. Er war in Bremen gewesen, in einer Hypothekensache.
Viehbrock fragte: »Wo ist denn die Deern...?« Er meinte Gesine. Hermann sagte, sie sei mal fortgegangen. Da meinte Jan: »Was sagt die denn zu der Sache mit Cohrs?«
»Was für 'ne Sache?« fragte Hermann.
»Na, den haben se doch eben unterm Zug rausgeholt«, sagte Jan gemütlich und setzte hinzu, »so'n Döskopp!«
Hermann zitterte, er schluckte heftig und sauste zur Tür hinaus. Die Gaststube blieb ohne Wirt. Da ging Jan entschlossen zur

Theke und goß sich einen Köm ein, noch einen. Als er beim vierten hielt, stand plötzlich Gesine hinter ihm, wachsbleich und verstört, sie setzte sich in die Ecke und starrte vor sich hin. Bald darauf kam Hermann, setzte sich neben Gesine. Dann kam Kreikenberg zurück und schimpfte furchtbar, er schmiß das dicke Notizbuch auf den Tisch und strich sich seinen Schnauzbart.

Man hörte Schritte, Hermann stürzte an die Tür, zwei Herren traten ein und ein Gendarm, der Oberwachtmeister aus Lesum. Die Herren setzten sich an den Tisch. Gesine wurde schonend verhört, Hermann gab mit leiser Stimme und sehr umständlich Auskunft. Die Herren von der Mordkommission tranken dann jeder ein großes Bier. Ab und zu kamen einige Gäste, die sich aber still drückten, als sie die ernste Tafelrunde sahen. Jan Viehbrock wollte sich aufspielen, da er als erster die traurige Botschaft gebracht hatte, aber er kam nicht zur Geltung. Er ging um neun und sagte: »Djüs ok...«

Als der Bremer Zug einfuhr, sagte Hermann zu Kreikenberg: »Wo denn?...«

»Hier gleich am Bahndamm, Deubel ok!«

Gesine wischte sich die Augen. Sie war bedrückt und erleichtert zugleich, aber fürchtete sich vor irgend etwas. Sie dachte plötzlich an ihren Vater. Sagte zu Hermann: »Ich fahre morgen nach Hannover...« Der zischte sie an: »Willst du nicht zur Beerdigung bleiben?...«

»Ach so...!«

Daran hatte Gesine nicht gedacht.

Die Mordkommission verabschiedete sich, der Oberwachtmeister sagte zu Kreikenberg, daß die Leiche in der Halle bleiben müßte. »Tjawoll«, sagte Kreikenberg.

Als alle gegangen waren, saßen Gesine und Hermann allein in der Gaststube. Draußen war das Gewitter nähergekommen, es donnerte schon, Hermann ging ans Fenster, es roch nach Regen...

Der tote verstümmelte Cohrs lag noch vier Tage in der Leichenhalle und wartete auf die ewige Ruhe.

Im »Hohenzollernhof« saßen zwei gebückte, verzweifelte Menschen, Vater und Mutter Cohrs aus Geestemünde, und warteten auf die Beerdigung, die erst stattfinden konnte, wenn die Staatsanwaltschaft die Leiche zur Beerdigung freigegeben hatte. Es lag zwar klarer Selbstmord vor, aber der Staat war genau und umständlich. Die erlösende Meldung kam nicht. Kreikenberg telephonierte den ganzen Tag nach Verden, ohne Resultat. Es waren furchtbare Tage für Hermann und Gesine. Die Blicke der beiden Alten waren kaum zu ertragen. Am vierten Tag entschloß sich Hermann und ging zu Kreikenberg, setzte ihm auseinander, daß es so nicht weitergehen könne.

»Na... ich kann nichts machen... gar nichts... Ihr müßt euch gedulden...!«

Hermann beschwor den Gendarm, er bestürmte ihn, er bat ihn, er schimpfte, er wurde grob und schrie, bis Kreikenberg ihn hinauswarf. Der Gendarm konnte wirklich nichts tun, er wurde selbst angeschnauzt. Schließlich kam noch Gesine angelaufen und fing an zu jammern. Da sagte Kreikenberg endlich: »Ich weiß von nichts, macht, was ihr wollt!« Das war ein Wort.

In einem Tage war alles vorbereitet. Der Pastor hatte sich sogar bereit erklärt, die Glocke läuten zu lassen, und kurz vor der Dunkelheit wurde Albert Cohrs beerdigt. Man konnte kaum noch sehen. Der Kirchhof war voller Menschen. Auch die Eisenbahn war vertreten. Der Sarg wurde ans Grab getragen. Der Pastor räusperte sich und sprach von Sohnesliebe und Kindespflicht, Mutter Cohrs weinte herzzerbrechend. Gesine, in Schwarz, stand vorn am Grab. Hermanns Zylinder war etwas gegen den Strich gebürstet. Als der Sarg in die Erde gesenkt wurde, läutete die Glocke klein und zaghaft, wie ein Armesünderglöckchen. Der Sarg rutschte mit der Spitze nach vorn und kam nicht ganz auf den Rand der Grube hinunter.

So lag Albert Cohrs schief und unbequem im Grabe, er stand beinahe noch, und er war ja eigentlich noch lebendig, da der Staat den Tod noch nicht genehmigt hatte.

Im »Hohenzollernhof« war die Kaffeetafel gedeckt. Der Butterkuchen war frisch und schmeckte herrlich. Die gedrückte Stimmung wurde etwas besser, und die beiden Alten fragten, wann denn ihr Zug ginge.

Man war wieder in den Alltag zurückgekehrt. Da erschien plötzlich Kreikenberg, verlegen und doch triumphierend. Er hatte einen Zettel in der Hand, ein Telegramm. Er gab es dem Vater Cohrs, der sagte zitternd zu seiner Frau: »Lies es vor.« Mutter Cohrs hatte die Brille gesucht und las, ehe es jemand verhindern konnte, langsam und akzentuiert wie ein Schulmädchen: »Leiche... Cohrs... freigegeben... Staatsanwaltschaft.«

Klein-Holland

Wenn Moritz Thaler morgens sein Zimmerfahrrad bestieg und schwitzend das Fett herunterstrampelte und mit Hilfe einer sinnreichen Konstruktion dazu rhythmische Stöße in die Sitzfläche erhielt, ganz so, als ob er in Gottes frischer Natur draußen radelte, dann überkam ihn oft das Bewußtsein seiner eigenen Winzigkeit und Ohnmacht. Angezogen, frisch rasiert kam ihm das Leben schon heiterer vor, am Kaffeetisch im Wohnzimmer zwischen duftendem Kaffee und knusprigen Brötchen.

Da saß ihm Wanda Zietemann gegenüber, die Zietemannsche, wie er sie nannte, und lächelte ihr saures, aber gutgemeintes Lächeln. Oft glaubte Moritz, es nicht mehr ertragen zu können, manchmal erschien ihm das knusprigste Brötchen ledern und trocken, aber er konnte ohne seine Zietemannsche nicht leben, genau wie Wanda nicht ohne ihren Moritz Thaler.

Wanda Zietemann war ein »tüchtiger« Mensch. Unter ihren Händen wuchsen freilich keine Blumen, nichts, was an Flora erinnerte, konnte mit ihr verglichen werden. Sie war das Symbol der Ordnung, der wohlanständigen und staublosen Ordnung. Beseelt von dem Bewußtsein, daß sie es eigentlich nicht nötig hätte, für den Makler Thaler zu sorgen, betreute sie den kleinen Haushalt des Junggesellen doch mit der Zähigkeit und Inbrunst eines Menschen, der an einen Gott glaubt und an eine Belohnung für die Mühe der irdischen Tage.

Sie dachte aber gar nicht daran, das Ende ihrer Tage abzuwarten, sie wollte keine Belohnung im Jenseits, nein, hier auf der flachen Erde des Norddeutschen Tieflandes, unter dem nebligen, nassen Himmel Bremens verlangte sie, belohnt zu werden.

Wanda und Moritz waren ein seltsames Paar. Sie liebten sich auf eine unerbittliche und zähe Art, wie alte Eheleute. Sie saßen sich gegenüber und fühlten sich verlassen, jeder für sich einsam und doch unaufhörlich miteinander verkettet. Wanda betreute die Gesundheit ihres Herrn genau und ängstlich, was sie nicht hinderte, sich darüber lustig zu machen. Wenn beide miteinander verheiratet gewesen wären, die Menschheit hätte ein edles Paar gesehen, aber so war das Gespenst der Unver-

bindlichkeit zwischen ihnen und machte Wanda Zietemanns Liebe bitter und Moritzens Zuneigung gallig.
Moritz Thaler sagte oft: »Ein jüdischer Junggeselle ist an und für sich ein Witz... und ich erst...!«
Er fühlte, daß das, was er als Schmerz empfand, als Unzulänglichkeit der Fürsorge, auch kein Engel hätte besser machen können als die treue Wanda Zietemann. Aber die schlechteste zänkischste Ehefrau wäre besser gewesen, weil zwischen ihnen die Verbundenheit über den Tod hinaus mit den Jahren gewachsen wäre.
Und das brauchte Moritz, und daß er es nicht hatte, machte ihn bitter, und wenn er es gehabt hätte, wäre er vielleicht doch noch derselbe geblieben, der witzelnd-traurige Melancholiker, der hinter allem, was er tat und trieb, das große Fragezeichen sah, über das oft auch der beste Witz nicht trösten konnte, nicht einmal die vorbildliche stadtberühmte Kochkunst der Wanda Zietemann.
Das Frühstück wurde um sieben Uhr eingenommen, sommers und winters. Eines Morgens nun faßte sich die Zietemannsche ein Herz, sie schluckte und würgte, endlich hatte sie es draußen. Moritz schlürfte seinen Kaffee und las dabei in der Zeitung, daß in Monte Carlo jemand einen »tadellos anständigen Partner mit zehntausend Mark zur Ausbeutung einer sensationellen Erfindung« sucht, und hörte die Zietemannsche wie aus weiter Ferne sagen:
»Denken Sie mal, da ist vor'n paar Tagen ein älterer Herr, ohne ein Testament zu hinterlassen, gestorben, tscha...«
Moritz schmiß die Zeitung hin, starrte die Zietemannsche an und ging aus dem Zimmer... Das »Och, Herr Thaler« der Wanda Zietemann hörte er noch auf der Treppe.
Unten auf der Straße wurde ihm wehmütig ums Herz, er wußte nicht, womit er so ein Leben verdient hätte.
Die Sache mit der Mühle war eine faule Geschichte. Sie war nicht loszuschlagen, und Thaler saß da fest. Seine Freunde nannten ihn schon den »Müller«. Er machte regelmäßig abendliche Spaziergänge zum Bahnhof, schlenderte die Bahnhofstraße hinunter, bummelte durch die Vorhalle, quatschte jeden an, den er kannte, sagte abwechselnd »Na... du Gauner« oder »Mein lieber Freund... warum sehe ich Sie so selten«, und kaum war der fort, sagte er zu einem andern: »Sehen Sie, den da, der da geht? Das ist mein größter Feind.«

So ging er jeden Abend zum Bahnhof, mißmutig, witzelnd und hoffnungslos. Kaufte jeden Abend die Berliner Mittagszeitung, las sie flüchtig durch und warf sie dann zerknüllt in den geräumigen Papierkorb, der in der Bahnhofshalle stand.
Eines Abends nun traf er da den Hermann Wendelken, der seit der Geschichte mit dem Cohrs gar nicht mehr »so recht zu Wege war«.
»Tach ... Wendelken ...« – »Tach ... Herr Thaler ...« – »Na?«
Im Wartesaal erster und zweiter Klasse wurde nun ein Plan geboren, eine Idee, die ein wenig Licht in die Mühlenangelegenheit bringen sollte.
Thaler hatte Einfälle genug, aber sie kamen immer dann, wenn er nichts damit anfangen konnte. Nun fiel ihm hier bei einer Flasche Médoc ein, aus der Mühle eine Wirtschaft, einen Tanzpalast zu machen und den Wendelken hineinzusetzen. Moritz war Feuer und Flamme dafür, man könnte das Ding »Rote Mühle« nennen, in seliger Erinnerung an Paris, aber vielleicht war es doch besser, wenn die mißtrauischen Bremer und die Leute der Umgegend nicht gleich so durch den Namen vor den Kopf gestoßen würden. Wendelken sagte, er wolle seinen »Hohenzollernhof« ganz gern los werden, Moritz meinte auch, das ließe sich machen, denn Hotels gingen immer noch besser ab als alte Mühlen, und bei der zweiten Flasche war Hermann Geschäftsführer und Mitinhaber des Gast- und Vergnügungslokals »Klein-Holland GmbH.«
Als Thaler und Wendelken nach zwei Flaschen Médoc durch die Bahnhofstraße bummelten, sagte Thaler, jetzt ginge es noch ins »Astoria«. Schließlich war Anlaß zum Feiern, obwohl Moritz um diese nachtschlafende Zeit meistens schon im Bett lag.
Der Haupteingang zum »Astoria« befand sich in einer kleinen Gasse, die vom Schüsselkorb ausging. Aber Thaler bummelte die Sögestraße geradeaus; »nanu«, meinte Wendelken, »wirst sehen«, lachte Thaler, und einmal links hinein durch einen Hinterhof, rechts herum durch einen dunklen Gang, und man war im strahlenden Foyer des stadt- und landbekannten Kabaretts. Der Geschäftsführer watschelte den beiden entgegen, hörte »Na, du Gauner und oller Betrüger« mit Lammesgeduld und Engelslächeln. Die Garderobefrau verzog freundlich ihren zahnlosen Mund. »Streng dich nur nicht an«, sagte Thaler und

warf seinen Hut auf die Brüstung, fingerte mit fünf Fingern in seiner Westentasche, sagte etwas von Weiberbetrieb und Halsabschneiderei und zog den verlegenen Wendelken in eine Loge.

»Wie auf'n Präsentierteller«, schnauzte Thaler, während der Geschäftsführer versicherte, es sei der beste Platz.

»Für dich«, sagte Moritz Thaler, »weil man da Sekt trinken muß.«

Es war gerade eine Chansonette tätig, Molly hieß sie und sah auch so aus. Sie sang von der Liebe und einem Kanapee und einem Herrn Lehmann, eine dunkle und eindeutige Sache mit dem Refrain:

»Da hat Herr Lehmann ... das Kanapee hinausgeschmissen«, weil seine ganze Familie darauf unerlaubte Sachen getrieben hatte.

In die brüllende Heiterkeit des Publikums sagte Thaler: »Mensch ... hau ab!«

Man zischte, und einer meinte was von »Jude«, und Thaler fühlte sich nun wohl. Er liebte den Haß und den Qualm von grundloser Bosheit um sich. In dieser Atmosphäre konnte er sich von Herzen bedauern.

Molly wurde an den Tisch geholt, es war eine weiße und weiche Person.

»Na, holde Frau ... sieh dir mal diesen Mann an ... das ist ein Direktor ... ein richtiger Direktor von einem Vergnügungslokal ...«, sagte Thaler, indem er Molly in die Backe kniff. Molly lachte, daß ihre Goldzähne blitzten.

»Och ... Mensch«, sagte sie bloß, »der und Direktor ... ha ha ...!«

Wendelken fühlte sich geschmeichelt und sagte: »doch ... doch ...«

Thaler fing bald an zu gähnen. Er langweilte sich furchtbar. Als der Burgunder eingeschenkt war, sagte Thaler zum erschrockenen Ober: »Nimm ... den Dreck mal weg ... fix ...!«

Er schickte den Wein zurück, trotzdem er nicht so schlecht war wie der Sekt, der nun serviert wurde, »Goldperle« hieß er.

»Na prost ... Direktor!« sagte Thaler so laut, daß man wieder zischte, denn auf dem kleinen Podium war ein Schnellmaler aufgetreten, der mit Kohle und Musikbegleitung die aktuellsten Sachen zeichnete. Man sah Eduard den Siebenten von England, den Reichskanzler Bülow, Graf Waldersee und auch

zwei Automobilisten. Der Schnellmaler war ein Künstler mit langen Haaren und flatterndem Schlips. Nebenbei konnte er noch Klavier spielen und turnte nun abwechselnd vom Klavier zur Staffelei. Thaler sah ihm gähnend zu. Er dachte an sein »Klein-Holland«. Später saß auch der Maler in der Loge, soff wie ein Loch und entpuppte sich als ziemlich umgänglich.
Er nannte sich Raffaelo, hieß eigentlich Schmidt und war aus Württemberg, aus Tuttlingen, wo seine Mutter eine schlechtgehende »Handlung« hatte. Schmidt, alias Raffaelo, brachte die kleine Pussi Lindström mit an den Tisch. Es wurde sehr gemütlich. Thaler ließ Flasche auf Flasche anfahren. Dann drückte er sich. Er hatte sie alle engagiert: Den Maler, die Pussi, die Molly.
Die Eröffnung des Etablissements sollte bald sein. Nun fehlte ihm nur noch ein Architekt zum Umbau der Mühle. Auch der traf sich, als er leise durch die Hintertür das »Etablissement« verlassen wollte. Er fand ihn auf einem Ort, der nur Männern zugänglich ist, und schleppte den Architekten Fabarius in seine Wohnung, nachts ein Uhr dreißig, und weckte die Zietemannsche zum Kaffeekochen.
Dann wurde der Umbau der Mühle in das Etablissement »Klein-Holland« entworfen. Der Architekt litt an einem Überschuß von Ideen, die er gerade anbringen konnte.
Um drei Uhr früh, es wurde schon hell, brachte Thaler den Baumeister, der riesig vergnügt war, mit etwas Kognakbeinen die Treppe hinunter, denn außer dem Kaffee hatte es noch reichlich Hennessy gegeben.
Thaler kroch um drei Uhr morgens in sein Bett. Er war so tief überzeugt, hereingefallen zu sein, daß er beschloß, am andern Morgen wieder einmal nach Hoya zu fahren.

Das Vierte Gebot

Gesine machte wieder eine Fahrt nach Hannover. Das tat sie weniger aus Pietät als aus Vergnügungssucht. Mit ihren vierundzwanzig Jahren hatte sie oft das Gefühl, etwas zu verpassen. So war sie, und dagegen konnte auch Hermann Wendelken nichts machen, der nun als Wirt von »Klein-Holland« ziemlich fest saß, denn der Betrieb mußte erst in Gang kommen.

Das Verhältnis zwischen Gesine und Hermann war anders geworden als früher. Seit dem Tode von Cohrs und von Frau Wendelken hatte Gesine ein klein bißchen Angst vor Hermann. Zwar ließ sie sich das nicht merken, aber die Idee, ihn zu heiraten, schlug sie sich immer mehr aus dem Kopf. Sie war wieder einmal so weit, daß sie nicht wußte, was werden sollte.
So war es mit Cohrs gewesen, und so war es jetzt. Ihre paar tausend Mark waren richtig auf die Mühle, vielmehr auf den Betrieb »Klein-Holland« überschrieben worden; und so war das Geld, das die Mühle des alten Geffken gebracht hatte, wieder zurückgekehrt an seinen Platz.
»Klein-Holland« war ein schönes Etablissement geworden, man kannte es kaum wieder, nur die Mühlenflügel an der Front waren der Rest der einstigen Mühle geblieben. Der Architekt Fabarius hatte seine Phantasie spielen lassen und Thalers Geld, denn Thaler war ja der eigentliche Besitzer des Unternehmens. Gesine haßte Thaler mit der ganzen Kraft ihres Herzens. Sie sah in ihm den Verführer und Zerstörer ihrer Heimat, aber sie dachte nicht daran, daß sie es gewesen war, die eigentlich den Anstoß dazu gegeben hatte, daß man den alten Geffken ins Altersheim brachte und die Mühle verkaufte.
Sie war vergeßlich und beschränkt, aber aus diesen Eigenschaften wuchs ihre Kraft.
In Hannover besuchte sie zuerst Minna Klußmann im »Kleinen Pferd«. Die beiden verstanden sich gut, sie waren einer Ansicht über das Leben, das ihnen nach ihrer Meinung sehr viel schuldete.
Minna war etwas erfahrener, sie wußte Bescheid in den irdischen Dingen, sie kannte die Bedürfnisse von Gesine so gut wie die eigenen.
»Gesine ... wir beiden brauchen was Festes und was Älteres, so'n richtigen gesetzten Mann ...«
»Tja ... Minna, da hab' ich ja meinen Hermann, aber dem trau' ich nicht.« Sie machte dazu ein wichtig-albernes Gesicht, ja, sie wußte mehr als alle anderen, sie war eine Hauptperson, sie konnte sie alle in die Tasche stecken!
Gesine gehörte zu jenen Menschen, die ein blutiges Geheimnis ruhig bewahren, als sei es ein Scherz oder ein Vielliebchen, die vielsagend schweigen, aber mit halben Worten morden, die immer heiter und unschuldig tun, aber durch ihr bloßes Dasein auf der Welt Menschen zum Selbstmord treiben können ...

Gesine ging die Georgstraße hinunter, blieb bei den Auslagen stehen, bog in die Packhofstraße ein, guckte hier und dort hin, nein, was es alles gab! Sie kaufte unnützes Zeug, Rüschen und Bänder, ein Hemd bei Bormaß und Stiefel bei Tack. Sie probierte und probierte, bis die Verkäufer die Geduld verloren. Inzwischen war es fast zwölf Uhr geworden.

Nun mal schnell in die Elektrische und zum Altersheim fahren!

In der Bahn fiel ihr ein, daß sie ihrem Vater doch etwas mitbringen müsse. Warum dachte sie auch nicht früher daran? In einem verstaubten Geschäft am Misburger Damm kaufte sie endlich ein Paket Oldenkott-Tabak für fünfzig Pfennige.

Der alte Geffken war nicht erfreut über den Besuch, er hatte immer noch nicht gelernt, sich in sein Schicksal zu fügen. Der Wärter, Herr Determann, sagte zu Gesine: »Tscha, er ißt fast gar nichts und ist immer verärgert... die anderen Männer können nichts mit ihm anfangen, da er nur plattdeutsch spricht, aber nicht Hannoversches, sondern Bremer Platt. Nur mit Dirk Tegtmeyer aus Lübberstedt kann er sich vertragen.«

Die beiden Alten saßen oft zusammen, redeten unverständliches Zeug, spuckten an die Wand und sagten bei Vorhaltungen langsam und nachdrücklich: »Schitambom!«

Gesine begrüßte den Vater. Sie sprach natürlich plattdeutsch, aber man merkte ihr an, daß sie es nicht gerne tat. Eine merkwürdige Atmosphäre von Haß und Neid erfüllte die Luft des Altmännerheims. Es war so, als ob bei diesen Greisen die wahre Natur herauskäme. Alle stänkerten sie gegeneinander und schwärzten sich an.

»Der macht ja immer in die Hose, Herr Determann«, sagte ein zahnloser, mit dem Kopf wackelnder Bettnässer und wendete sich empört ab. »Schweinerei verfluchte«, brummte ein anderer, der eine triefende Nase hatte.

So waren diese noch nicht Gestorbenen und nicht mehr Lebendigen, so vegetierten sie in den Tag, und nachts röchelten sie und stöhnten zum Gotterbarmen. Immer wurde gefuttert, immer hatte man zu klagen; immer bekam Krischan mehr als Heini; Heinis Bett war weicher als Krischans. Der Leib, der gebrechliche, wurde argwöhnisch beobachtet, man verlangte Pillen und Pulver zum Verstopfen und Abführen und für beides auf einmal...

Es roch nach Urin und Caritas in dem Hause Misburger Damm hundertsiebenundachtzig.
Die Kinder oder Verwandten, die an den Besuchstagen in die freundlichen, aber kalt-praktischen Räume des Altersstiftes kamen, mit Blumen oder Tabak oder Schokolade, wurden meistens von den Insassen wie Verbrecher behandelt. Da saßen sie nun unglücklich und schuldbeladen am Bett oder am Rollstuhl ihres Vaters oder Schwiegervaters und sahen verstohlen auf die Uhr, ob es nicht endlich Zeit wäre, aufzubrechen. Scheinheilig wurden die Wärter und der Arzt ausgefragt, bei den meisten Angehörigen zitterte unbewußt die Hoffnung auf Erlösung von diesen lästigen Angehörigen in der Stimme, wenn man sich nach dem Befinden erkundigte.
Hier saßen die Zukurzgekommenen, die Ewigwartenden des Schicksals. Die Belohnung ihres mühseligen Lebens bestand in einem unfreundlich möblierten Zimmer, in schlechtem Essen und argwöhnischer Fürsorge. Nun rächte man sich dadurch, daß man allen Haß und die enttäuschte Hoffnung in Galle verwandelte und damit dem Schicksalsgefährten das Dasein verbitterte.
Vater Geffken kam sich vor wie ein Schiffbrüchiger, wie ein Deportierter, der nicht weiß, was er eigentlich verbrochen hat. Seine schöne Mühle klapperte noch immer in seinen Träumen, und er fuhr oft mit lautem Schrei aus dem Schlafe. Er vergaß den häßlichen Morgen nicht, an dem seine Tochter ihn unter scheinheiligen Versprechungen herausgelockt hatte. In seinem Herzen wuchs eine dumpfe Wut, und er hatte noch Körperkräfte genug, um sich zu wehren. Die sollten nur sehen!...
Gesine saß im Zimmer des Vaters und wußte nicht, womit sie die Zeit totschlagen sollte. Der Alte saß im Lehnstuhl und sah sie an. Mit kaltem und feindlichem Blick, sagte kein Wort. Er hatte sich geschworen, nicht mehr mit seiner Tochter zu reden. Das Gespräch war sehr einseitig.
»Brauchst du Wäsche...?«
Keine Antwort.
»Wie geht es deinem Beine?«
Keine Antwort.
Als Gesine in schwarzer Kleidung erschien, wegen der Frau Wendelken, sagte Geffken hämisch: »Is hei dot...?«
Er meinte Cohrs, der damals noch frisch und lebendig war und

in seiner roten Mütze die Züge abfertigte, an Gesine und eheliches Glück dachte, und nicht an den Tod.
Nun war Cohrs tot, und Gesines Schwarz hatte doppelte Bedeutung. Aber sie sagte nichts davon und nichts von »Klein-Holland«.
Um zwei Uhr ging Gesine fort, atmete erleichtert auf, als sie wieder auf der Straße war. Ihr Zug ging erst um 6 Uhr 32.
Da ging sie in die Artilleriestraße zu Emanuel Tölle. Er war nicht zu Hause, der hatte Dienst. Frau Schmidt sah sie sehr mißtrauisch und eifersüchtig an, schmiß ihr die Tür vor der Nase zu als sie fragen wollte, wann der Briefträger wieder nach Hause käme.
Als sie die Straße hinunterging, traf sie Tölle. Die Freude beiderseitig war groß. Zwar war Emanuel etwas gealtert und sah überhaupt nicht gut aus, aber Gesines mütterlicher Instinkt erwachte sofort. Sie ging mit ihm nach Hause und kochte ihm Kaffee. Währenddessen horchte Elise Schmidt, schlich die Treppen hinauf und kam gerade ins Zimmer, als Gesine auf Tölles Schoß saß. Da gab es nun den lang erwarteten Krach; Elise hatte trotz ihres Fundes noch immer gezögert, dem Briefträger zu entsagen, aber hier erwischte sie ihn ja geradezu in flagranti. Sie stellte sich in Positur und machte ihrem Herzen Luft. So was ginge sie ja nichts an, aber sie wüßte, was für ein Mensch der Briefträger sei, und überhaupt hätte sie genug, und er solle sich man 'ne andere Putzfrau besorgen...
Gesine zog es vor, zu schweigen, und Tölle kam gar nicht zu Worte. Das war nun eine schöne Geschichte! Gesine wußte auch keinen Rat. Sie meinte, er solle sich doch versetzen lassen, aber davon wollte Tölle nichts wissen, nein, solange sein Junge hier sei, ginge das keinesfalls. Gesine redete ihm zu, sich um eine Stelle in ihrer Nähe zu bewerben, der alte Briefträger sei krank und krüppelig, und vielleicht würde es glücken. Er könnte dann in der Nähe von Freunden leben, hier wär' das ja kein Leben. So redete Gesine, sie hatte Mitleid und auch etwas mehr. Sie wollte Tölle gern in ihrer Nähe haben. Sie empfand keine Liebe zu ihm, aber sie wollte ihn als Beschützer.
Ja, das war es. Beschützt wollte sie werden, vor sich und vor Hermann und vor etwas Unbekanntem, das bald kommen würde und sie bedrohen.
Tölle brachte Gesine an den Bahnhof. Ihm war der Gedanke,

von Hannover wegzugehen, fremd und unheimlich. Aber Gesine erzählte so viel Schönes von »Klein-Holland« und von Freundschaft und Fürsorge, daß er schwankend wurde.
Vom Bahnhof ging er ins »Kleine Pferd«, von dort zu Schmidtchen. Die freute sich sehr. Aber Tölle nahm das alles hin, gleichgültig und zerstreut. Bei Schmidtchen war auch noch ein Herr, der sehr befreundet schien. Er hieß Gottlob Rilling, ein komischer Name. Der Herr war Reisender für eine Firma in Hamburg, Zigarrenreisender. Er bot Tölle gute und preiswerte Zigarren an, aber Tölle dankte. Da Gottlob Rilling nicht ging, machte sich Emanuel davon, Schmidtchen begleitete ihn an die Tür, gab ihm einen Kuß und sagte, er solle doch morgen abend kommen, da sei sie ganz allein.
Tölle sagte unbestimmt zu, wußte aber, daß er nicht mehr hingehen würde. Niemals mehr, dachte er, denn er hatte nun beschlossen, morgen mit dem Vorsteher wegen der Versetzung zu sprechen.

Reisenacht

Die Lokomotive war von der Hannoverschen Maschinenfabrik gebaut, zuverlässig und schnell. Joe stand davor mit Walter Haas. Sie waren in der Bahnhofshalle auf und ab gegangen, hatten geschwätzt; Abreisegerede und sonst nichts.
»Das sieht doch schön aus ... das ist doch eine ganz harmonische Sache ... nicht?«
Walter lachte: »Ich verstehe nichts davon ... will auch nicht.«
»Aber es wird dir nichts anderes übrigbleiben, sicher ...«
»Doch ich interessiere mich nicht dafür, du übrigens auch nicht, das hat dir nur ...«
Walter verschluckte den Satz, fast hätte er es ausgesprochen. Er war feige, er war bequem und passiv, er ärgerte sich zwar über Joes Freundschaft mit diesem Schlosserlehrling, aber er war viel zu stolz, um es zu sagen. Nun hatte diese verdammte Lokomotive ihn dazu gebracht. Joe verstand sofort.
»Ach so, du meinst Bernhard.«
»So heißt er wohl ...«, sagte Walter spöttisch.
Joe brach aus: Davon verstände er auch nichts, gar nichts, er sei eben ein Ästhet, ein Schöngeist und Dichter ... so schimpfte

sich Joe in einen Zorn und wußte nur zu gut, daß Walter recht hatte.
Joe stand vor der Abreise in das Nordseebad, in das der Vater schon vorausgefahren war. Die Mutter war noch in Hamburg bei ihrem kranken Vater.
Walter Haas hatte ihn zum Bahnhof begleitet, da es sonst niemand tat. Joe war noch acht Tage in Hannover geblieben, da die Ferien erst heute begonnen hatten. In der Wohnung hatte er sich ohne Eltern ganz wohl gefühlt. Die Dienstmädchen sorgten gut für ihn, und das kleine Ding, die Lina, wollte wohl einen kleinen Flirt mit dem Haussohn anfangen. Aber wie Joe eben war, er wollte schon mal das junge Ding in den Arm nehmen, aber er hatte schreckliche Angst. Die kam immer des Morgens ins Zimmer, fragte, ob der junge Herr Kaffee oder Tee oder sonst was wünsche, und ging ganz dicht ans Bett heran. Nun, das war überstanden, dies Problem erledigt...
Joe redete noch mit Walter hin und her. Ein Ergebnis war nicht zu erzielen. Walter haßte diesen Bernhard, da konnte man nichts machen. Unbegreiflich war es, daß sich Joe von Bernhard tyrannisieren ließ, fast wäre Joe die ganzen Ferien über in Hannover geblieben, nur weil Berni sagte, es sei langweilig, wegzufahren, wo sie doch jetzt alles tun könnten, was sie wollten... Joe aber fuhr an die Nordsee, zu seinen Eltern und zu Edith.
Da saß das Kind von siebzehn Jahren in seinem gepolsterten Abteil, der Sohn reicher Eltern, der gute Bürgerssohn und der anständige junge Mann, und las die Briefe Richard Wagners an Mathilde Wesendonck. Die Wirklichkeit erfaßte ihn kaum, er lebte in fremder Leidenschaft, und rings um ihn war alles andere tot.
Der Zug fuhr durch die norddeutschen Niederungen und schläferte Joe ein. Er kämpfte dagegen an, er wollte lesen und aus dem Fenster sehen, wie die Lichter auf und ab flogen; er wollte die einsamen nächtlichen Bahnhöfe sehen, den verschlafenen Stationsvorsteher und die schlaftrunkenen Passagiere, die aus dem Zug taumelten. In Nienburg war ein angetrunkener Mann auf dem Bahnsteig, der sang und war sehr fidel. Es war ein Kapitän, der nun wieder auf sein Schiff wollte. Joe hatte Angst, daß der Mann in sein Coupé steigen würde. Es geschah.
Der Kellner Fritz Schorling aus dem Hotel »Zum Bahnhof« hatte die undankbare und schwere Aufgabe, den dicken und

besoffenen Kapitän Husted nach Bremen zu bringen, da der alte Seemann es alleine nicht schaffen konnte.
Der Kapitän konnte eigentlich weder sitzen noch stehen, man mußte ihn mit dem Kopf nach vorn in den Korridor des D-Zugwagens schieben, dabei kommandierte der Kapitän mit unsicherer Stimme: »Feste... Fritze.« Endlich taumelte er durch den Korridor, der Schaffner schimpfte und sagte, er würde den Besoffenen nicht mit befördern, aber Käppen Hini drückte dem Beamten ein Fünfmarkstück in die Hand.
»Is gut so, Herr Feuerwehrmann... is gut so, amüsier dich, min Jung... kannst ok min Dochter heiraten...«
Schließlich konnte man den Kapitän nicht an die Luft setzen. Aber daß die beiden gerade in Joes Coupé kamen, war boshafte Tücke. Nun war es aus mit Richard Wagner und Mathilde.
»Kiek mal... en Doktor...«, sagte der Käppen, als er Joe de Vries bemerkte. Joe lachte etwas geschmeichelt, der Doktor bezog sich wohl auf seine Brille. Aber er hörte bald auf zu lachen, denn der Kapitän beschäftigte sich mit der Hartnäckigkeit eines Betrunkenen immer wieder mit ihm.
»Kiek... mal, Doktor... kiek mal...!«
»Laß doch, Hini«, sagte der Kellner, der ganz nüchtern war, »laß doch den jungen Mann in Ruhe.«
»Nee, nee, wieso denn... wie soll ich denn? Wo das doch 'n Doktor is... und ich 'ne Blinddarmentzündung hatte... in Scherrburg, in Scherrburg... tjawoll... da haben se mich operiert... tschawoll, haben se das.«
»Ja, ja doch Käppen, das glaub' ich dir aufs Wort...«
»Nichts haste zu glauben... hier... is se..., hier.« Der Kapitän begann auf einmal seine Hose aufzuknöpfen und den Bauch bloßzulegen; dagegen konnte selbst Fritz Schorling nichts ausrichten, der kriegte einen Schlag von der Kapitänstatze...
»Weg da, seg ick, weg da... an Backbord alle Mann... Hoi...!« brüllte der Biedere und hatte schon seinen behaarten Bauch freigemacht; man sah richtig eine feuerrote frische Narbe.
Joe stürzte zur Tür hinaus. Er war angewidert und unglücklich. Er fühlte sich so elend der Gemeinheit gegenüber. Da stand er am Fenster, der kleine unglückliche Joe! Krampfhaft kommandierte er sich, Musik zu hören, aber er hörte immer nur das Brüllen und Lachen des Kapitäns.

Er haßte alles, was die Menschen so »Leben« nannten; er leugnete die Wichtigkeit des gemeinen Alltags, erkannte nur Musik und große einmalige Menschen an und sonst nichts. Auch die Religion war ihm entglitten, sein rührender Kinderglaube war tot und konnte nicht mehr auferstehen. Er hatte jahrelang gebetet, heimlich oft, in unwürdigen Räumen, weil er den leichten Spott des aufgeklärten Vaters fürchtete, aber eines Tages hatte er dies alles aufgegeben.

Der Zug fuhr in Bremen ein, es war 2 Uhr 44 nachts; der Sonnenaufgang war um 3 Uhr 17 laut Kalender.

Der Zug war auf Bahnsteig 2 eingefahren, es war über eine halbe Stunde Aufenthalt. Joe erlebte mit schauderndem Vergnügen, daß der betrunkene Kapitän und der Kellner ausstiegen. Kapitän Hini Hustedt sagte, als er an Joe vorbeikam: »Klei mi an Backbord«, ein Satz, den Joe kaum verstand, auch wußte man nicht, ob er für Joe bestimmt war. Sicher hatte Kapitän Hini nur seine persönliche Auffassung von den Landratten im allgemeinen und ihren Einrichtungen im besonderen damit ausdrücken wollen.

Der Kaffee, den Joe unten im Wartesaal einnahm, gab Lebensfreude. Eine junge Dame an seinem Tisch war ganz aufgeregt und sagte immer wieder zum Kellner, sie hätte doch lemon squash bestellt ... ausdrücklich lemon squash ... und nicht Zitronenwasser. Der Kellner murmelte was in seinen Schnauzbart, was ungefähr bedeutete: »haste Worte ...« oder so etwas Ähnliches.

Die junge Dame war ungefähr zwanzig oder einundzwanzig Jahre alt, ein zartes Gesicht, die Wangenknochen slawisch. Sie war sehr einfach angezogen, mit einem Stich ins Reformkleid, das damals bei den Studentinnen Mode war. Ihre sanfte Stupsnase hatte etwas Sympathisches, die schönen blauen Augen belebten das Gesicht. Die junge Dame sah Joe sehr genau an, ihr gefiel wohl etwas an seinem nachdenklichen und frühreifen Gesicht, sie sagte: »Wissen Sie ... ob der Zug nach Norddeich auch dritter Klasse hat?« Ja, Joe wußte es genau, er fuhr selbst zweiter Klasse, aber er hatte es genau gesehen, gewiß doch, ja. Ob er auch mit dem Zug fahre? Ja, er fahre auch. Nun, dann würde er wohl auch rechtzeitig wieder nach oben gehen.

Joe las angestrengt die Reklametafeln in dem Wartesaal, von Hillmanns Hotel und vom Norddeutschen Lloyd, sah den

Bahnhofsplatz vor den verräucherten Fenstern heller werden, sah auf die lesende junge Dame, die so freundlich mit ihm gesprochen hatte, überlegte, ob er nun nicht einfach auch dritter Klasse weiterfahren sollte. Ihn lockte es, mit dem Mädchen zu sprechen, ihn lockte das Abenteuer, und er wollte auch noch etwas anderes: von Edith loskommen, deren spöttisch-zärtliche Freundschaft ihn in der letzten Zeit mehr bedrückte als erfreute.

»Einsteigen, in der Richtung... Oldenburg... Leer... Norddeich...!« rief ein Mann in den Wartesaal. Man fuhr hoch, man gähnte laut und übermüdet; es herrschte eine trübselige Stimmung.

Joe sagte: »Erlauben Sie?« und nahm das kleine Köfferchen der jungen Dame. Er war sehr stolz darüber. An der Sperre zeigte er seine grüne Zweiterklassekarte vor, die junge Dame sah es, nahm ihm dann den Koffer ab, sagte: »Danke schön, Sie fahren ja vornehmer als ich«, und ehe er Zeit hatte, zu versichern, daß er sehr gern auch Dritter führe, war das Fräulein mit der Handtasche verschwunden...

Joe war wütend, ja, so machte er es immer, ohne Geistesgegenwart, ohne Schwung. Berni hätte es anders gemacht, aber die Dame hätte Bernhard Tölle wohl gar nicht beachtet, die war viel zu fein dazu.

Es war schon hell, als Joe in sehr schlechter Laune in sein Coupé stieg. Eine alte Dame saß in der Ecke und schlief. Was hätte Joe darum gegeben, wenn es das schöne Fräulein gewesen wäre, aber er wollte sie nachher suchen, tröstete er sich, und wußte genau, daß er sich nachher ebenso tölpelhaft und unklug benehmen würde wie eben an der Bahnsteigsperre. Ich hätte ihr gar nicht zeigen sollen, daß ich Zweiter fahre, sagte er sich vorwurfsvoll. Nun war nichts mehr zu ändern.

Joe schlief ein, sein Kopf lehnte auf einem kleinen Lederkissen. Er schlief, als der Zug durch die Wiesen und über die Gräben fuhr, in denen der junge Tag sich spiegelte. Er sah nicht die Tiere auf der Weide, die atmenden, kauenden Kühe, er hörte nicht den süßen Gesang der Lerchen, das ewige Trillern des zärtlichsten Weltgeistes, sah nicht den Triumphgesang des Lichts über die Finsternis, er schlief...

Als er erwachte, näherte der Zug sich schon dem Meere; es war heller Tag, die Sonne schien auf die bunten Wiesen. Joe atmete mit einem Male eine würzige Luft ein, die frisch war und doch

etwas merkwürdig Süßes und Herbes zugleich hatte. Geruch von Tang und Muscheln, Geruch von Weite und unendlicher Freiheit.
Joe kannte das Meer seit der Kindheit, aber immer wieder wurde er überwältigt und mitgerissen. In Norddeich funkelte die weite unendliche Fläche des Wattenmeeres; das war noch nicht das richtige Meer, aber schon war Joe beglückt und gepackt vom Abenteuer- und Kolumbusgesang des ewigen Rauschens.
An der Spitze des kleinen Dampfers stand er und achtete nicht auf seinen Fahrschein, der ihn in die vornehme Klasse am Hinterdeck verwies. Er war zwischen Tauen und allerlei Seegerät versteckt und stammelte Verse und Klänge in den starken und entschlossenen Wind, der durch die flatternden und struppigen schwarzen Haare des Joe de Vries wehte. Und so geschah es, daß er gar nicht mehr darauf achtete, daß dicht hinter ihm die zarte und energische Person stand, das schöne Mädchen, die junge Dame aus dem Bremer Wartesaal, er bemerkte nicht ihren aufmerksamen und freundlichen Blick, er sah nur Wasser und Himmel und hörte Klänge, die von seinem Herzen aufstiegen in den Himmel, die getränkt waren von Schmerz und kindlichem Kummer und jung waren und ungeschickt; klagende Violinen und täppische Bässe, Trauermarsch und Totentanz, Mollklänge aus dem Herzen des Siebzehnjährigen, der noch nichts wußte von der gütigen, zärtlichen Heiterkeit des Lichtes, des ewigen Sieges von Dur über Moll...
Auf der Insel erwartete Vater de Vries seinen Jungen; auch Edith war da und rief Joe auf die Erde zurück mit ihrer spöttischen Stimme.

Amselschlag

Joe und Edith gingen die Seufzerallee hinunter. Es war ein heller Tag im März. Beklemmende Wärme um vier Uhr nachmittags, betörendes Schluchzen einer Amsel, über die Maschwiesen her.
Die Weiden schimmerten grün; am Ende der Allee war das Wehr, der Wasserfall, der »Schnelle Graben«; Ziel manches Lebensmüden.
»Was ein Mensch wohl denkt, wenn er zum letztenmal da geht,

zum letztenmal, Edith, kannst du dir das eigentlich vorstellen?«
»Ja, das kann ich mir vorstellen, das ist mir geläufig, ich stelle es mir eigentlich immer vor, bei jedem Gang, bei jedem Genuß; wenn ich aufstehe und mich anziehe, wenn ich esse, trinke, schlafe, wenn ich Beethoven oder Wagner höre, alles wie zum letztenmal.«
»Nein, Edith, zum erstenmal ... nicht zum letztenmal ... so ist's richtig, so wurde es geschaffen, und so muß man es hören.«
Joe faßte Ediths Hand.
»Ich will nicht denken, daß ich hier vielleicht zum letztenmal mit dir gehe. Zum allererstenmal sehe ich dich, deinen Mund, deine Mandelaugen und höre deinen ... Spott.«
Edith sah vor sich hin. Sie wußte, was nun kam. Der Ausbruch, die Verzweiflung, das lang zurückgestaute Leid dieses Jungen. Mein Gott, ja, sie liebte ihn, aber er war doch zu jung. Was verstand ein achtzehnjähriger Bengel von einer zweiundzwanzigjährigen Frau.
»Edith ...« – »Ja? Lieber Freund.«
Sie wußte, daß dieser Ton zu mütterlich war. Aber sie konnte es nicht ändern. Sie war eben so. Sie brauchte Joe gewiß, aber nur als Freund, alles andere war undenkbar.
Sie waren dem Wasserfall nähergekommen. Von Frühlingsregen angeschwollen floß der schmale Fluß durch die Wiesen und stürzte das Wehr hinunter mit Getöse. Es war schwer, sein eigenes Wort zu verstehen. Aber Joe redete und redete; vielleicht wollte er nicht gehört werden. Edith stand neben ihm; ob sie etwas verstand, wußte er nicht.
»Edith, du kannst nicht ohne mich sein. Niemals! Du wirst mit mir kommen, wir wollen glücklich sein. Hörst du, Edith, glücklich! Weißt du, was das ist: Wunschlosigkeit. Komm mit mir, Edith, komm, reise mit mir, du sollst Tag und Nacht bei mir sein. Wenn ich die Musik aus meinem Innern aufs Papier schreibe, wenn ich Mahler und Schubert höre, mußt du bei mir sein. Ich liebe dich doch, Edith; weißt du noch, wie wir am Strand lagen, Bruder und Schwester, deine Hand suchte unter dem Sand die meine; oh, und das Meer! Zwei Menschen am Meer. Kennst du das? Wir Welt ... Wrwlt ... Wrwlt. Dehmel ist doch ein großer Dichter. Edith ... liebe Edith! Ich habe ja keinen andern Menschen als dich. Nur du verstehst mich ... nur du, Liebste ...«

Joe sprach es in die dröhnenden Wasserfluten, und Edith lächelte, sie verstand nicht, was Joe sagte, aber sie wußte es. Nun lösten sich ihre Lippen, auch sie sprach, und Joe lauschte ihren Worten, er verstand sie nicht, aber er ahnte sie.
»Joe, lieber kleiner Freund, ich bin doch eine Frau, eine alte weise Frau gegen dich. Ich habe dich einmal geküßt, verzeih, ich habe mit dir Musik gehört, sei nicht böse, aber ich liebe dich nicht, ich hab' dich nur lieb. Wenn du wüßtest, wie viel das ist!
Wenn wir zusammenbleiben, dann wirst du mich wegwerfen eines Tages. Ich bin zu alt. Ich stehe vor meinem Leben als alte Frau, aber ich muß durch vieles hindurch, Nächte und Tage, einsame und gemeinsame, es ist dasselbe. Ich will dich nicht unglücklich machen, kleiner Joe, ich muß allein sein und dir aus der Ferne zusehen. Leb wohl, kleiner Joe, wenn du gehst, dann nimmst du meine Jugend mit, das ist sehr viel, Joe, sehr viel! Wenn du fortgehst, wirst du weinen, aber dich trösten. Aber ich werde genommen werden und weggeworfen von rohen und geliebten Menschen, ich weiß es. Aber es ist mein Schicksal. Glaubst du, daß ich Momber mehr liebe als dich, nein, aber er ist ein Mann, ein dummer Mann. Er wird mich nicht heiraten. Joe, nein, hab keine Angst, er hat schon eine Frau, aber er wird mich eines Tages verlassen, und dann will ich hier wieder stehen, hinuntergehen und zu Ende gehen diese Seufzerallee ... ohne dich, aber an dich denken will ich ... Leb wohl, Joe ... sei tapfer ... behalt mich lieb.«
Sie streckte die Hand nach Joe aus, der faßte sie, er zog sie an sich, er stöhnte und schrie in das Wasser: »nein Edith, ich will nicht gehen«, er fiel an ihr nieder, er küßte ihre Hände, er weinte. Edith streichelte sein Haar, sie neigte sich zu ihm, küßte ihn ganz warm und zärtlich auf den Mund. »Leb wohl, kleiner Freund.«
Das verstand Joe, das begriff er, er schrie in das Tosen: »Nein ... Nein ... ich bleibe, oder du gehst mit ... ich stürze mich hinunter ins Wasser ... wenn du mich alleine läßt.«
Edith faßte mit einem raschen Entschluß Joes Arm und zog ihn die Allee hinunter. Sie ging schnell. Sie hatte plötzlich Angst vor dem Wasser, vor Joe, vor sich.
Die Sonne war schon fast verschwunden. Es begann kühl zu werden. Joe ging neben ihr her, er redete fortwährend, aber sie hörte kaum hin. Sie fürchtete sich vor dem Abschied.
Sie sagte: »Nimm dich zusammen, die Leute sehen uns.«
Er biß die Zähne aufeinander. Vor ihrem Hause sah er sie lange

an, war ganz blaß. Als sie die Treppe hinaufging, wurde sie traurig, fühlte sich alt wie eine Hundertjährige ... Joe erstarrte vor Schmerz und Elend. Sein Gang vom Hause Ediths, die Georgstraße hinunter bis zu Café Kröpcke, war ein traumhaftes Schweben. Nichts berührte ihn an diesem Frühlingsabend, nichts kam ihm nahe, da sein Schmerz ihn versteinerte.
Was tönte die Musik in ihm süße Betörung, klagendes englisch Horn, Tristanakkord und nie gestillte Sehnsucht. Er fühlte sich ohnmächtig und wußte nichts anderes, als daß Edith verloren sei, zerschmolzen in diesem niedrigen Leben, dem sinnlos dunklen Geschick ...
Joe stand vor dem Café Kröpcke. Es war halb sieben Uhr auf der Normaluhr. Da waren die jungen Herren und die kleinen Mädchen, abwartend und bummelnd.
Joe ging ins Café. Als er einen Augenblick zögerte, sah er den Schauspieler Momber. Der hatte ihm gerade noch gefehlt; Schicksal und Bestimmung!
Momber saß alleine, las die Zeitung. Joe wollte vorbeigehen, da sah der Schauspieler auf. »Hallo ... wie geht's? Setzen Sie sich doch.«
Nein, wollte Joe sagen, nein, zu Ihnen setze ich mich nicht; da saß er schon.
»Na, junger Freund ... warum so pessimistische Mundfalten?« versuchte Momber zu scherzen, aber Joe mißverstand ihn.
Er vergaß seine Erziehung und Haltung:
»Lieben Sie Edith?«
»Aber bester junger Mann, was berechtigt Sie?«
Momber wurde wütend. Wie kam er dazu, sich hier vor diesem Jüngling zu verantworten. Er spielte nun den erzürnten Jupiter, runzelte die Stirn und befahl mit gemäßigter Befehlsstimme dem Kellner, zwei Chartreuse zu bringen.
»Lieber junger Freund ... was Sie mich fragen, ist wahrlich erstaunlich. Sind Sie der Bruder der jungen Dame, oder der Bräutigam, haben Sie sonst irgendwelche Rechte? Mich dünkt, Sie betreten da fremdes Gebiet, absolut geheiligtes Privateigentum, so ... danke Herr Matzke, stellen Sie ruhig hin ... und nun wollen wir einmal diesen Fall restlos klären. Sie fragen mich hier so mir nichts dir nichts, ob ich die oder die liebe ... ja, da muß ich sagen, daß ich erstaunt bin ...«
Es war nicht abzusehen, wann der Schauspieler zur Sache kommen würde. Ernstlich wollte er es auch gar nicht, er dachte

nicht daran, er wollte nur aus dieser lächerlichen Situation herauskommen. Der kaum erwachsene Joe de Vries als Ankläger oder Aufpasser, das war ja noch schöner!...

»Herr Momber, verstehen Sie mich nicht falsch, ich rede hier nicht für mich, ich stehe zu der jungen Dame rein freundschaftlich, ich will wissen, ob Sie es ernst meinen, so ernst, wie es Edith verdient, verstehen Sie mich? Ich bin nur ein kleiner Junge, aber Sie sind ein Mann, und ich weiß, daß Sie Ediths Freund sind, ihr Geliebter... und ich kann nichts machen. Aber wenn ich könnte, würde ich Sie erschießen, Herr Momber.«

»So, Herr de Vries, jetzt könnte ich den Schutzmann holen und Sie verhaften lassen, ich könnte auch zu Ihrem Vater gehen, aber das tue ich nicht... ich will Ihnen mal was sagen. Es geht Sie gar nichts an, absolut nichts, was ich tue und treibe, Sie sind ein Jüngling und ich ein alter Mann. Das ist wesentlich. Über Edith mit Ihnen zu reden, verbietet mir meine Erziehung, nur so viel, Sie irren sich, wenn Sie glauben, daß ich mit der jungen Dame vertraulicher stehe als Sie. Sie irren sich absolut.«

»Herr Momber«, Joe atmete erregt, »ist das wahr, wirklich wahr, verzeihen Sie... die Leute reden doch, und warum ist Edith so merkwürdig, so unerreichbar... so...?«

Joe konnte nicht weitersprechen, Hoffnung zog in sein verwirrtes Herz, süße Hoffnung, daß alles nicht wahr sei, daß Edith niemandem gehöre, weder ihm noch Momber, ach, er faßte wieder Mut. Er gab dem verlegenen Schauspieler die Hand:

»Verzeihen Sie bitte, vergessen Sie das, was ich da vorhin sagte, ich bin etwas verwirrt, und tragen Sie es mir nicht nach... und sagen Sie Edith nichts davon... bitte.«

Momber versprach es.

»Also Schwamm drüber... nicht wahr, und besuchen Sie mich doch mal... wird mich sehr freuen, telephonieren Sie doch mal, ich kann Ihnen neue Bücher zeigen, interessiert Sie doch, was...?«

Joe dankte verwirrt. Er beeilte sich, fortzukommen, nach Hause, es war höchste Zeit. Momber erlaubte nicht, daß er seinen Likör bezahlte, nein, absolut nicht.

Als Joe gegangen war, nahm Momber seine Zeitung zur Hand. Verfluchter Bengel, dachte er und nahm sich vor, heute abend noch, wenn Edith zu ihm kommen würde, alles zu erzählen.

Einer geht fort

Ruben Lewinsky war gestorben. Zwei Tage vor seinem zweiundsiebzigsten Geburtstag. Der alte Herr war rüstig und beweglich gewesen, hatte als guter Hamburger gelebt, reichlich gegessen und getrunken, war ein frommer Mann, der stets freitags und sonnabends auf seinem Platz in der Synagoge zu sehen war.

Seine Familie eilte ans Sterbelager, kam aber zu spät, denn der alte Herr verabschiedete sich recht plötzlich. Moritz Thaler war noch bei ihm gewesen, hatte alte Witze erzählt und über die Zeiten gejammert. Das tat er aus Passion, und der alte Lewinsky machte dazu ein vergnügtes Gesicht. Er sagte immer »junger Mann« zu Thaler und »Sie enden noch mal als Millionär bei Ihrer leichtsinnigen Ader«. Man war zusammengesessen, und da war es dem Herrn Lewinsky etwas komisch geworden, er sagte:

»Thaler ... ich glaube, mit mir ist's so weit«, was Moritz gar nicht gern hörte. Er haßte Krankheit und Sterben, er machte zwar selber gerne faule Witze darüber, aber wenn er sah, daß ein anderer damit Ernst machte, dann wurde er verstimmt.

»Machen Sie keine Zicken, Lewinsky, reden Sie nicht so'n Schtuß ...«, aber das half nichts, denn Ruben Lewinsky starb am andern Abend.

Moritz erfuhr es erst, als er daheim in Bremen war. Nach zwei Tagen setzte er sich wieder auf die Bahn und fuhr nach Hamburg zur Beerdigung.

In Hamburg regnet es bei jedem Wetter, sagt man, und so war es auch, als Moritz Thaler ankam.

Er stärkte sich erst mal ausgiebig bei Schümann am Jungfernstieg, ehe er ins Trauerhaus am Harvestehuder Weg, Ecke Alte Rabenstraße, ging. Bei Schümann, dem »Austern-Schümann«, war er Stammgast. Er mochte zwar keine Austern, aber so das Drum und Dran des Lokals behagte ihm sehr. Es war noch lange Zeit bis zur Beerdigung, und Moritz Thaler hatte keine Eile. Er las bedächtig das Hamburger Fremdenblatt, das ein Format hatte wie sonst nur ausländische Zeitungen. Die Politik interessierte ihn eigentlich wenig, aber es gehörte doch wohl dazu, interessiert zu sein und zu wissen, was los ist. Es sah übrigens wieder einmal brenzlig aus in der Welt. Man sprach von Krieg ...

Der sanft temperierte Chateau Lafitte, der in einem zierlichen Körbchen lag, war bald geleert. Und Moritz hatte ein junges Rebhuhn, mit Speck umwickelt, andächtig zerkleinert, als Herr Architekt Fabarius aus Bremen hereinspazierte.
Zwischen Moritz und Fabarius war eine kleine, nicht unfreundliche Meinungsverschiedenheit ausgebrochen, wegen der Bezahlung des Umbaus von »Klein-Holland«. Thaler, als Mann von Welt und Humor, übersprang mit komischer Geste diese Differenz. Fabarius, als echter Hanseat, grüßte stocksteif, aber Moritz sagte: »Gott zum Gruß, Herr Hochbaumeister, kommen Sie doch an meinen verwaisten Tisch.« Fabarius zögerte, war sichtlich verlegen. Schließlich setzte er sich doch. Was sollte er machen?
»Na schön ... Fabarius, was wollen Sie essen?«
»Keinesfalls, Herr Thaler, dürfen Sie mich einladen ...«
»So ...?« sagte Thaler, sonst nichts; nahm die Speisekarte und bestellte. Im Verlauf des Essens wurde mit keinem Wort auf die Differenz angespielt, aber Moritz wußte, was er wollte. Es handelte sich um lumpige zweitausend Mark, die bei der Gesamtsumme keine Rolle spielten. Aber auf diese zweitausend Mark versteifte sich Thaler mit einer Zähigkeit, die einer besseren Sache würdig gewesen wäre. Schließlich, man trank schwarzen Kaffee und rauchte echte Importen (die Moritz immer schlecht bekamen), sagte Fabarius:
»Wenn Sie mir in ein paar Tagen tausend Mark a conto geben könnten, wäre es mir sehr lieb.«
Thaler paffte eine Rauchwolke in die Luft, suchte mit sämtlichen Fingern in den Taschen, fand ein Scheckbuch, sagte grob: »Federhalter ...!« und schrieb mit einem zugekniffenen Auge einen Scheck aus in Höhe von zweitausend Reichsmark, zahlbar an Herrn Erich Fabarius, Bremen, oder Überbringer ...
Fabarius wußte nicht recht, was er sagen sollte. Also darum kämpfte er seit vier Monaten, und nun ...?
Moritz rieb sich die Hände, als ob er ein gutes Geschäft gemacht hätte. Rief den Kellner, angelte ein Zwanzigmarkstück aus einer Tasche, strich das gewechselte Geld ein, gab kein Trinkgeld, bis er an der Tür war, wo er dem Kellner viel zu viel in die Hand drückte.
Auf dem Jungfernstieg stieg er in eine Droschke, setzte den Architekten unterwegs ab, sagte noch: »also bestimmt Sonntag

draußen«, womit er das Etablissement »Klein-Holland« meinte, und gelangte in kurzer Fahrt ans Trauerhaus.
Auf der Straße stand schon eine Reihe von Wagen, vornehme Equipagen der besten Hamburger Gesellschaft. Der Leichenwagen war etwas abseits. Ein schmuckloses schwarzes Gefährt, ein Holzkasten, an dessen Seitenwänden der »Davidsstern« reliefartig zu sehen war.
Thaler vergaß bei dem Anblick des Totenwagens sein gutes Frühstück. Er hatte zwar als Lieblingslektüre seiner reifen Mannesjahre das herzstärkende Buch des Amerikaners Mulford, das den schönen Titel führt: »Der Unfug des Sterbens«, aber angesichts solcher Realität mußte auch die beste Literatur zurücktreten.
Die Todesangst, oder besser gesagt, die Lebensangst des begüterten Juden, die ständige Besorgnis um Verdauung und Gesundheit, hatte auch Moritz Thaler ergriffen.
Das Schwanken zwischen faulem Witz und schlotternder Angst ist für diese Menschen charakteristisch.
»Tag, Herr Thaler..., das ist nun traurig, nöch...?«
»Wissen Sie, ich habe noch vor drei Tagen mit ihm gesprochen... natürlich war er alt, aber daran hat doch kein Mensch gedacht... wissen Sie, er sagte so was vom Sterben, aber das war doch Schtuß, oder glauben Sie an Vorahnung, ich nicht, sonst würde ich bessere Geschäfte machen...« Fast hätten Thaler und der Großkaufmann Katzenstein gelacht, aber sie besannen sich noch rechtzeitig.
Es herrschte eine aufregende Feierlichkeit im Hause Lewinsky. Annähernd hundert Personen waren gekommen, in Schwarz und Zylindern. Nur Thaler hatte seine »Melone« auf, die er immer trug. Im Salon waren die Lichter angezündet. Da stand der Sarg. Ein schwarzes Tuch war liebevoll über die rohen Naturbretter gelegt, dem Judensarg, dem grausam nüchternen Behältnis der sterblichen Kreatur, wie es das Gesetz vorschrieb.
Thaler war ein Feind von solch übertriebener Genauigkeit, wenn es nach ihm ginge, er bekäme einen Sarg aus bestem Holz mit Silberbeschlag und den Worten darauf: »Für meine Gesundheit ist mir nichts zu teuer.«
Das Haus war alt. Ein kleiner Palast, den sich Lewinsky hatte bauen lassen, inmitten Wiesen und mit Ausblick auf die schimmernde Fläche des Alsterbeckens. Da waren im Laufe der

Jahre Mietshäuser ringsum entstanden, nicht sehr hohe, aber mit einem Male war die exklusive Vornehmheit der Straße dahin. Man hatte wiederholt große Summen für das Haus geboten, aber Lewinsky lehnte auch die verlockendsten Angebote ab. Nun wurde ja die Frage des Verkaufs akut. Und wer anders sollte die Sache in die Hand bekommen als Moritz Thaler, der zwar kein Hamburger Makler war, aber doch als Freund des Seligen das meiste Anrecht darauf hatte, berücksichtigt zu werden.

Im Salon hatte sich nun alles versammelt; da standen die würdigen Männer, die schwarzverschleierten Damen, da stand der Rechtsanwalt de Vries, der Schwiegersohn des Verstorbenen, und auf einem Stuhle vor dem Sarge saß Johanna de Vries, die Tochter. Der Enkel Joe trug zum Erstaunen aller einen weichen Schlapphut und sehr lange Haare. Der Rabbiner Dr. Lerchenfeld ging zu den Angehörigen und schüttelte ihnen stumm die Hand.

Lerchenfeld war ein bedeutender Gelehrter, aber ein schlechter Redner, er machte seine Trauer- und Freudenreden durch eigene Schuld unwirksam. Bei Trauungen ließ er oft die Eltern der Braut verklärt vom Himmel herabblicken, wenn diese gesund und lebendig vor ihm standen, während die Eltern des Bräutigams tot waren. Einer durchaus ehrbaren und verwachsenen älteren Dame widmete er die Worte am Grab: »Sie war verwachsen... sie war verwachsen«, und als die Zuhörer erstarrten und eine Katastrophe drohte, setzte er fort: »mit allen Gliedern...«, und dann klärte sich der unverständliche und beleidigende Satz in der schlichten Anerkennung auf: »Sie war verwachsen mit allen Gliedern der Familie in Liebe und Freundschaft...!«

Der Sarg wurde von vier unordentlich und schmuddelig gekleideten Männern hochgehoben und in den Leichenwagen getragen. Dann setzte sich der Zug in Bewegung.

Man ging zu Fuß bis zum Friedhof, das war letzter Liebesdienst. Hinter dem Sarge gingen S. de Vries und Joe, dann der Rabbiner, trotz seines hohen Alters. Moritz Thaler befand sich gleich dahinter. Ihm war sehr elend zumute, er haßte diese Sitte. Man ging langsam und stumm vom Trauerhaus fort, die Johnsallee hinunter über die Grindelallee, Grindelweg zum jüdischen Friedhof an der Sternschanze. Unterwegs wurde die Unterhaltung, die naturgemäß ernst sein sollte, etwas lebhaf-

ter. Zwischen dem nüchternen Alltagstreiben eines Hamburger Vormittags nahm sich Feierlichkeit jeder Art schlecht aus.
Von den nächstliegenden Dingen fing man an, der Nebenmann antwortete, man war sich ja schließlich in den Hauptfragen des Lebens einig...
Am Grabe nahm man Aufstellung. Joe blickte genau hinein, interessiert und doch wie im Traume. Nun kam die Grabrede.
Und da passierte es dem alten Lerchenfeld wieder, daß er falsch pausierte. Zum Erstaunen der andächtigen Zuhörer sagte er: »Unser teuerer Entschlafener... er hat nicht gesessen... er hat nicht gesessen...« Pause; betroffenes Schweigen. »Er hat nicht gesessen im Rate der Gemeinde, aber er war doch ein treuer Jude...«
Man senkte den Sarg ins Grab. Joe warf mit spitzen Fingern drei Handvoll Sand in die Grube. Es war kalt, und es regnete. Nachher stand man noch in der Halle. Das Kondolieren begann. »Kaddisch« konnte nicht gesagt werden, da kein Sohn vorhanden war. Darüber ließen sich die Frommen voll Bedauern aus.
Auf dem Nachhausewege fuhr Moritz Thaler mit im Wagen des Rechtsanwalts. Er war nachdenklich und besprach mit de Vries das Nötige, um das Haus Lewinskys, so schnell es ging, zu verkaufen.

Das Herz auf dem rechten Fleck

Bernhard Tölle war ein freier Mann geworden. Das wollte etwas heißen, das sollte etwas bedeuten für einen neunzehnjährigen aufgeweckten Jungen! Er begriff, daß es in der Welt nicht so sehr darauf ankommt, etwas zu arbeiten, als etwas zu erreichen.
Der Reiz des unbekümmerten Lebens hatte eine starke Anziehungskraft. Er nutzte seine Freiheit auch aus, so gut er konnte, und machte sich auf diese Weise zwar bei den Mädchen der Stadt beliebt, aber sehr unbeliebt bei seiner Wirtin. Was soll man dagegen tun, daß ein junger Mensch jeden Abend ausgeht, kaum vor ein Uhr nachts nach Hause kommt und dabei um sechs Uhr aufstehen muß? Mutter Luises Weinen hätte ja wohl

etwas erreichen können, nicht aber der vorwurfsvolle Blick und die zänkische Stimme von Frau Auguste Quarles in der Vahrenwalder Straße.

Berni schrieb einige Karten an seinen Vater, der nun Briefträger in der kleinen Stadt geworden war, in der Wendelkens »Klein-Holland« sich befand. Er schrieb pflichtschuldigst und ungern. Was sollte er dem Vater erzählen? Von seinen Mädchengeschichten etwa oder von der praktischen Arbeit oder von den Unterrichtsstunden in der Technischen Hochschule. Er hatte das Haus am Welfengarten, vor dessen Portal das springende Pferd, das Welfenroß, als Denkmal und Wahrzeichen stand, selten genug besucht. Wie das werden sollte, wußte niemand.

»Lieber Vater«, so begannen die Briefe, »mir geht es so weit ganz gut. Ich hoffe, daß Du Dich in Deinem Posten wohlfühlst, und hoffentlich kann ich in den Ferien Dich besuchen ...«

Bernhard Tölle war mit sich zufrieden. Nur merkte er immer mehr, daß er zu schade sei, den vorgeschriebenen Weg zu gehen. Er wollte Macht haben und herrschen, er wollte die Leute tanzen lassen nach seiner Pfeife ...

So konnte er sich der Freundschaft Gustav Ellebrechts rühmen, des Sohnes der alten Firma, bei der er praktisch gearbeitet hatte. Gustav war in jeder Weise Bernhards Freund. Er unterwarf sich allen seinen Launen und Neigungen, ließ sich auf manches ein, was seiner schwächlichen Gesundheit nicht zuträglich war.

Gustav Ellebrecht war ein Muttersöhnchen, ein verwöhntes und launisches Kind gewesen. Nun war er mit zwanzig Jahren im Büro seines Vaters tätig und sollte später die Firma übernehmen.

Als er zum erstenmal Bernhard Tölle im Hof der Fabrik arbeiten sah, fiel ihm der hübsche stramme Bengel auf. Gustav stand am Fenster und wurde von Erinnerungen befallen, die einige Jahre zurücklagen: Da war auch so ein frischer blonder Junge in der Badeanstalt gewesen, ein Offizierssohn, ein Adliger, der, von einem plötzlichen Unwohlsein befallen, gerade Gustav Ellebrecht in die Arme sank. Gustav fühlte die zarte weiche Haut des Fünfzehnjährigen und wurde verwirrt, er fror in der Sonne, er wurde ratlos und unglücklich. Seit diesem Augenblick wußte er, daß er diese Erregung niemals bei einem Mädchen empfinden könnte.

Bernhard wurde von seinem Freunde Gustav sehr verwöhnt; er ließ sich diese Freundschaft gern gefallen, er hatte zwar keinerlei »Gefühle« für ihn, aber schließlich war Gustav Ellebrecht ein flotter Kerl mit Geld, da konnte man mancherlei mit in Kauf nehmen.
Bernhard Tölles Lebensplan war in Umrissen der: Man mußte vor allem schnell, bequem und ohne viel Anstrengung ein Ziel erreichen, eine Position, eine Macht. Man hatte das Glück, in einer Zeit zu leben, in der der Tüchtigste die Welt regiert, der Mensch, der sie zu nehmen weiß.
Was sollte passieren? Zum Studium an der Technischen Hochschule gehörte Geld, und da gab es von Großmutter Tönböhm aus Hameln eine Erbschaft von ein paar tausend Mark, die hatte Mutter Luise festgelegt zum Studium ihres Sohnes.
Übrigens konnte Berni das Geld mit einundzwanzig Jahren abheben, wozu er auch entschlossen war. Bernhard Tölle freute sich seines Lebens, er war klug genug, hier und da zu naschen von Kenntnissen und Genüssen jeder Art. Er war ein Junge des neuen Jahrhunderts, ein Kerl, dem die äußeren Lebensbedingungen viel zu ruhig waren. Er dachte oft daran, daß er bald Soldat werden wollte, und dann sollte es auch Krieg geben und alles, was dazu gehört.
Vorläufig war Frieden, und die Lebenstage vergingen ruhig und heiter. Die Freundschaft mit Joe de Vries war noch immer vorhanden, ohne Grund eigentlich, aber angenehm und ehrend für Bernhard, da er so leichter in »bessere Kreise« kam. Wenn es auch schließlich nur Juden waren, aber sie hatten doch das Geld. Und darauf kam es an.
Seine geistigen Genüsse waren einfacher Art. Er las Detektivromane und schwärmte für die »Lustige Witwe« und die »Dollarprinzessin«.

Klein-Holländischer Alltag

Gesine sah die ganze Pracht von »Klein-Holland« vor sich. Gewiß, es war sehr schön geworden, geradezu palastartig, aber sie war immer sehr unruhig und bedrückt von dem Ganzen. Nicht, daß sie mit einem Male ein zartbesaiteter, ein sensibler Mensch geworden wäre. Sie blieb, die sie war. Selbstbewußt und kleinmütig, gierig und feige, sehnsüchtig nach allen Dingen des »großen und feinen Lebens«, wie es außer in den herrlichen Büchern der Leihbibliothek in Bremen nun auch in den Kinematographentheatern zu sehen war. Sie schwärmte leidenschaftlich für Waldemar Psylander; auch Max Linder war neben seiner Komik so fein und elegant...

Gesine Geffken, die Müllerstochter, stand nun auf dem heimatlichen Boden, auf dem sie geboren, erzogen, soweit man davon sprechen konnte, und wo sie ihre ersten Erfahrungen gemacht hatte. Von der Mühle waren ja nur die Windmühlenflügel geblieben, die etwas unmotiviert in der Mitte des verputzten und reich mit Ornamenten versehenen Hauses sich befanden. Das Haus war geradezu ein Musterbeispiel an Geschmacklosigkeit geworden, aber das war ja das Sehenswerte daran. Fabarius hatte es umgebaut. Der Mittelteil des Gebäudes hatte sich an die Konstruktion der alten Mühle gehalten. Wenn man hineinkam, sah man eine runde Stube, an deren hohen Wänden Nischen und Logen angebracht waren für je zwei Personen, und zu jeder Loge führte eine steile, leiterförmige Treppe hinauf. Das war sensationell.

Nur Moritz Thaler fand das alles greulich, prahlte aber gern mit seiner »Schöpfung« vor anderen.

Hermann Wendelken war nur zufrieden, daß ihn die Sache nicht viel gekostet hatte. Passend war ihm auch, daß werktags wenig zu tun war, daß Sonnabend abends die Künstler kamen, die Herren Raffaelo und Köppke, der Klavierspieler, und Molly, die nette Soubrette.

Raffaelo hatte übrigens wenige Engagements zu verzeichnen, er war oft eine Woche lang als Gast im Etablissement, und im Laufe der Zeit wurde aus ihm immer mehr Herr Schmidt aus Tuttlingen. Sogar bei den Familien des Ortes wurde er eingeladen, zum Beispiel bei dem Fabrikanten Cordes, der eine noch hübsche Frau hatte und eine Tochter von vierzehn Jahren, die schwärmerisch an Raffaelo hing.

Wendelken und Gesine vertrugen sich so gut, wie eben zwei Menschen sich vertragen, die voreinander Angst haben.

Gesine stand morgens um sechs Uhr auf. Schlurfte in Pantoffeln durch die nach kaltem Rauch stinkenden Räume, weckte die Magd Fiete Kück, die dann immer schreiend antwortete, als ob sie gemordet würde.

Der Knecht war schon auf, er war ein Bayer und trank

manchmal anstatt Kaffee morgens um sechs Uhr schon ein bis drei Glas Bier.

Er hieß Xaver Pröbstl, ein unaussprechlicher Name für die Norddeutschen. Pröbstl stammte aus Lindau und wollte eigentlich nach Amerika fahren, aber das Geld war ihm schon in Bremen ausgegangen; da blieb er nun in der Gegend. Gesine mochte den Xaver, der ein kleiner, aber stämmiger Mensch war, gut leiden. Übrigens wurde er der Einfachheit halber Hini genannt, das war geläufig und angenehm auszusprechen.

Dieser Hini oder Xaver hatte die grobe Arbeit zu tun im Garten und Hof. Er betreute auch das Pferd und den Wagen, einen alten, auf neu hergerichteten Landauer, der selten genug gebraucht wurde. Das Pferd hieß Fanny.

Wenn Gesine sich richtig ausgegähnt hatte, ging sie in die Waschküche und wusch sich dort mit kaltem Wasser ab. Einmal kam Xaver dazu, gerade als sie den Oberkörper entblößte. Er blieb stehen, wischte sich den Mund ab, sagte: »Sakra ... a saubres Weibsbild ... a saubres«!

Übrigens sah man Gesine einmal nachts im kleinen Wäldchen mit dem Xaver zusammen. Hermann litt nicht an Eifersucht, aber er war mißtrauisch, und an dem darauf folgenden Morgen gab es einen Krach in »Klein-Holland«, daß die Wände zitterten.

Das Gastzimmer für die einfachen Besucher, die Biertrinker und »Klöner«, war ein billig eingerichteter Raum. Eine Theke, irgendwo alt gekauft, und vier Tische mit Stühlen dazu waren das Ganze. Hier war Hermanns Reich.

Gesine sorgte mehr für die vornehme, aber meist leerstehende Seite des Etablissements, den »Salon« und den »Saal« und die »Logen«. Im Saal standen das Podium und das Klavier.

Werktags wurde das Etablissement wenig frequentiert, die kleine Gaststube war noch zu groß für die paar Menschen, die vorbeikamen, um schnell mal »einen zu kippen«.

Man muß sagen, daß es für Hermann Wendelken doch vielleicht ein unüberlegter Schritt war, seinen gutgehenden »Hohenzollernhof« gegen diese Pracht zu vertauschen. Hermann saß blaß und mißvergnügt den ganzen Tag im sogenannten »Büro« und rechnete. Stumpfsinnig war so ein Leben, und er benutzte auch jede Gelegenheit, um nach Bremen zu fahren

oder nach Geestemünde, geschäftlich, wie er sagte, aber es kam bei den Reisen nie etwas heraus ...
»Tach ... Tölle ... na, hast du was?«
»Tja, da wär' mal wieder 'ne Nachnahme ... sechsundfünfzig Mark ...«
»Ach du lieber Gott, die hab' ich wirklich nich im Haus.«
»Da muß ich sie eben wieder mitnehmen ... wie geht's sonst?«
Briefträger Tölle setzte sich, er bekam seinen Korn und fing an zu jammern: Das wäre nun sein Dienst, durch Dreck und Speck hier Landbriefträger zu spielen auf seine alten Tage, das wäre schon ein Jammer. In Hannover hätte er es doch besser gehabt, meistens Innendienst.
Aber er wollte doch raus auf einen kleinen Ort, nun hätte er es ja ... meinte Wendelken.
»Gott ja, nun hab ich's ja«, sagte Tölle, »aber bei der ollen Witwe Engelhardt ist das auch man en bißchen ungemütlich. Wenn man mal ein eigenes Heim hatte, dann kann man sich schwer an so 'ne möblierte Wirtschaft gewöhnen ...«
Da meinte Hermann, ob Tölle nicht zu ihnen ziehen wollte.
Tölle kratzte sich den Kopf: »Gott ja, aber der Bumsbetrieb hier.«
»Na, Alter«, lachte Hermann, »das ist doch was für dich, übrigens brauchst du gar nicht direkt ›im Betrieb‹ (dieses Wort liebte Hermann) zu stecken, hier unten im Parterre ist ja ein nettes Zimmer, und wir sorgen schon für dich.«
»Schönen Dank«, meinte Emanuel, »ich will's mir überlegen.«
Was war das auch für eine Gegend? Wiesen mit schmalen Gräben durchzogen, mickrige Birken, mannshohe Wäldchen, verfallene strohgedeckte Häuser. Von dreihundertfünfundsechzig Tagen im Jahr war an dreihundertfünfzig schlechtes Wetter. Und da lebte nun Emanuel Tölle, arbeitete seine Dienststunden ab und hatte außer dem Hermann Wendelken und Gesine Geffken keine richtigen Freunde.
Wenn er durch die kleine Ortschaft ging, sagte er hier und da guten Tag, aber richtig nahe kam ihm niemand. Nur die hübschen Deerns, die mochten ihn gerne.
Die kleine Tochter der Engelhardt war sein besonderer Liebling; ein dünnblütiges Geschöpf mit wasserblauen Augen.
Gestern war ihr sechzehnter Geburtstag gewesen. Tölle hatte

ihr Schokolade geschenkt und einen töchterlichen Kuß bekommen. Er hatte das kleine Ding richtig lieb. Und wenn er so in seiner Stube saß, kam die Tine Engelhardt oft zu ihm und wisperte herum, räumte auf und deckte den Tisch. Dann saß Vater Tölle behaglich da und freute sich, vergaß seinen Kummer, sein Alleinsein und kam sich sehr jung vor, obwohl er jetzt bald fünfzig Jahre alt war.

Winternachmittags um vier Uhr wurde es schon dunkel. Was soll man da tun? Sich hinsetzen und in die Ecke starren, das kann man machen, oder auch einen hinter die Binde gießen, einmal, zweimal, bis alles leicht ist und erträglich ... Man kann zu »Klein-Holland« gehen und zusehen, wie die Leute sich amüsieren.

Was für komische Menschen da waren!

Sie kamen in Automobilen oder per Bahn an, immer zwei und zwei, wie in der Arche Noah, ein Männchen und ein Weibchen, und taten furchtbar vornehm, so von sieben bis zehn Uhr. Dann lockerten sich die Sitten erheblich unter dem Einfluß von Alkohol, Raffaelos und Mollys Künsten und der schummerigen Beleuchtung im Lokal. Die feinen Herren taten sich dann keinen Zwang an und die Damen auch nicht...

Ja, was die Leute so redeten. Der eine soll ein großer Reeder sein, der andere ein Bankdirektor, und alle nicht mit ihren eigenen Frauen. Das munkelte man. Wendelken wußte es wohl, Thaler war es egal, und Gesine paßte es ganz gut. Nur Xaver Pröbstl konnte sich nie entschließen, sich dazuzusetzen, obwohl er bei den Damen sehr beliebt war. Er hatte so was Urwüchsiges und Gerades an sich, eine so unverständliche Sprache, er war ein Mann.

Aber Xaver sagte: »Die haben mich ja alle ganz gern, aber äschtimieren, das tun sie nicht, das nicht.« Er sagte es sehr oberbayrisch, und das »äschtimieren«, dieser Ausdruck für Ehrfurcht und Bewunderung, diese urbayrische Bezeichnung, die verstand freilich niemand.

Emanuel Tölle war ein trübsinniges Leben gewohnt, aber wenn es in den alten liebgewonnenen Formen geschah, wie in Hannover, so war das etwas anderes als in der fremden Luft dieses Ortes, dieses jämmerlichen Städtchens in Moor und Heide, da wurde es unerträglich.

Wenn er den Haß, der zwischen Gesine und Hermann aufloderte, zu spüren bekam, wurde ihm sehr elend. Kürzlich abends kam er hinzu, wie Gesine dem Hermann eine Ohrfeige langte. Nanu, dachte er, und als er sich gerade ereifern wollte, da vertrugen sich die beiden schon wieder. Nur Hermann machte dunkle Andeutungen, sprach von Zuchthaus und Ähnlichem, aber Gesine lachte.

Aber das Lachen kam ihr selbst komisch vor, denn hinter ihrer gespielten Gleichgültigkeit wuchs die Angst, die beklemmende Angst, daß schließlich einmal alles herauskommen würde. Und dann wäre es wohl um sie beide geschehen. Der alte Geffken wurde nur noch selten besucht, Hermann wollte nicht gern, daß Gesine allein reiste. Er selbst kam zwar manchmal nach Hannover, aber der Besuch im Altersheim gehörte nicht zu seinen Gewohnheiten. Auch hatte er einmal bei einem Besuch von Geffken allerhand zu hören bekommen. Der Alte hatte irgendwie herausgekriegt, daß Wendelken nun in der Mühle saß, und da hat er den Stuhl, einen alten wackligen Stuhl, genommen und ihn gegen Hermann geschmissen.

»Mörder«, brüllte er dabei, »Mörder... Gauner... Swinkerl!«

War Hermann der Mensch, der sich das gefallen lassen mußte? Er spuckte auf diese elende Gesellschaft.

Die Ortschaft um »Klein-Holland« herum war ihm zuwider. Früher war das anders gewesen, als er noch den »Hohenzollernhof« gehabt hatte. Wer anders hatte ihn hereingelegt als der Jude Thaler. Hermann fraß sich immer mehr in Wut, obwohl er es ja eigentlich jetzt ganz sorgenlos hatte, denn an den Einnahmen war er beteiligt, aber nicht am Verlust.

So lebte man in »Klein-Holland«: Stumpfsinnig und einander mißtrauend; hinter den Gesichtern lag die Kälte, die berechnende Kälte der unzufriedenen Menschen.

Xaver verachtete die Saupreußen und sehnte sich nach dunklem schaumigem Bier; Fiete hatte Angst vor allem, sie wollte lieber wieder in ihrer elterlichen Hütte sein, im Teufelsmoor, wo der Rauch durch die Tür abzog, das Wasser von den Wänden tropfte und das vermooste Strohdach das Haus in die Erde drückte. Hermann war in Unruhe, die sich auch nicht durch Schnaps beheben ließ, und Gesine fürchtete sich.

Dritter Teil

Es knistert im Gebälk

Der Rechtsanwalt de Vries wurde sehr beneidet. Ihm gelang alles nach Wunsch. Aber er selbst traute seinem Glücke nicht, er schrak oft auf, wenn er am zufriedensten schien, und horchte auf das Pochen seines Herzens, das schnell und unregelmäßig schlug.

Nach dem Tode des alten Lewinsky war sein Vermögen beträchtlich angewachsen. Johanna war einzige Erbin. Aber auch seine Praxis entwickelte sich, so daß er bald von sich sagen konnte, er sei der tüchtigste und gesuchteste Anwalt der Stadt.

Der Rechtsanwalt frühstückte regelmäßig mittags von elf bis zwölf bei Mußmann. Er trank am liebsten zwei bis drei Glas Sherry, zu dem er von dem süßeren Wermut übergegangen war. Sherry, so pflegte er zu sagen, hat die Herbheit der Realität und die Süße der Träume. Für einen Rechtsanwalt war dies eine ungewöhnliche Ausdrucksweise, aber wenn jemand S. de Vries fragte, was er denn eigentlich hätte werden wollen, da er sich immer über die Juristerei lustig machte, so war seine Antwort: Nichts oder vielleicht ein Neapolitaner.

Dies war ihm unvergeßlich geblieben: ein Mittag auf der heißen, sonnenflirrenden Straße von Sorrento nach Capo, da war es ihm wie Vorwurf erschienen, tätig zu sein, ein schaffender Mensch, ein hastendes Wesen voll Zweck und Absicht. Dort empfand er das süße Nichtstun als gottgewollt, und im betäubenden Mittag wurde ihm sein Leben klar. Wie sagte Moritz Thaler?

»Die Juden arbeiten deswegen den ganzen Tag, weil sie nichts zu tun haben.« Doch konnte er den Ehrgeiz nicht abtöten, nicht das Glänzen- und Mittelpunktseinwollen auf dieser Erde. Gott war eine wissenschaftlich widerlegte Tatsache. Er zitierte oft und gern den alten Virchow, der gesagt hatte: »Ich habe einige hundert Menschen in meinem Leben seziert, ich habe alles gefunden, aber keine Seele...«

Man kann nicht sagen, daß den Rechtsanwalt diese Wahrheit restlos befriedigte, aber sie war bequem und paßte in die Zeit. Darauf kam es an: in die Zeit zu passen, ein moderner, aufgeklärter Mensch zu sein und die trübe, stickige Vergangenheit zu belächeln.

Aber in Augenblicken, in denen er allein war, zu Hause oder im Gerichtssaal oder unter Menschen, die alle etwas von ihm wollten, überfiel ihn der Trübsinn und die Zerstreutheit, so daß er oft wunderliche Dinge tat. So hatte er kürzlich in einem Prozeß während der Verteidigungsrede blitzartig die Erkenntnis von der Schuld des Angeklagten.

De Vries wollte aufhören oder aufschreien, aber er formte seine Verteidigungssätze besser als jemals zuvor, aber es kroch ihm dabei kalt den Rücken hinauf, setzte sich als packender Schmerz ins Genick, griff ihn an die Kehle und würgte. Fast hätte er die Besinnung verloren, die Akten zugeklappt und wäre aus dem Saal gestürzt, wenn er sich nicht zusammengenommen hätte.

Der Angeklagte, ein Reisender einer Schnapsfirma, wurde zu einem Jahr Gefängnis verurteilt. Und als de Vries die fassungslos weinende Frau des Unglücklichen trösten wollte, schrie sie ihm ins Gesicht: »Sie haben schuld... nur Sie!«

Der Rechtsanwalt de Vries war vielen Dingen des Lebens mit Energie und Standhaftigkeit begegnet, er hatte sich über Lob gefreut, ja, er gierte nach Anerkennung, aber auch Ablehnung und Beschuldigung waren ihm nicht unbekannt. Diese Frau aber, diese gewöhnliche junge Frau (er wußte gar nicht recht, wie sie aussah), hatte ihn tief beunruhigt.

Schuld... Schuld, grübelte er, was ist das? Ich weiß es nicht, mein Vater wußte es noch, aber ich?

Otto Plümeke, der Verurteilte, war ein Reisender der Firma Klindworth & Kluck, die in ihrer Branche führend in der Provinz war. Aber ihre Spirituosen waren niemals in größeren Orten, sondern nur in kleinen und kleinsten Dörfern und Gemeinden abzusetzen. Der Großstädter mußte diese Erzeugnisse entbehren. Wohl ihm, denn wenn Plümeke etwas Gutes trinken wollte, vermied er ängstlich die Ware seiner Firma.

Man muß sich so ein Leben vorstellen!

Von Montag bis Sonnabend unterwegs, immer in der Eisenbahn oder kilometerweise zu Fuß, die Muster in einer Gepäcktasche mit sich schleppend durch Dreck und Wind und Sonnenschein, das war ein Hundeleben, ein armes Reisendenleben. Und dabei eine junge hübsche Frau zu Hause zu haben, das war schlimm. Der unerbittliche Wecker riß morgens um fünf oder spätestens um sechs den armen Ehemann hinaus in den dunklen Bahnhof, in einen kalten Zug, der nach irgendeinem schmutzigen Ort führte. Da fuhr nun Otto Plümeke hin und her, in der ganzen Provinz von Osnabrück bis Lüneburg, von Münden bis Bremerhaven.

In Eystrup hatte er einmal bei seinem Freunde Siefken über die Geschäftslage gejammert, und da tat Siefken (sein vertrocknetes Gesicht wurde ordentlich lebhaft) den Ausspruch: »Mit Anstand ist kein Geld zu verdienen ...«

Otto war bis dahin ein Ehrenmann gewesen, aber er hatte dann und wann schon mal gedacht, ob das denn immer so weitergehen sollte, dies elende Leben. Als Junggeselle hatte er es nicht so gemerkt. Im Gegenteil, da gab es Abwechslung genug. In all den kleinen Hotels waren Schätze genug, die nicht anhänglicher waren als nötig, aber auch nicht zurückhaltender als notwendig. Bis er in Diepholz diese Geschichte bekam, die ja nun ausgeheilt war, und er ruhig heiraten konnte. Wann kam nun der große Coup für ihn? Er kam. In Gestalt des Herrn Max Winkelhoff aus Neustadt am Rübenberge.

Winkelhoff kam zu Siefken, und so im Gespräch machte es sich, daß Winkelhoff zu Otto Plümeke sagte:

»Wollen Sie denn keine Zigarren mitnehmen ... das ist doch ein Abmachen ... und Zigaretten, wenn Sie wollen ... ich habe sie ganz billig und ohne Steuer.«

»Ach, Herr Winkelhoff«, sagte Otto, »was meinen Sie denn, die Arbeit, die ich davon habe, lohnt sich doch nicht, und dann darf ich das nicht wegen der Firma.«

»Firma ist schiet«, meinte Winkelhoff, fügte aber mit gesellschaftlicher Bildung hinzu, »womit ich aber keineswegs Ihre geschätzte Firma zu meinen beabsichtigte.«

Schließlich willigte Otto ein, nahm unversteuerte Ware und setzte sie tüchtig ab, bis der Staatsanwalt dazwischen kam und Otto und Max verhaftete.

Nun war der Prozeß zu Ende. Otto Plümeke bekam ein Jahr Gefängnis.

Es war ein häßlicher Tag, als Rechtsanwalt de Vries von Margarete Plümeke im offenen Gerichtssaal angegriffen

wurde. Die arme Frau wurde von den Angehörigen beruhigt und abgeführt, während S. de Vries nach Hause fuhr.
Das Mittagessen schmeckte ihm nicht, Johanna schüttelte den Kopf, als er ihr den Grund seiner Mißstimmung mitteilte. So schlimm war das doch nicht, da konnte er doch nichts dazu, der Mann sei doch sicher schuldig und verdanke doch ihm noch eine milde Strafe, das sei doch nicht so schlimm, ein Jahr...
»Na, Johanna... was meinst du, wie das wäre, wenn ich...?«
»Rede doch nicht so einen Unsinn...«
»Das ist gar kein Unsinn, Johanna, das ist etwas sehr Natürliches, Verbrechen zu begehen. Meinst du, daß ich das nicht jeden Tag könnte, jeden Tag und jede Stunde...?«
Der Rechtsanwalt war aufgestanden, hatte die Serviette in der Hand und ging im Zimmer auf und ab.
»Unsere Wünsche werden nicht sichtbar, das ist der Unterschied. Wenn erst mal der Gedanke sichtbar gemacht wird, in zwei, drei Jahrhunderten bestimmt, dann müssen die Gesetzbücher umgeändert oder verbrannt werden.«
»›Schuldig‹, sagte die arme Frau zu mir, und sie hatte recht. Bleib ruhig, Johanna, es ist doch wahr, wir können nur reden... nur reden... nicht helfen. Das ist der Jammer!«
In diesem Augenblick kam Joe ins Zimmer; er war abgehetzt vom schnellen Laufen. Er kam aus dem Konservatorium. Joe setzte sich an den Tisch. Hastig, uninteressiert löffelte er die Suppe hinunter; einige Nudeln blieben an seinen Lippen hängen.
Frau Johanna sah nicht gern diese nachlässige Art. Aber was wollte sie machen? S. de Vries hatte ähnliche Manieren. »Iß anständig... Joe... nicht so schnell... das geht doch nicht!«
»Ja, Mutter, ich muß nach Tisch wieder fort, ich habe mich verabredet.«
»Mit wem...?«
»Laß doch, Johanna«, mischte sich der Rechtsanwalt hinein.
»Ich darf doch noch meinen Herrn Sohn fragen... nicht wahr?«
»Ja... doch, ja... doch, aber...«
In diesem Moment kam das Dienstmädchen wieder ins Zimmer. Man schwieg also. Nur Johanna seufzte, sagte leise vor sich hin: »Ach du lieber Gott.« Sie sah Unheil nahen, so konnte das nicht weitergehen. Joe trieb, was er wollte, war stundenlang fort, kam abends sehr spät nach Hause. Selbst Walter

Haas, der doch eigentlich Joes bester Freund war, hatte kürzlich zu Johanna gesagt, er glaube, daß Joe mit dem Bernhard Tölle viel zusammen wäre. Das wollte nicht in ihren Kopf. Der wohlerzogene Joe und der unsympathische Proletarierlümmel, der schon den Erwachsenen spielte und sicher schon Weibergeschichten hatte. Pfui... pfui... daran mochte sie gar nicht denken. Und mit ihrem Mann konnte sie nicht darüber sprechen; der sagte nur: »Laß, laß... Johanna... Joe wird schon wissen, was er will.«

S. de Vries saß in der Ecke des Zimmers und blätterte in der Zeitung. Der ewige Kampf um die Wahlvorlage beschäftigte das Blatt und die Erkrankung des Kaisers, die eingehend besprochen wurde, es handelte sich um eine Knieentzündung. Als ob es nichts Wichtigeres in der Welt gäbe, dachte de Vries, aber vielleicht war das ja sehr wichtig. Daß Ihre Majestät sich nicht so wohl fühle wie sonst, wurde von Potsdamer Hofkreisen bestritten. Na ja... das konnte ja auch aufregend sein, gewiß. Und er selbst, der Rechtsanwalt de Vries, sah sich in manchen Augenblicken der Schwäche auf der Treppe des Rathauses stehen, vor Seiner Majestät.

Daß es eine Photographie von dieser Szene gab, wußte Johanna nicht. Es war auch zum Lachen! Irgendein Photograph hatte heimtückisch den Augenblick festgehalten, als Majestät die Front der Staatsbürger, der Veteranen und Handwerker abschritt. Und inmitten er: S. de Vries.

Die Photographie hatte er im tiefsten Grunde seines Schrankes im Büro verwahrt. Nach seinem Tode würde man sie finden. Er bedauerte sehr, es nicht mehr erleben zu können, wenn Johanna ihre wehmütig klagenden Augen machen würde. Wie immer, wenn etwas passierte, was sie nicht erwartete.

De Vries saß da und starrte in die Zeitung; die Buchstaben waren vor seinen Augen verschwunden; er sah ein weißes Blatt... und wie ein Schattenspiel die Szene im Gerichtssaal... er sah die dramatisch übertriebene Gebärde von Frau Plümeke... und sah sich selbst. Gar nicht groß und edel sah er aus, sehr verbogen und verkrümmt, wie ein alter geprügelter Jude...

De Vries ließ die Zeitung fallen. Johanna und Joe saßen noch immer am Tisch; jetzt wischte sich Joe mit der Serviette den Mund ab, sah mit seinen kurzsichtigen Augen hinter der Stahlbrille auf die Wanduhr und sagte »Adieu... ich bin um sechs wieder da...«

Johanna sah ihren Mann an. Der zuckte die Achseln und ging in sein Arbeitszimmer, das neben dem Eßzimmer lag.
Als er die Tür schloß, sah er noch, wie Johanna ihr Taschentuch an die Augen drückte.
Allein im Zimmer ließ de Vries sofort die Fenstervorhänge herunter und legte sich auf die Chaiselongue. Er wollte jetzt schlafen und alles vergessen. Die tiefe Unlust, die ihn seit Monaten befallen hatte, war nicht zu bekämpfen. Weder mit Energie noch mit Betäubungsmitteln. Auch der Alkohol versagte.
De Vries lag im verdunkeltem Zimmer. Es war drei Uhr nachmittags. Bis halb fünf würde er Ruhe haben. Dann kamen die Klienten. Ach du lieber Gott, wie satt er die hatte, am liebsten würde er sich wegstehlen. Mit diesem Gedanken spielte er seit langem: sich fortstehlen aus diesem Leben ... nicht in den Tod ... nein ... oder jedenfalls nicht gleich, auswandern wollte er, nach Übersee. Aber heimlich, ohne daß es jemand bemerken würde ... Ja, das wollte er. Und allein sein, ganz allein. Die Menschen waren Vipern und wilde Tiere. Nun kamen ihm die Tränen, und er schämte sich nicht. Der sechsundvierzigjährige Rechtsanwalt de Vries, der beneidete und angesehene und beliebte Anwalt, weinte.
Um vier Uhr fünfzehn öffnete sich die Tür. Johanna kam herein, sie ging auf Zehenspitzen, sah auf den schlafenden Mann; sie mußte ihn wecken, denn die Klienten warteten schon. Ein Mann war gekommen und eine Frau in Schwarz. Johanna rüttelte den Schlafenden, der wachte sofort auf, rieb sich verlegen die kurzsichtigen Augen, suchte den Kneifer und sagte mit gereizter Stimme: »Ja ... ja ... danke schön ...«
Als de Vries die Tür zum Wartezimmer öffnete, sah er Margarete Plümeke vor sich. Erschrocken wollte er zurück, aber die Frau kam auf ihn zu, sie lächelte, sie war blaß, hatte feuchte Augen und weiße Zähne und war sehr schön.
»Verzeihen Sie, Herr Doktor ...«, sagte sie und reichte ihm die Hand. Der Rechtsanwalt war erstaunt und verwirrt.

Mauserung

Aus einem kleinen Hund wird einmal ein alter struppiger Köter und aus einem rosazarten Säugling ein dicker zigarrenrauchender Mann des praktischen Lebens.
Sie verwandeln sich bis zur Unkenntlichkeit, und nur das kindlich gebliebene Herz des Dichters kann noch in all dem Schutt und Moder, unter den Trümmern des verunzierten, aber nach menschlichen Begriffen vollkommenen Schöpfungsexemplares die ursprüngliche Anlage herausspüren... Joe de Vries wurde in den zwei Jahren, in denen er das Konservatorium besuchte, eigentlich immer weniger das, was man einen Musiker nennt: so einen genialen, haareflatternden Burschen, der nirgends hinpaßt und den man etwas angewidert und interessiert betrachtet. Joes Stellung im Konservatorium war die eines Außenseiters. Er blieb immer der »reiche Judenjunge«.
Hatte dieser junge Mensch Sorgen? Wohnte er nicht behütet und betreut in der schönen Villa in der Parkstraße, machte Reisen und las Romane und philosophische Bücher? Ein Musiker brauchte aber nichts anderes zu lesen als Harmonielehre und allenfalls die Biographien der großen Klassiker.
Und wie sprach Joe über die Meister? Beethoven nannte er einen närrischen, aber recht begabten Wirrkopf, Wagner war ihm der Verderber der Musik überhaupt, Brahms fertigte er mit dem Urteil des Philosophen Nietzsche ab, der gesagt hat: »Brahms oder die Melancholie des Unvermögens.«
Was sollte man mit so einem jungen Mann anfangen? Valentin Prummer, der Lehrer für Komposition und Theorie, sagte einmal zu dem Kammervirtuosen Klapproth:
»Wissen's ... was der da zusammenschreibt ... dös is a Dreck... a neumodischer... aus dem wird nix, gor nix...«
Klapproth verteidigte seinen ehemaligen Lieblingsschüler zwar mit Nachdruck, aber auch er war sehr enttäuscht über die Entwicklung des kleinen Joe.
Eigentlich war nur einer zufrieden: Bernhard Tölle, denn Joe ging mit Vorliebe mit dem Briefträgerssohn um, zum Entsetzen Frau Johannas. Joe trank Bier und Schnaps und machte sich heftig lustig über den ästhetischen Zirkel seines Freundes Walter Haas. Musik schrieb er hastig und meistens

nachts, wenn er spät nach Hause kam. Was war das für eine Musik?

Sie bestand aus zehn bis zwölf Takten und nannte sich »Klavierstück« oder »Lied«, wenn irgendein Text mit vertont war. Ein kurzes Gedicht ohne Sinn und Verstand, von Joe selbst verfaßt. Er zog bedeutungsvoll eine Augenbraue hoch, schlug leise eine Taste an, unhörbar, und schlug dann mit der anderen Hand einen mißtönenden Akkord. Dazu pfiff er oft eine Art von Melodie, etwas dramatisch Zugespitztes ballte sich wohl zusammen, ein Lauf, eine Triole, die sich stets wiederholte; aber wenn man gerade anfing, sich an den Spektakel zu gewöhnen, war das Stück schon zu Ende. Er sagte oft:

»Ein Musikstück darf höchstens fünf Minuten dauern.«

Bernhard Tölle war gleicher Meinung. Nur aus einem anderen Grunde. Er glaubte, daß Joe die Menschen nur ärgern wolle. Er feixte vor sich hin, wenn er das Entsetzen der Zuhörer bemerkte.

Aber Joe meinte es ernst mit seiner Musik. Nur war in ihm ein Haß gegen alles Pathetische und Verlogene angewachsen. Er hatte tiefe und erschütternde Erlebnisse gehabt. Die Liebe zu Edith war in ihm zusammengebrochen, unter Hohngelächter und Spott...

In die Enge getrieben von ewig besorgten Eltern, zerbrochen von der Liebe zu Momber, der nun in einem anderen Engagement war, konnte Edith sich nicht länger behaupten. Ihr Stolz und ihr Spott waren zerschmolzen. Da war nun immer noch Joe, der zarte, rührende Freund, zu ihm konnte man mit allem Elend kommen, er lächelte, ging ans Klavier, um den verzehrenden, nie ins Harmonische zu lösenden Tristanakkord anzuschlagen, und dann löste sich der Schmerz in Dämmer und trüber Glückseligkeit auf...

So ging es aber nicht weiter. Joe wurde immer mehr ein Mann. Er warf alle Sentimentalitäten über Bord, ging kalt und wichtig-spöttisch tuend umher und war nicht mehr der alte. Edith und Joe verstanden sich immer weniger. Das Bürgertöchterchen von zwanzig Jahren, das zwar schon etwas erlebt hatte, aber doch immer behütet geblieben war, und der Musiker Joe entfernten sich immer mehr voneinander. Das war für beide schmerzhaft.

Da geschah es, daß Joe eines Abends forderte, Edith und er sollten verreisen. Drei, vier Tage nur, ans Meer oder in den

Harz. Es gab einen langen Kampf darum. Edith weigerte sich. Joe ging fort.
Er kommt schon wieder, sagte sich Edith. Sie kommt schon wieder, sagte sich Joe. Aber es geschah nichts dergleichen. Acht Tage vergingen, vierzehn Tage, in denen Joe und Edith sich nicht sahen. Dann aber ging eines Abends um sieben Uhr das Telephon in der Wohnung des Rechtsanwalts de Vries.
Ediths dunkle vibrierende Stimme verlangte: »Herrn Joe«. Aber das Dienstmädchen sagte, es sei niemand von den Herrschaften zu Hause. Ja, sie kämen zum Abendbrot... der junge Herr... das wüßte sie nicht. Ja, das würde sie ausrichten, daß das gnädige Fräulein angeläutet hätte... danke schön...
Joe rief nicht an, und Edith waretete. Joe ging ins Konservatorium, ins Café Kröpcke, mit Walter Haas spazieren und redete über Symbolismus, verspottete die Ästheten und trank mit Bernhard Tölle zu den verschiedensten Tages- und Nachtzeiten Bier und Schnaps. Ging umher wie ein Berauschter, wie ein von der Verzweiflung Gepackter und jubelte doch innerlich: »... Sie hat angeläutet.«
Das wäre bestimmt so weitergegangen, wenn nicht Joe eines Nachts um zehn Uhr in der Bols-Likörstube ans Telephon gegangen wäre und zu seinem eigenen Erstaunen mit Edith gesprochen hätte. Sie hatte eine kleine demütige Stimme, aber Joe, durch zwei »Helgoländer« mutig gemacht, sagte ihr, sie wollten den übernächsten Tag zusammen nach Bremen fahren. Warum Bremen...? Ach, das sei so eine Idee. Er solle doch erst noch morgen zu ihr kommen und alles besprechen. Nein, das wollte er nicht. Aber er tat es doch.
Sie verabredeten, daß sie sich in Bremen treffen wollten, obwohl Joe gern mit Edith stolz von Hannover abgefahren wäre.
Joe reiste also nach Bremen, Edith wollte ein paar Stunden später nachkommen. Eigentlich hatte Joe etwas Angst, er wußte keineswegs, wie man sich als Entführer benehmen mußte. Und seine Erfahrungen mit Frauen waren sehr unvollkommen gewesen, was niemand wußte, trotz seinem Umgang in Bars und Tanzdielen, trotz Bernhards Freundschaft und mancher Knutscherei mit kleinen Ladenmädchen...
Joe fuhr stolz und etwas bange zugleich in seinem Zweiter-Klasse-Coupé nach Bremen. Eigentlich bedauerte er schon jetzt diesen Streich, aber er konnte nichts mehr ändern. Seinen Eltern hatte er gesagt, er würde mit Bernhard Tölle in die Heide

fahren, es war ja Juni, und Edith hatte einen ähnlichen Vorwand gebraucht.

Übrigens wollte Joe mit Edith nicht in Bremen bleiben. Berni, der Freund und Alleswisser, hatte dringend geraten, nach »Klein-Holland« zu fahren.

»Pikfein ... sage ich dir, Joe, das ist gerade für so was eingerichtet ... mein Alter ist ja im selben Ort ... grüß schön.«

So hatte Joes Plan schon genauen Umriß, und nun fehlte nur noch Edith.

Die Stunden in Bremen vergingen sehr langsam. Er setzte sich vor Hillmanns Hotel in den Garten und trank Kaffee, sah noch rechtzeitig Moritz Thaler auftauchen, rechtzeitig genug, um schnell zu verschwinden. Denn der durfte ihn nicht sehen; dann ging er zum Bahnhof.

Der Zug lief ein. Ediths blasses Gesicht wurde sichtbar. Joe sprang ihr entgegen, nahm Tasche und Mantel und wußte vor Aufregung nichts zu sagen.

Aber was war mit Edith geschehen? Sie war wie verstört, sie sagte seltsame Dinge, wie: »Ach Joe ... das ist sehr schlimm, können wir gleich in den Wartesaal ... ich muß in einer Stunde wieder zurück.« Joe hielt das für einen Witz, er lachte und sagte: »Gott sei Dank nicht.«

Als sie im Wartesaal saßen, erzählte Edith unter Stocken und Weinen, indem sie Joes Hand preßte, daß sie sich gestern abend verlobt habe ...

»Verlobt ... bist du verrückt?«

»Ja ... ich konnte nicht anders ... sieh mal ... ich hab' dich doch wirklich lieb ... aber wir können doch nicht heiraten ... meine Eltern setzen mir so zu ... seit Jahren ... und besonders in den Wochen ... in denen du nicht mehr kamst ... also ... gestern abend plötzlich erklärte mir mein Vater ... daß ich heiraten müsse, so ginge das nicht weiter ... und ich habe geredet und mich gewehrt ... aber es nutzte nichts ... ich hatte auch solche Angst um uns ...«

Und so erfuhr Joe, daß Edith sich mit Herrn Max Meyerstein, in Firma Meyerstein & Meyerstein, Bamberg, verlobt hatte. Sie kannte ihn schon seit einigen Jahren, er sei ganz nett, und gestern abend wäre er plötzlich beim Abendessen dagewesen, und sie hätte sich entscheiden müssen ...

Joe war erstarrt. Er spürte seine Kehle trocken werden, sein Herz schlug dumpf und stark, er wußte nicht mehr, wo er war.

Eine Fliege kroch über das karierte Tischtuch, saugte an einer Brotrinde. Eine andere kam... sie summten umeinander herum... fanden noch etwas Zucker auf dem Tischtuch... dann flogen sie fort... Der Mann vor ihm hatte seinen Rockkragen nicht gebürstet... Eine Frau hatte einen Schnupfen und wischte sich mit einem rotwollenen Taschentuch die Nase... Der Kellner stand am Fenster und gähnte, und am Himmel war kein Wölkchen zu sehen...

Joe stand auf; er sagte kein Wort, nahm Ediths Tasche und Mantel. Edith hatte Tränen in den Augen, faßte seinen Arm. »Joe... Joe«, sagte sie... »was soll ich denn tun?« Der Zug kam, in Richtung Hannover; Joe sprang hinein, belegte einen Platz für Edith, stieg wieder aus.

Höflich stand er vor dem Fenster, sah in die Luft.

»Warum fährst du nicht mit?« fragte Edith.

»Ich... was soll ich denn in Hannover... was soll ich da...? Soll ich mich schießen... mit deinem Bräutigam... oder weiß er nichts von mir?«

»Ich habe Max... alles gesagt...«

So sprach Edith, die kluge, besondere, spöttische, liebende Freundin. Und Joe begann zu lachen. Er lachte so furchtbar, daß die Passagiere ihn wütend ansahen und Edith nicht wußte, was sie sagen sollte.

Er lachte mit offenem Mund, schallend, laut... er schlug sich auf die Knie dabei und benahm sich wie ein Verrückter.

Der Zug war abgefahren. Joe hatte nicht Ediths entsetztes Gesicht am Fenster gesehen, nicht ihren verzweifelten Versuch, ihn zu beruhigen, nicht ihre Sehnsucht, ihn noch einmal zu küssen. Er hatte nichts bemerkt; er stand da und lachte...

Sonnenflecke

Daß Moritz Thaler ein glücklicher Mensch gewesen wäre, als er »Klein-Holland« unter Dach und Fach gebracht hatte, kann niemand behaupten. Seine händereibende, lärmende Begeisterung über das Etablissement war sehr unecht. Das fiel sogar Wanda Zietemann auf, die sich eigentlich über nichts mehr wunderte.

Als sie zum drei- oder viertausendsten Male in ihrem Leben den Morgenkaffee einschenkte, sagte sie:

»Tscha, Herr Thaler... was so die Leute reden... das soll ein schrecklicher Betrieb sein... da draußen... i gitt... i gitt...«
»Nanu... was soll das heißen... was geht das mich an? Wie? Bin ich Budiker... oder Aufpasser...?«
Thaler war wütend. Das Geplärre und Gerede ging ihm über die Hutschnur. Zum Teufel auch! Da war er nun vor ein paar Wochen draußen gewesen, die Gesine, das schnippige Aas, hatte gesagt:
»Herr Thaler braucht nicht immer zum Aufpassen kommen... wir können das alleine. Ich sage dir, Hermann... es passiert was, wenn der noch öfter kommt...«
So sprach Gesine Geffken zu Hermann Wendelken in der Gaststube des Etablissements »Klein-Holland« mittags zwölf Uhr, sie sprach laut und deutlich, und Moritz Thaler kam gerade in die Tür herein. Er hörte alles, schlich sich auf Zehenspitzen rückwärts und ging erst mal spazieren.
Dann kam er eine Stunde später wieder an... freundlich feixend und aufgeräumt. Er glaubte, nicht recht zu sehen, als er den jungen Herrn Joe de Vries in dem Restaurant beim Frühstück sitzen sah. Nanu... was machte der denn hier?
»Guten Morgen, Joe, na, auf Ferienreise? Das ist ja nett. Was macht der Herr Papa... und die Frau Mama... alles wohl...?«
»Danke, Herr Thaler... ich bin seit gestern hier... wollte mal ein paar Tage mich erholen...«
»Schön, junger Mann... schön.«
Wendelken trat auf. Er hatte einen alten dreckigen Anzug an und war sehr mürrisch. Kaum daß er Thaler »Guten Morgen« sagte. Moritz wußte, warum.
»Na, Herr Direktor... wie geht der Laden...?«
»Gehen, Herr Thaler, davon kann keine Rede sein. Ich muß Sie mal sprechen... sehen Sie...«
»Nee... Wendelken... lassen Sie mir etwas zu essen bringen... dann wollen wir reden...«
Als das Essen kam, sagte Thaler zu Joe:
»Setz' dich doch zu mir... was machst du so?«
Joe war etwas verlegen. Er war nach Ediths Abreise allein hinausgefahren, nach einigen schrecklich qualvollen Stunden. Hier war großer Betrieb gewesen, Musik und Tanz. Er hatte sich mit der Chansonette angefreundet, und ihm kam das alles

noch traumhaft vor. Das also war das erste Abenteuer. Joe fühlte sich eigentlich sehr glücklich darüber. Die kleine Pussi Lindström war zärtlich und nett gewesen. Als sie nachts zu ihm in das Zimmer gekommen war, war alles so natürlich zugegangen wie möglich. Die Welt war sehr einfach ... sehr einfach ... und Joe fühlte sich befreit von Edith und von drückender Einsamkeit.

Aber das war so gleichgültig ... besser Pussi als Edith, so sagte sich Joe vierundzwanzig Stunden nach der Trennung von seiner »großen Liebe«.

»Ja, Herr Thaler, ich bin Musiker, studiere in Hannover, leider, ich möchte lieber nach München oder Berlin oder sonst wohin ...«

»Das verstehe ich, aber glaub nur ja nicht, Joe, daß das da anders ist. Sieh mal ... ich kenn' das ... diese Städte. Ich kenne Paris und London, tja, und was du noch willst, aber es ist doch gleichgültig, wo man ist, wenn man nur ... zufrieden ist.«

»Nein, Herr Thaler ... Zufriedenheit ist nicht mein Ziel. Ich will niemals zufrieden sein ...«

Thaler wiegte den Kopf hin und her. »Junger Mann, du bist verrückt, aber begabt ... willst du mal was spielen ... Da ist doch ein Klavier ... sieht schön aus ...«, schimpfte er, als er die Tasten sah. »Diese Schweine!«

Joe spielte. Er phantasierte in seiner starren und kalten Art. So begann er: ein Thema eckig und nur mit einem kleinen Triller verziert, das war der Vogel, der heute früh vor dem Fenster gesungen hatte ...

Als Joe zu Ende war, saß Moritz Thaler in der Ecke des Sofas und schlief. Nicht daß es ihn gelangweilt hätte, aber er war innerlich so müde, daß er nur verstummen, nur seine gottverfluchte Aktivität mal beiseitezulegen brauchte, um sofort wegzusacken. Joe ging aus dem Zimmer. Die Juniwärme strahlte über den Garten. Pussi fiel ihm ein, wo war sie denn? Ja, sie wollte heute früh nach Bremen fahren, da hatte er noch geschlafen, aber abends würde sie wiederkommen. Joe überlegte, ob er nicht lieber abreisen sollte, das wäre das beste. Vielleicht tat er es doch noch.

Wie er da so durch den Garten geht, kommt ein Mann auf ihn zu. Er hat Uniform an, es ist Emanuel Tölle.

»Na ... ich kenne Sie doch«, sagt Joe verbindlich. »Sie sind doch Bernis Vater?«

»Ja ... Herr de Vries ... wenn ich nicht irre ... was machen Sie denn hier ...?«
»Ich bin gestern gekommen ... wollte Ihnen natürlich noch von Bernhard Grüße bringen, aber ich konnte gestern nicht mehr.«
»Aber Herr de Vries ...« Emanuel lacht, er ist stolz, daß sein Sohn so vornehme Bekannte hat.
Das Gespräch zwischen Emanuel und Joe war schwierig, der Briefträger wußte nicht recht, was er sagen sollte, und Joe auch nicht. Tölle sagte: »Haben Sie sich mal die Gegend angesehen ... die ist ganz nett ... da gehen Sie hier mal durchs Wäldchen, da kommen Sie an den Fluß, da können Sie ein Boot mieten ... und ein bißchen spazierenfahren ... wollen Sie ...?«
Joe sagte ja ... sagte, er würde wohl abends das Vergnügen haben und Herrn Tölle nochmal sehen ... dann ging er die Dorfstraße hinunter. Es war herrlich. Die jungen Enten und Küken watschelten zwischen den Gärten herum. Kleine Schweinchen sprangen und quiekten, die Leute auf der Straße waren alle so freundlich. So schien es Joe. Die Leute waren ebenso mürrisch wie sonst, sagten »Tach ok«, knapp und ungern ...
Aber Joe war ein anderer geworden. Er glaubte kaum, daß vor ihm Menschen schon so glücklich waren, er hatte das Gefühl, als ob zum ersten Male in seinem Leben in sein Inneres Stille eingezogen wäre, tiefe glänzende Ruhe. Solange er denken konnte, ertönte immer Musik in ihm, in seinem Herzen sang es und musizierte es, er hatte die Erde noch niemals gesehen.
Wie Joe durch das Frühlingswäldchen ging, hörte er mit einem Male nicht mehr »seine« Musik, sondern das selige schwingende Stillschweigen der Natur. Es war ihm, als ob die höchste Freude seines Lebens begonnen hätte. Es war still in ihm, kein Dröhnen der Posaunen mehr und kein Violinenjammer ... still war es ... und die Schöpfung um ihn begann zu klingen ... keine Melodie ... eine ewige Fermate dröhnte silbern, Stillstand und höchste Bewegung zugleich ... So ging Joe spazieren, und Moritz Thaler saß im Restaurant des Etablissements »Klein-Holland«, schlief, schnarchte mit offenem Munde, während die Sonne ins Zimmer schien und die Herrlichkeiten des Etablissements vergoldete. Flaschen und Gläser erglänzten,

und der Staub wirbelte im Zimmer vom schlecht gesäuberten Fußboden empor.
Als Moritz erwachte, saß Wendelken ihm gegenüber und hatte eine Menge Papiere vor sich.
»Na, du Generaldirektor«, krächzte Thaler und gähnte laut, »was hast du schon wieder?«
Wendelken räusperte sich. Moritz wurde sehr elend zumute.
»Herr Thaler, ich habe ja nun bewiesen...«
»Gar nichts hast du bewiesen... gar nichts... was ist denn los...?«
»Ich wollte nur sagen... daß ich und Gesine die alleinigen Besitzer hier sein möchten...«
Hermann Wendelken sagte diesen Satz wie ein Schuljunge auf, er stammte nicht aus seinem Vorrat, aus seinem Gehirnzettelkasten, dieser schöne Satz war in Gesines Gehirn geboren, das war Gesine, die aus ihm sprach.
In der folgenden Unterhaltung beschränkte sich Thaler aufs Grinsen und Wendelken aufs Reden. Beiden wurde es sauer. Hermann hatte hinter sich die Stachelpeitsche von Gesines Zunge, und Moritz sah sich umstellt und eingekeilt, aber er war darauf vorbereitet. Man wollte ihn einfach ausbooten und als alleiniger Eigentümer von »Klein-Holland« auftreten.
Hermann redete sich in Wut, seine langsame Sprechweise wurde ihm selbst beschwerlich. Während er komisch Juristisches vorbrachte, dachte er innerlich: da hab' ich mir was Schönes eingebrockt, diese verdammten Weiber, diese verfluchte Frauensperson, aber was soll ich tun... da muß ich nun meine Schnauze riskieren, verdammt nochmal, und was kommt dabei heraus... gar nichts, und schließlich habe ich den Schaden allein auf dem Halse...
So dachte Hermann Wendelken, während er in wohlgesetzter Rede seine Forderung vorbrachte.
Moritz feixte innerlich... die würden schon sehen... wenn er, Moritz Thaler, seine Hand von dem »Unternehmen« zöge, die würden zu Kreuze kriechen... bestimmt...!
»Hören Se mal, Wendelken.« Thaler kniff das eine Auge noch mehr zusammen. »Was Sie da wollen... geht nicht; verstanden? Ich bleibe in der GmbH.«
»Aber ich bin doch als Geschäftsführer im Grundbuch...«
»Ein Dreck sind Sie...«, sagte Thaler und stand auf.
Da fuhr Gesine wie auf ein Stichwort im Theater ins Zimmer,

sie stemmte die Arme in die Seite und keifte, daß die Wände zitterten.
Sie hätte keine Lust, sich für Thaler abzurackern ... entweder würden sie auch de facto Eigentümer, ohne einen Pfennig abgeben zu müssen ... oder es würde was passieren.
Thaler hörte sich die Sache an, dann sagte er: »Gut ... bon ... bene ... allright ...«
Er stand auf, nahm Mantel und Hut.
»Aber Herr Thaler, wir wollen doch darüber sprechen.«
Wendelken verlor seine Sicherheit, » ... wir können uns doch einigen ... sehen Sie mal.«
Thaler sah sich den Wendelken an, die ganze Jämmerlichkeit dieser Kreatur wurde ihm klar.
»Wendelken, wenn Sie was von mir wollen«, er betonte das »Sie« und das »mir«, »dann wissen Sie ja meine Adresse ... bon jour ...« Er ging, sah durch das Fenster, wie Gesine in der Gaststube mit einem Mann redete ... sie hatte einen ganz roten Kopf, der Mann war Emanuel Tölle.
Verdammte Sippschaft ... dachte Thaler ... die würden sehen, was das heißt, mit Moritz Thaler schlittenfahren ... diese verkommene Gesellschaft ... er würde sie allesamt verhungern lassen ... allesamt ...
Er ging die Straße hinunter zum Bahnhof, da traf er Joe de Vries. »Junger Mann, wenn du Lust hast und die Nase voll ... dann komm' mit mir ... hol' deine Plünnen ... ich reise ab.«
Aber Joe dankte. Er wollte noch hierbleiben, noch einen Tag oder zwei. Aber er würde Herrn Thaler noch in Bremen besuchen.
»Mach' das, soll mich freuen ...« Thaler tippte an seinen alten verregneten Hut.
Joe war sehr glücklich, er würde noch etwas arbeiten in der Laube im Garten. Dann würde er sich Kaffee bestellen, und bald müßte ja Pussi kommen ...
Im Wartesaal traf Thaler einen Bekannten aus Bremen, der setzte ihm auseinander, daß man sein Geld am sichersten in Schiffahrtsaktien anlegte.
Aber Thaler interessierte es nicht, er dachte an die dumme Geschichte und grübelte.
Als er im Zuge saß und die fetten Weiden und Wiesen sah, dachte er daran, mal wieder zu verreisen, nach Ostende oder Biarritz ... weg von diesem Dreck hier.

Wie er die Menschen haßte, diese langsamen, kurzstirnigen Menschen... und diese Kühe von Frauen... Gott sei Dank, daß er nicht mit so einer verheiratet war.

Ein Huhn geht spazieren

Es mußte sich oft schütteln, denn die Federn hingen voll Stroh...

Es war noch ziemlich kalt an diesem Morgen.

Xaver trampelte durchs Haus, pfiff sich eins und fluchte.

Gesine hörte man gähnen, und von Wendelkens Kammer kam ein lautes Schnarchen.

Die Sonne machte einen vergeblichen Versuch, durch den Nebel hindurchzukommen, gab es aber bald auf.

In dem großen Saal des Etablissements »Klein-Holland« standen die Tische und Stühle in wilder Unordnung. Die Tischtücher waren sehr befleckt, und Seen von Wein trockneten auf dem Teppich.

Ein Huhn kam vorsichtig durch die Tür. Es war das beste Legehuhn des Etablissements. Weiß, mit einer dicken Halskrause.

Das Huhnauge blickte ruckweise und furchtsam. Seine harten Krallen klangen gespenstisch auf dem Boden. Tapp... tapp...

Ein umgefallener Stuhl bot gute Gelegenheit, Umschau zu halten.

Fein sah das aus! Du lieber Gott!

Das Huhn hüpfte vom Stuhlbein auf den Tisch. Kuchenkrümel schmeckten noch sehr gut, die Flüssigkeit abscheulich. Hier trocknete etwas auf dem Teller. Soße... herrliche Mayonnaise, aber nichts Rechtes für ein Huhn. Viel eher interessierte es sich für das blinkende Ding mitten auf dem Tisch.

Es war ein Perlmutterknopf, ein Hemdenknopf, abgerissen von irgend jemandem...

Das Huhn schüttelte sich, denn die dicke Tabakswolke beizte in der Huhnnase.

O du lieber Gott, was war das da für ein Qualm!

Aber hier im Kübel war Wasser, kaltes Wasser, sogar Eisstückchen schwammen herum.

Das Huhn trippelte weiter, scharrte hier und da in einem Teller, stand tief im Zigarrendreck und sprang von Tisch zu Tisch.

Am schlimmsten sah es in der Nische aus, in der anscheinend eine größere Gesellschaft gesessen hatte. Da standen fünfzehn große und sechs kleine Flaschen, zum Teil noch halb voll, da waren fettige Teller und sehr beschmutzte Gläser mit Lippenabdrücken und Fingerspuren.

Hier war die Musik-Ecke. Die Tasten des Konzertflügels waren gelblich, zum Teil sahen sie aus wie angerauchter Meerschaum; das Schwarz der Obertasten war grau und abgewetzt.

Es war bestimmt nicht gut gewesen, daß der Maler Raffaelo immer Uhrketten- und Schlüsselringe auf die Saiten legte. Das war eine Manier von ihm, er behauptete, das klänge dann wie ein Orchester. Daß das Instrument unter dem Einfluß von Alkohol, Bier und Wein, die über seine Tasten geflossen waren, besser geworden wäre, konnte man nicht behaupten.

Das Huhn flatterte auf die Saiten, da erklangen sie wie Äolsharfen, aber es fürchtete sich und flog fort, geriet auf den Rand eines Sektkübels, der umfiel und erhebliche Wassermengen von sich gab.

Da flatterte das Huhn wieder auf einen Tisch, pickte und fand Köstliches. Schließlich hob es seinen Schwanz ein wenig in die Höhe, und ein schmutzigweißer Fleck blieb auf einem Teller zurück. Es war gerade der Teller von Joe de Vries, der hier gesessen hatte.

Das Huhn mußte sich anscheinend verirrt haben, denn es wurde immer unruhiger. Draußen war es mittlerweile Tag geworden, aber sehr neblig.

Im Hause hörte man außer dem Schlurfen von Xaver keinen Laut. Das Schnarchen hatte aufgehört und das Gähnen auch.

Nichts hörte man als das Tappen und Flügelschlagen des Huhnes im großen Saal. Hier, da war ein Spalt. Das Huhn kam in ein Zimmer, ein kleines vollgerauchtes Zimmer. Auch schmutzig und kalt. Auf dem Tisch lag eine Zigarre, halb verkohlt. Die war auf das weiße Tischtuch gelegt worden, unabsichtlich und in Gedanken, und hatte ein schönes braungerändertes Loch in die Leinendecke gebrannt.

Viel Papier lag herum. Briefe, zerrissene Quittungen und sogar ein Schriftstück mit einem Stempel.

Das war etwas Wichtiges, obwohl das Huhn gerade wieder etwas darauf fallen ließ. Es war der Gesellschaftsvertrag zwischen Hermann Wendelken, Gesine Geffken und Moritz

Thaler. Anscheinend hatte man gestern abend noch in ihm gelesen, sicher waren einige Personen im Zimmer gewesen, denn die Stühle waren sehr unordentlich gestellt, und Gläser mit vertrockneten Kognakspuren standen auf dem Tisch.
Hier hatten Hermann, Gesine, Tölle und ein Mann namens Emil Pusbock gesessen und die »Sache befingert«.
Wendelken hatte eine Flasche Kognak auf den Tisch gestellt, hatte »So...« gesagt, die Türe zugemacht und Pusbock mal die verdammte Sache vorgetragen.
So gut es ging, denn Hermann hatte schon eine schwere Zunge und redete ziemliches Kauderwelsch. Dann kam noch Vater Tölle dazu und gab Manneswort und Welterfahrenheit zum besten.
Selbstverständlich hatte der Jude unrecht. »Kiek mal, Hermann... dat is so...«
Pusbock war nämlich Jurist, verkrachter Jurist, was ihn nicht hinderte, in Groß-Sittensen, das zwischen Zeven und Hamburg liegt, zu praktizieren. Er war das, was man Steuerberater und Winkeladvokat nannte.
Pusbock redete viel und lange, viel Juristisches und viel Unnötiges. Aber man hatte den Eindruck, daß die Sache bei Pusbock gut aufgehoben sei.
»Dat... verstößt... wider die guten... Sitten... verstehste... wider die guten...« Pusbock mußte oft hinaus, kam aber dann um so klarer wieder zurück.
»... wider die guten Sitten. Der Vertrag ist ungültig, un... gül... tig... seg ick man«, und Pusbock nahm den Vertrag, um ihn in seine Brieftasche zu versenken. Aber er steckte das kostbare Dokument daneben, es rutschte auf den Teppich... lag da... und das Huhn gab ihm ein nicht leicht abzuwaschendes Siegel.
Das Huhn geriet auf seiner morgendlichen Wanderung wieder in den Garten, ein Fenster stand offen.
Wäre es nur einige Minuten länger im großen Saal geblieben, hätte es beobachten können, daß Joe de Vries mit angewidertem Gesicht durch den Raum ging. Der guterzogene saubere Joe ekelte sich vor dem Gestank und Geruch, vor den fauligen Trümmern eines glückhaften Schiffes, das ihn durch viele Stunden hindurch gewiegt und geschaukelt hatte.
Es war nicht richtig gewesen, die zweite Nacht auf Pussi zu rechnen, denn als Joe in seinem Zimmer auf seine Geliebte

wartete, hörte er mit Entsetzen, daß ein anderer, er wußte nicht welcher von den Gästen, die Zimmertür Pussis von innen zuriegelte. Das war gar nicht schön gewesen...
Joe stand angezogen und die Reisetasche in der Hand im Saal. Ob er wohl Frühstück bekommen würde? Es schien nicht so; er ging fort.
Er war in den letzten Tagen und Nächten älter geworden und wußte, daß aus den kleinen Dingen des Schmerzes und der Freude die Kraft wächst, die man braucht, um es ertragen zu können, auf der Welt zu sein.

Dämmerstunden

Das süße Laster der Heimlichkeit hatte den Rechtsanwalt ergriffen. Er gab sich ihm hin mit der ganzen Kraft seiner sechsundvierzig Jahre. Ein Familienvater, ein ehrsamer Bürger ging dunkle und gewundene Wege. Zum Glücke, wie er meinte, zum einzigen Glücke seines Lebens, wie es ihm schien.
Frau Margarete Plümeke war sich der hohen Ehre bewußt, den Lebenszielen eines so gelehrten und angesehenen Herrn so etwas wie Vollendung zu bedeuten, aber sie war nicht recht froh bei dem Bewußtsein dieser Heimlichkeit, sie weinte ratlos einsame Stunden hindurch und dachte mit Schrecken und Entsetzen an den Tag, an dem Otto Plümeke aus dem Gefängnis entlassen werden würde.
Ihre Wohnung in der Josephstraße war klein, es waren nur zwei Zimmer und eine Kammer, aber seit ihrer Vereinsamung fand sie es noch zu groß.
Ein Jahr Gefängnis hatte Plümeke bekommen und nun waren schon zehn Monate vorüber. Margarete oder Grete, wie sie genannt wurde, dachte mit Liebe an ihren Mann, aber was sollte der Abwesende ausrichten gegen den anwesenden, frei sich bewegenden de Vries. Grete wehrte sich gar nicht, als der Rechtsanwalt nach einem rein geschäftlichen Besuch länger blieb, als es schicklich war. Sie fühlte, daß ihr Leben als Reisendengattin zu eintönig war; sie hatte es sich nur nicht eingestehen wollen.
Ihre Jugend in Hameln war auch nicht besonders schön gewesen. Karl Pütger und Wilhelmine, geborene Overhues,

hatten ihre einzige Tochter mit viel Liebe, aber mit größter Ängstlichkeit erzogen.
»Gott nein... das Mädchen is ja noch viel zu jung... Gott nein...«, so hieß es bei allem. Und schließlich wußte Grete Pütger nichts anderes vom Leben als das, was sie aus Thekla von Gumperts Büchern und von der wenig abwechslungsreichen Aussicht aus den elterlichen Fenstern hinaus auf die Deisterstraße erfahren hatte. Otto erschien ihr wie ein Retter, der kleine, aber schneidige Otto Plümeke, der die Welt kannte, wenn sie auch nur in der Provinz Hannover lag.
S. de Vries war nicht ganz unabsichtlich in dieses Verhältnis hineingeraten, denn die Ehe hatte ihm nichts gegeben, was seinen innersten Bedürfnissen nötig schien. Er hatte in Johanna eine gebildete und vornehme Frau, aber ihre ewige Angst um die Zukunft, ihr Leben in einer unwirklichen damenhaften Welt wurde ihm immer fremder.
Mit zunehmendem Alter wußte S. de Vries, der an nichts mehr glaubte als an die Zufälligkeit des Schicksals, daß die kleinen Freuden des Daseins die höchsten Möglichkeiten des Lebens bedeuten.
»Mehr als eine schöne Stunde, eine Minute Vergessen und Sichverlieren kann man nicht verlangen«, so sagte er zu sich, wenn er mit etwas unbehaglichem Gefühl zu Margarete ging. Den Wagen ließ er an irgendeiner Straßenecke halten, niemals fuhr er vor dem Haus seiner Freundin vor.
Die größte Freude für ihn war, daß sich niemals das süße Herzklopfen verlor, wenn er an der Tür der Plümekeschen Wohnung klingelte. Er lächelte über sich, wußte aber zu gut, daß er dagegen nichts machen konnte. Die tiefe, unsagbare Banalität, die Gewöhnlichkeit, die Landläufigkeit der Stunden mit Margarete nahmen von ihm den schmerzenden Druck, unter dem er litt; er konnte immer noch glänzen und schillern, aber wenn die sanft plärrende und liebevolle Stimme Grete Plümekes ihn begrüßte, leise und etwas klagend, wenn er in dem höchst unmodernen Zimmer saß und aus Zwiebelmustertassen Tee trank und sich so ganz wie ein gewöhnlicher Mensch erschien, dann war er eigentlich sehr zufrieden und glücklich...
Zehn Monate waren verstrichen, als der Rechtsanwalt die Nachricht erhielt, daß Otto Plümeke wegen guten Betragens vorzeitig entlassen werden sollte.

Der Strafgefangene Plümeke sah also dem Ende seiner Schande entgegen und S. de Vries dem seines Glückes.
Er sagte es Frau Grete zaghaft und schüchtern, er strich dabei über ihr Haar und war recht betrübt. Aber was sollte er tun? »Sieh mal, Grete, dagegen können wir nichts machen...« – »Nichts...? Ach Gott!«
Sie schwieg und sah ihn mit nassen Augen an. Sie saßen auf dem Sofa, dem rotplüschenen, dem Prachtstück des Hauses, und Margarete legte ihren Kopf an seine Schulter.
Der Rechtsanwalt streichelte das weiche blonde Haar, das so sauber und frischgewaschen duftete, er streichelte ihr dummes kindliches Gesicht und wußte auch nicht recht, was er eigentlich tun sollte.
»Das soll nun alles wieder so werden... so wie es war? Du, das kann ich nicht... ich glaube, ich sage ihm alles...«
De Vries erschrak.
»Was, du willst ihm alles erzählen? Das geht nicht.«
»Warum denn nicht, warum muß denn jetzt alles aus sein?«
»Alles ja nicht... wir können uns ja sehen... irgendwo...«
S. de Vries sagte es sehr unsicher. Er seufzte, sah das Bild an der Wand: Böcklins Toteninsel. Er stand auf, ging im Zimmer herum.
Margarete sah ihn an. Sie wollte nicht wieder in ein graues Dasein zurück. Nein, jetzt würde sie es darauf ankommen lassen, jetzt könnte er ja für sie einstehen, der liebe, gescheite, dumme Mann, der sich so wichtig nahm.
Aber es gelang auch diesmal der Beredsamkeit S. de Vries', seine Freundin davon abzubringen, Geständnisse zu machen. Er dozierte: »Mache dich um Gottes willen von solchen Albernheiten frei, jemandem die ›Wahrheit‹ zu sagen... das gibt es nicht... sieh mal, wenn ich...«
Das Kolleg über die Wahrheit dauerte sehr lange. Es endete mit der Versicherung Margaretens, ihrem Manne nichts zu sagen und im übrigen alles der Klugheit ihres Freundes zu überlassen.
Dieser Nachmittag endete wie alle vorher. In zärtlicher Liebe und in der wiederholten Versicherung Margaretens, ihm trotz allem, was komme, treuzubleiben.
Der Rechtsanwalt war weit davon entfernt, so etwas zu verlangen, er wünschte es durchaus nicht. Im Gegenteil, er sah aus diesem Gelöbnis Schwierigkeiten erwachsen, die er nicht wollte.

Aber welcher Mann kann seiner Geliebten als Ausdruck seiner eigenen Liebe empfehlen, ihm nicht treuzubleiben?
S. de Vries ging im Bewußtsein fort, daß irgendwo die berühmte Schicksalsgestalt, jene mäßig schöne Frau auf der fliegenden Kugel, auf ihn zurollte.
An diesem Abend war er besonders heiter. Zur Freude seiner Frau, die in den letzten Monaten viel erduldet hatte.

Promenadenkonzert

Der Schnupfen, den sich die jugendliche und musikliebende Bevölkerung von Hannover in den trügerischen ersten Maitagen mit traditioneller Regelmäßigkeit holte, wurde immer wieder durch die angenehme und unersetzliche Erregung aufgewogen, die darin bestand, daß man leicht bekleidet, möglichst in hellen Gewändern sonntags mittags um zwölf Uhr zwischen Café Kröpcke und der Windmühlenstraße einherspazierte. Auf der Freitreppe des Hoftheaters waren die Musiker des vierundsiebzigsten Infanterie-Regiments zu sehen, die ihr gutdiszipliniertes und exaktes Können der Bürgerschaft vorführten.
Während die Kinder das Musikkorps dicht umdrängten, sammelte sich auf der Georgstraße die blühende Jugend, in lockenden Batistblusen und mit schiefgesetzten Schülermützen, zum langsamen Schlenderschritt.
Das Wort, das mit roher Äußerlichkeit »poussieren« hieß und hier auf der Georgstraße unter den Klängen der Militärmusik in seiner vollständigen Grammatik konjugiert wurde, dieses Wort ist nicht erschöpfend genug, um die erregende Freude, die lüsterne Abenteuergier dieser jungen Menschen zu kennzeichnen, die glaubten, etwas ganz Erstmaliges zu tun, ja vielleicht etwas Verbotenes, und doch nur in der ausgetretenen Straße herkömmlicher, ja sogar staatlich erlaubter und unter militärischer Musik geduldeter Sinnlichkeit wandelten.
Die Helligkeit eines Maisonntags verführte sogar den spöttischen Joe zu einer Flaniertour auf der Georgstraße. Wer anders käme zu diesem Lustwandel als Begleiter in Frage als Bernhard Tölle, der seinen erdbraunen Anzug mit einer grasgrünen Krawatte geziert hatte und mit seinem weißlich blonden Haarschopf aussah wie ein Symbol des Frühlings.

»Na, Mensch ... nun wollen wir losgehen.«
Berni stand schon bei der Normaluhr, als Joe ankam. Natürlich tauchte bald Gustav Ellebrecht auf, der die jungen Herren zu einer Pastete und Bouillon »erst mal« ins Café Kröpcke führte.
Berni nahm so viel englische Soße dazu, daß er minutenlang der Sprache beraubt war. »Scharfe Sache«, krächzte er und fühlte sich wie ein Lebemann ...
Bummda ... Bummda ... Bummdada ..., klang schon der Marsch in die sonntagsstille Georgstraße. Berni schwang ein Bambusstöckchen und fühlte sich mächtig auf dem Posten.
Man schob sich nun langsam hinter den anderen her. Die Mädchen sahen aus, als ob sie im Winter in Watte verpackt gelegen hätten, nur um jetzt rosig und unsäglich pfirsichzart wiederaufzuerstehen. Joe grüßte auch einige Töchter aus »guten Häusern«, die einen Bummel auf der »Schorsengasse« wohl als einzige Ausschweifungserinnerung in eine bald zu erwartende bürgerliche Ehe retten wollten. Es waren gute Dinger, appetitlich und nicht so spröde, wie sie taten. Erstaunlich war ihre flinke spitze Schlagfertigkeit, mit der sie sich (mit vielen »Nöchs« und »Ach nees«) kichernd und glucksend des unschuldigen Ansturms der gutangezogenen Männlichkeit erwehrten.
Gustav Ellebrecht sah mit glänzenden Augen auf die Leutnants und jungen Herren, unter denen er viele Bekannte hatte. Er blieb alle Augenblick stehen und verlor die beiden anderen. Joe sagte etwas von »komischer Kerl«, was Bernhard veranlaßte, seinerseits faule und etwas unpassende Witze über Gustav zu reißen. Im übrigen war Berni ein ganz anderer Mensch, so an der frischen Luft, in der Mittagssonne, als bei nächtlichen Streifzügen und Abenteuern mit Barmädchen und Kellnerinnen seiner Stammlokale. Er war wie ein junger Hund. Er konnte im Dreck wühlen, dann schüttelte er sich etwas und ging unschuldig, rein und sauber von dannen.
Schritt für Schritt gingen die beiden nebeneinander her. Sie sagten wenig. Joe erzählte eine komische Geschichte aus dem Konservatorium und Bernhard von seiner Tätigkeit. Er würde bald sein Examen machen in der Hochschule und wollte dann ins Ausland. Er arbeitete angeblich in den Freistunden bei Ellebrecht, aber das war wenig glaubhaft. Es hatte vielmehr den Anschein, als ob Gustav den Hauptanteil an Bernis Existenz trug.

Berni behandelte seinen Freund Gustav wie ein König seinen Untertanen, gönnerhaft, herablassend, mit Blitzen des Zornes und überraschenden Ausbrüchen von Herzlichkeit. Mit Joe war seine Freundschaft ruhiger. Sie respektierten die gegenseitige Verschiedenheit und gingen oft um manche Dinge ängstlich herum. Aber er wußte, warum er Joes Freundschaft hielt. Ohne sie konnte er seine Herrschaft über Gustav nicht ausüben.

Joe war immer als Mittel zu gebrauchen, um zu drohen: »Ich brauch' dich nicht ... ich habe andere Freunde, die mir helfen können.«

»Entschuldigt bitte ...«, kam Gustav angelaufen, »aber den mußte ich dringend sprechen.« Flehend sah er zu Berni auf.

»Na ... das kennen wir ... du alter Bummler.«

Gustav war wieder beruhigt. Er redete und machte Witze, die sehr mäßig waren.

»Joe ... Sie kommen doch heute nachmittag mit nach Steinhude ... was?«

Joe bedauerte, er könne nicht, er hätte zu arbeiten. »Ach ... Mensch, heute komm mal mit. Wir fahren im Auto und nehmen ein paar Mädels mit ... und abends gehen wir ins kinematographische Theater am Bahnhof ... weißt du ... ›Meßters Bioskop‹.«

So war Berni, er zimmerte gleich das Tagesprogramm fertig, da stand alles fest bis auf eines, die Geldfrage.

Aber das löste sich mit Selbstverständlichkeit, da Gustav einfach alles bezahlte.

Joe sagte: »Hilf Himmel ... das ist ›Tiefland‹!«

Das Vorspiel zu dieser beliebten Oper erklang; Pyrenäenhöhenseligkeit, gefällige Saloneinsamkeit, Hausgebrauchgletschermusik, so und ähnlich ließ Joe sich darüber aus. Gustav war wirklich beleidigt.

»Nein ... was Sie da sagen, geht nicht ... ›Tiefland‹ ist die größte Oper ... seit dem ›Tristan‹.«

Nun legte Joe los: »Den ›Tristan‹ ... mit seiner ewigen chromatischen Sinnlichkeit schenke ich Ihnen ... aber er steht wenigstens auf einem höheren Niveau ...«

Das Gespräch wurde sehr hitzig. Es dauerte so lange, bis das beliebte Lied erklang: »Nun hüll' in die Mantille ... fester dich ein ...«, das alle Mädchen und Jünglinge erschauern ließ. Berni sagte: »Wenn ihr nicht aufhört, dann gehe ich ...«

Sofort war Gustav ruhig. Ihm paßte die kalte Hundeschnäuzigkeit dieses Judenjungen überhaupt nicht, aber was sollte er machen? Als Bernis Freund mußte er eben diese naseweise freche Kreatur dulden...
»Sie sind Musiker, Herr de Vries, ich Laie...«
»Na, Mensch, Joe, das mußte doch sagen, so schlecht kann das doch nicht sein, das wird doch so viel gespielt.«
»Sogar in Amerika«, sagte Gustav.
Joe sagte kein Wort mehr. Ihm kam es wirklich nicht darauf an, recht zu behalten oder den Banausen hier zu beweisen, daß diese Musik Dreck sei. Wenn er ihnen seine eigene Musik oder Schönberg vorspielen wollte, würden sie weglaufen. Man war schon einige Male die Georgstraße auf und ab gegangen. Die Sonne verschwand manchmal hinter Wolken, dann wurde es kühl.
»Hoffentlich gibt es keinen Regen... dann ist's aus mit Steinhude.«
»Wir haben ja ein Verdeck auf dem Wagen.«
»Also, Joe... kommst du mit?«
Joe wußte es noch nicht. Er wollte nachher nochmal bei Gustav Ellebrecht antelephonieren. Die Musik hatte leichtere Töne angeschlagen. Der beliebte Walzer aus der »Dollarprinzessin« erklang; da war Berni in seinem Element, er summte mit und sagte: »Mensch... ist das fein!«
Joe gab ihm recht; aus Opposition gegen Gustav, der leichte Musik verabscheute.
»Sieh mal... die Kleine da...«
Joe zeigte auf die gegenüberliegende Straßenseite. Da ging ein nettes dunkelhaariges Mädchen, sie sah aus wie eine Mulattin. Joe interessierte das.
»Das ist ja 'ne Negerin«, sagte Bernhard, »komischer Geschmack...«
»Das ist keine Negerin«, behauptete Joe.
»Wollen wir die mitnehmen heute nachmittag...?«
»Na Joe, geh mal rüber.«
Und Joe nahm allen Mut zusammen, ging auf die andere Straßenseite, zum Erstaunen seines Freundes Bernhard.
Während er die Fahrstraße überschritt, vorsichtig rechts und links ausschauend, fühlte er die Blicke von Bernhard Tölle und Gustav Ellebrecht im Rücken.
Da ging die junge Dame, schneller als die anderen Spaziergän-

ger; er sah, wie sie von Zeit zu Zeit die rechte Hand zur Stirn führte, um eine Haarsträhne wegzuschieben. Die Bewegung rührte ihn. Nun war er hinter ihr.
An der Ständehausstraße bog die junge Dame von der Georgstraße ab. Joe sah sich um, er hörte laut und dröhnend den Trauermarsch aus der »Götterdämmerung«, die vernichtenden Schläge der Bässe, das herrliche kantige Aufbäumen der Melodie, er sah wie in einer Vision die lachenden Gesichter der Freunde, er zuckte die Schultern und ging hinter der Frau her, hinter dieser exotischen seltsamen Erscheinung...
»So'n Kerl... verdammt...!« sagte Berni.
Gustav war zufrieden: »Laß ihn... er ist ja doch zu feige.«
Während dieses heiteren Spazierganges, während Joe in ein romantisches Abenteuer zu steigen schien, ging der Rechtsanwalt de Vries, aus Mußmanns Frühstücksstube kommend, die Bahnhofstraße hinunter. Am Café Kröpcke horchte er auf die Weisen der Militärkapelle, und sein Leben schien ihm etwas leichter...
Will doch mal hinuntergehen, sagte er sich und ging langsam, etwas verlegen vor sich hinlächelnd, auf der Sonnenseite der Georgstraße.
Er hatte einen dunkelgrauen Anzug an und einen weichen Hut auf. Ihm war an diesem Sonntagmittag klar geworden, daß das Leben eine Realität sei, die nur illusionär sein könnte. Denn, so sagte er sich, es gibt nichts als meine Anschauung von den Dingen, die Dinge selbst sind gar nicht existent... Die süße Melancholie eines Frühlingstages hatte wohl an diesen Reflexionen schuld.
Man grüßte den Rechtsanwalt hie und da. »Na, was macht der denn auf der Georgstraße... komisch... nöch...?«
So sprachen wohl einige und wunderten sich. Die kleinen Mädchen und jungen Herren aber nahmen keine Notiz von ihm. Nur ein blasser und dünner Mann in schlechtsitzendem Anzug stand plötzlich vor ihm. Es war genau vor den Anlagen, an der Freitreppe, dort, wo die Musik spielte und das dichteste Gewimmel war.
»Herr Doktor...!«
De Vries sah auf: »Ach... Herr Plümeke...«, er gab ihm die Hand. Aber der andere nahm sie nicht. Nervös sagte de Vries: »Warum kommen Sie nicht in meine Sprechstunde... es gibt da doch verschiedenes zu regeln.«

»Regeln… tjawoll…«, sagte Plümeke und sah sehr frech aus.
»Wollen wir ins Kröpcke gehen«, schlug de Vries vor, »da können wir doch besser reden…« Ihm war die Begegnung sehr unangenehm.
»Reden… reden… Herr Doktor… tja, das können Se…« Plümeke übertönte mit seiner alkoholischen Zunge sogar die schöne Musik. Es war ein Choral, der da variationsmäßig gespielt wurde. Er hieß: »Ich bete an die Macht der Liebe.« Schön klangen die Bläser, die Menschen waren alle sehr ergriffen…
»Also, Herr Plümeke… dann kommen Sie morgen zu mir.« Der Rechtsanwalt wollte gehen, aber unglaublicherweise hielt ihn Plümeke am Arm.
»Sie bleiben hier…!« schrie er.
»Um Gottes willen, machen Sie doch keinen Skandal…!« De Vries wurde zornig.
Aber Otto Plümeke rührte sich nicht vom Fleck. Er starrte mit seinen blauen hervortretenden Augen dem Rechtsanwalt frech ins Gesicht und schrie mit seiner von verschiedenen »lüttjen Lagen« getrübten Stimme:
»Die Gerüchte… Herrrr… die Gerüch… te… Herr, in meinem Hause wol… len… nicht… ver… stum… men…« Und dabei schlug er mit der Faust dem Rechtsanwalt ins Gesicht, daß der Kneifer zerbrach und de Vries blind und erschrocken dastand…
Sofort war er umringt; die Menschen hielten den Attentäter an Armen und Beinen fest. Er schrie: »Grete hat alles gestanden…« Es war unbeschreiblich peinlich.
Ein Herr mit gepflegtem Bart trat auf den Rechtsanwalt zu: »Gestatten… Regierungsrat Grosse… darf ich Ihnen behilfLich sein… war Zeuge… unglaublicher Kerl… sofort verhaften…«
Grosse fuchtelte mit seinem Stock gegen Plümeke, bis der Schutzmann kam, der mit scharfen Augen die Lage überblickte.
Hier war ein Herr der besseren Stände von einem Trunkenbold und käsigen Verbrecher überfallen worden.
Der Regierungsrat Grosse schnarrte den Schutzmann an: »Führen Sie den Mann ab…«
Es geschah unter beifälligem Gemurmel der Zuschauer. Grosse

faßte den Rechtsanwalt am Arm: »Bitte«, sagte er, »wir müssen die Personalien feststellen lassen ... Sie sind doch nicht verletzt ... Herr Doktor?«
»Nein ... nur ... mein Glas ist zerbrochen.«
Als der Herr Regierungsrat, begleitet von der Menge, den Herrn Rechtsanwalt behutsam die Straße hinunterführte, während der Verbrecher Plümeke von der starken Hand des Schutzmannes vorwärtsgestoßen wurde, spielte die Militärkapelle den schönen Choral zu Ende.
»Ich bete an die Macht der Liebe ...« So stieg diese Melodie zum Himmel, sie tönte an das Ohr des Rechtsanwalts, der sich sehr elend fühlte. Alles war zu Ende ... nun war es aus mit ihm ... er war ein öffentlich geohrfeigter Anwalt ... Gott im Himmel! ...
Die Musik war auf dem Höhepunkt der Variationen angelangt, die Hörner dröhnten, die Flöten jubilierten.
Die Luft war erfüllt von Frühling und Sonne; die hübschen Menschen, die da fröhlich flanierten, hatten den dummen Zwischenfall bald vergessen; sie poussierten und schwatzten, waren guter Dinge und freuten sich ihres Lebens.

Die Toten stehen auf

Misburger Damm 187 ist kein schönes Haus. Ein Kasten aus gelben Backsteinen in hannoverscher Gotik.
Drinnen sitzt es trübe und wartet auf das Ende, spuckt und kratzt sich, vegetiert, ißt, trinkt, schläft sehr kurz und gibt von sich. Das ist das Alter, das ehrwürdige, welches die Menschen verehren ...
»Ehre Vater und Mutter« oder »Das Menschenleben währet siebenzig Jahre ...« und ähnliche Zusprüche hat der Architekt im Treppenhaus verewigt.
Es riecht nach Urin und Caritas hier, nach Muffigkeit und Übelwollen, nach Haß, Habgier, Neid, kurz, nach allem Bösen, was die Menschen ersinnen und leisten können ...
Der alte Geffken hatte nun Jahre hindurch hier gesessen im Altersheim, hatte unzählige Nächte schlaflos gelegen und war mit einem Male verschwunden. Und mit ihm sein Freund Dirk Tegtmeyer.
»Determann ... ich eröffne gegen Sie ein Disziplinarverfahren,

wenn diese verdammten Bettnässer nicht gefunden werden. Sie hatten doch Nachtdienst ... Sie sind verantwortlich ...«
Der Inspektor Prien schlug mit seiner roten Faust auf den Tisch; der Wärter Determann kratzte sich die Glatze.
»Tja, Herr Inspektor, da kann ich auch nicht für, ... da bin ich gestern abend auf dem Gang gestanden ... und wie der olle Geffken so um halb zehne aufs Klosett geht ... tja ... da hab' ich ihn angeschnauzt, aber was soll ich machen, ich hab' ja mehr zu tun als mich davor aufzupflanzen und zu warten, bis der fertig is ...«
Prien ist außer sich. Er läßt sich erst mal ein Bier kommen, dann wischt er sich den Schaum vom Mund und macht Recherchen. »Deubel nochmal«, brüllt er, »so'ne verdammte Schweinerei ... auf'm Präsidium sagen die mir, ich soll gefälligst aufpassen ... und ihr Kerls ... ihr Jammerlappen ... ihr ... steht da rum und tut nichts.« Determann, Hentschel, Ollndorf, Schlaub, Mackensen und Lapp, die Wärter und Aufseher, ließen die Köpfe hängen, sagten: »tscha und wieso denn.«
Geffken und der etwas jüngere Tegtmeyer hatten sich durchs Klosettfenster in den Garten gearbeitet und saßen nun bei Kaffee und Kuchen bei der Witwe Kraul in der Hildesheimer Straße. Tegtmeyer kannte die Kraul, bei der Mädchen wohnten, die nachts zu tun hatten.
Angestrengt hatte es die beiden ja mächtig, so durchs enge Fenster; dann die Aufregung und die Angst. Na, nun war man glücklich bei Mutter Kraul gelandet.
Dirk war ein Mordskerl. Der dachte Tag und Nacht an nichts anderes als an Flucht. Zuerst wollte er sogar Determann niederschlagen, aber das wollte Geffken nicht, dazu war er nicht ehrlich als Müller durchs Leben gekommen oder besser gesagt auf den Hund, um noch solche Sachen zu machen.
Und so wurde das mit dem Klosettfenster bewerkstelligt. Eigentlich war es riskant, denn unten auf dem Hofe war ja der Hund, der olle Köter, das Mistvieh ... aber Dirk hatte herausbekommen, daß das Aas läufig war, und hatte es dann losgemacht. Verdammt hoch saß das Fenster! Und wenn Dirk nicht gewesen wäre, dann hätte es auch nicht geklappt. Auf der Straße war es ganz leer, aber Dirk lief, als ob einer hinterher sei ... und dann haben sie sogar eine Droschke genommen ... und nun sind sie bei Mutter Kraul gelandet ...

Schlecht war es ja auch nicht im Heim gewesen, das konnte er nicht behaupten ... aber er wollte wieder nach Hause in seine Mühle ... verdammt nochmal ... und so'n Unmensch würde Gesine auch nicht sein ... und den alten Vater wieder zurückschicken. War doch seine Deern! ...
Gerührt und zitterig schlürfte der alte Geffken seinen Kaffee.
Tegtmeyer sagte: »Das dümmste ist es, nun dahin zu gehen, wo die suchen ... erst mal hübsch hierbleiben ... bis sich die Sache gelegt hat.«
Die beiden Alten wollten gemeinsam in die Mühle ... jedenfalls wollte Geffken zurück ... um jeden Preis. Tegtmeyer sollte als Verstärkung mit. Aber wieweit Dirk zuverlässig war, sollte sich erst herausstellen. Während die Gendarmerie, die Polizei, die Landräte und Bahnhofsposten in der Provinz den Steckbrief der beiden Ausreißer bekamen, saßen sie bei Mutter Kraul. Die hatte ihnen die gute Stube hergerichtet, sagte den Damen, das seien ihr Bruder und Schwager, und ließ die Alten umherschlurfen ...
Das ging so vierzehn Tage bis drei Wochen.
Die Damen waren wenig begeistert von den beiden spuckenden Alten. Besonders Geffken hatte die schlechte Gewohnheit, immer in der Ecke zu sitzen und leise vor sich hin zu röcheln. Dabei hielt er seinen Bruch fest, krächzte und hustete. Dann stand er auf, tappte zum eisernen Kanonenofen, öffnete die Klappe und spuckte seinen Auswurf hinein. Zisch ... machte es auf den glühenden Kohlen ...
Die Damen sagten: »Igittigitt ...«
Tegtmeyer wälzte tagelang Kursbücher, als ob es nach Amerika gehen sollte. Du lieber Gott ... dazu waren sie zu alt. Aber Dirk war ein gründlicher Mensch. So waren alle aus Lübberstedt (dieser Menschenschlag mußte sicher noch einmal einen ganz bedeutenden Mann hervorbringen). Dirk hatte ja noch Verwandte dort, aber die kümmerten sich gar nicht um ihn, die hatten ihn eingekauft, und damit basta.
Frau Kraul wollte die Alten gern loswerden. Erstens wegen ihrer Damen, die sahen es nicht gerne, besonders wenn so etwas passierte wie gestern, wo Dirk unten in der Wirtschaft gekümmelt hatte und strahlbesoffen heraufpolterte und in die Kammer von Irma wollte, die gerade Besuch hatte.
Du lieber Gott ... das konnte Dirk ja nicht wissen ... denn es

war heller Mittag... aber der Herr, der bei Irma war, befand sich auf der Durchreise und hatte wenig Zeit...

Da gab es Krach. Der Herr ging ohne zu zahlen und drohte mit der Polizei, und Irma, das beste Mädchen des Kraulschen Unternehmens, war gewillt wegzugehen.

»Nee... nee... meine Herren, Sie müssen fort.« Mutter Kraul war in erster Linie Geschäftsfrau...

Es war ein häßlicher Wintertag, als Dirk und Geffken abzogen. Viel Wehmut gab es nicht im Hause Kraul; die Barschaft der beiden Ausreißer betrug nur noch zweiundvierzig Mark und fünfzig Pfennige. Gepäck hatten sie nicht; Mäntel hatte ihnen die Kraul bei einem Althändler in der Roten Reihe besorgt, das waren keine Staatsstücke, gewiß nicht, aber sie wärmten.

Unten im Bahnhof sagte Dirk: »Nu man vorsichtig... zusammen können wir nich durch die Sperre.«

Also kaufte Dirk die Billetts, drückte Geffken eine graue Karte in die Hand und sagte: »Geh man vor... ich komm' rauf... finde dich schon...«

Geffken geht auf den Bahnsteig; ihm ist sehr schlecht. So allein, und die Beine wollen nicht mehr, und das Geld hat Dirk;... um Gottes willen!

Geffken zittert vor Aufregung; wenn Dirk nun nicht wiederkommt?

»Na... Opa«, sagt eine Frau, »komm man mit...« Sie nimmt ihn und setzt ihn in den Zug. Wo ist Dirk? Die Leute verstehen den alten Geffken sehr schwer, er redet Bremer Platt, scheppert mit der Stimme und macht einen kranken Eindruck.

Geffken kauert auf seiner Bank. Denkt: Du lieber Gott, was soll ich nun machen? Da kommt Dirk, stämmig und sicher. »Na, Alter«, sagt er, steigt aber nicht in den Zug, er schielt nur so komisch nach dem Bahnsteig 3 hin, wo ein anderer Zug steht.

Geffken krächzt: »Komm doch ... Dirk ... steig doch ein...!«

Aber Dirk Tegtmeyer denkt nicht daran, er sagt: »Paß auf, daß mein Platz nicht besetzt wird... ich muß mal...«, und geht auf die Bretterbude zu. Geffken regt sich schrecklich auf, als der Schaffner die Türe schließt... er stottert was von Dirk... und das ginge nicht, aber die Leute sagen: »Laß man, Opa... der kommt schon wieder...«

Dirk kommt nicht, Geffken verzweifelt.

Der Zug fährt an. Dirk ist nicht da. Da sitzt Geffken und weint vor sich hin. Aber Dirk knöpft sich gerade das Beinkleid zu, als der Zug an der Bretterbude vorbeifährt. Er feixt und macht mit seiner Hand eine winkende Bewegung gegen den Zug hin. Dann stelzt er zufrieden auf Bahnsteig 3 und steigt in den Zug nach Lübberstedt...

Geffken sitzt im Zuge und fährt; was soll nun werden? Geld hat er keines mehr, und Gesine wird ihn sicher wieder nach Hannover bringen.

Er hat sich das so leicht gedacht, so zu zweien anzukommen. Dirk würde schon reden für ihn, das war ja ein Staatskerl... und nun war er nicht da... Du lieber Gott!

Nach drei und einer halben Stunde ist Geffken zu Hause. Fast hätte er die Station verschlafen, es ist acht Uhr abends, dunkel und windig.

Da steht er nun. Cohrs scheint auch nicht mehr da zu sein. Der Kerl da mit der Mütze sieht anders aus. Na... er wird den Weg alleine finden. Die Leute kennen ihn wohl nicht mehr. Geffken ist so müde. Hier geht doch der Weg zur Mühle. Die Straße hinunter am »Hohenzollernhof« vorbei... ganz richtig.

Vater Geffken stapft und torkelt die Straße hinunter. Jetzt muß doch die Mühle kommen. Immer noch nicht? Verdammt auch! Was ist denn das für ein Haus...? Geffken kann im Dunkel gar nichts sehen... er schüttelt den Kopf... brummelt und murmelt... Da kommt ja ein Mann: »Ach... wo ist denn Geffkens Mühle...?«

»Tja... Geffkens Mühle... das heißt jetzt ›Klein-Holland‹... da is es doch... mächtiger Betrieb wieder heute... geh man rein, Opa...«

Der Mann lacht und geht. Geffken weiß nicht, was los ist. Er sieht ja so was wie Mühlenflügel, aber das andere da herum... das Haus... die Musik... was ist denn das...? Geffken tappt durch den Garten. Und dann sieht er durch die Fensterscheiben in den großen Saal; er sieht die Menschen tanzen und die Musiker... und Gesine geht gerade ans Fenster, genau an das Fenster, vor dem sich der alte Geffken aufgestellt hat.

Der alte Mann, der Müller Geffken, krallt sich an der Mauer fest, ihm wirbelt es vor den Augen. Das da soll seine Mühle sein? Diese Kneipe mit bunten Lampen und weißgedeckten Tischen? Das kann nicht möglich sein. Und diese geputzte Deern, seine Gesine?

Er brüllt: »Gesine!« Er öffnet den Mund, schreit: »Luder...

Verbrecher ... Schufte ... Swinkerls ...«, aber all das glaubt er nur zu rufen, in Wirklichkeit steht er wankend mit aufgerissenem Munde und verzerrtem Gesicht da und kann keinen Laut herausbringen ...

Gesine war erschrocken, als das Telegramm vom Altersheim kam, daß der Alte fort sei; sie hat Tränen des Kummers und der Erlösung über seinem unbekannten Grabe geweint, nun steht er vor ihr. Nein, nicht er selbst, sein Gespenst ...

Sie stürzt in den Garten, Hermann hinter ihr her. Die Gäste merken zum Glück nichts; das wäre ein schlechtes Geschäft, wo heute Generaldirektor Kolshorn mit Anhang da ist ...

Der alte Geffken ist zusammengesunken. Er röchelt und blubbert unverständliche Worte, rudert mit dem einen Arm, der andere hängt schlaff ...

»Ein Arzt! Um Gottes willen!« In der Gesellschaft ist Doktor Poppe, Schiffsarzt des Lloyd.

»Herr Doktor«, leise flüstert Hermann ihn aus der Nische heraus.

»Herr Doktor, da ist was passiert ... können Sie mal nachsehen?«

Die anderen merkten nichts, sie sangen und soffen. Der Generaldirektor hatte gerade eine Papiermütze auf dem Kopfe und tanzte mit einer Sektflasche solo.

Abstieg

Die Ehre ist ein wichtiger Bestandteil der menschlichen Gefühle; sie ist sozusagen der Mittelpunkt des Lebens, um sie kreist die tägliche Mühe, die Anspannung und die Sehnsucht.

Man kennt sie in den höchsten Kreisen besser als in den niederen. Wenn auch zugestanden werden muß, daß auch minderbemittelte Menschen eine Art von Ehre haben, die nicht angetastet werden darf; aber diese Ehre ist robuster, sie kommt nicht so leicht ins Wanken, sie wird mit einem Faustschlag ins Gesicht oder auf den Tisch bekräftigt oder zerstört, aber sie ist in jedem Falle reparierbar.

Nur Menschen, denen Ordnung und Wohlstand gleichgültig sind, können daran zweifeln, daß ein Offizier und ein Beamter mehr Ehre zu beanspruchen haben als ein Arbeiter.

Auch der Rechtsanwalt de Vries war ein Mitglied jener Schicht, in der Ehre und Würde sehr empfindliche und zerbrechliche Güter waren. Ein Rechtsanwalt, der sich auf offener Straße ohrfeigen ließ, ohne ritterliche Genugtuung erhalten zu können, ein solcher Vertreter deutschen Rechts war gesellschaftlich unmöglich. Und wenn dieser Anwalt dazu ein Bekenner israelitischen Glaubens war, so mußte er noch mehr alles vermeiden, was eine Verunglimpfung seines Standes hervorrufen konnte...

»Nee... nee... Schwerdtmann... das hätt' er wissen müssen, sag' ich... noch ein' Kognak, Fritz... hätt' er wissen müssen...«

»Aber, Herr Regierungsrat, das kann jedem passieren, und wir in der Anwaltskammer müssen die Sache zudecken.«

»Natürlich, ich bin ganz Ihrer Meinung, Kollege, aber... hätt' er wissen müssen... gibt doch genug Weiber... na prost.«

So ungefähr sprach man bei »Mußmann«, bei »Knickmeyer«, im Gericht und in der guten Gesellschaft...

Der Rechtsanwalt de Vries tat das, was alle Leute besserer Stände tun, wenn ihnen etwas Unangenehmes passiert war, er verreiste.

Das konnte Otto Plümeke nicht. Der hatte eine Ehre, die schon etwas lädiert war, und kein Geld.

Er wollte sich scheiden lassen... ja, das wollte er. Aber gute Freunde redeten es ihm wieder aus. Und schließlich war Margarete ja eine Prachtfrau.

War Otto Plümeke ein nachtragender Mensch? Nein, das war er nicht. Und wie man sagte, hatte der Rechtsanwalt dem Plümeke etwas gezahlt, eine Entschädigung... (»Was sagen Sie dazu... unerhört... nicht?«)

S. de Vries war nach jenem Ereignis sehr krank geworden. Und als er wieder gesund wurde, hatte er sich auf Reisen begeben. Ohne Frau, aber mit einer neuen Leidenschaft, die viel gefährlicher war als die Liebe einer Margarete Plümeke, auch schädlicher als Schnaps und Wein...

Es war das Morphium, das S. de Vries kennengelernt hatte, als er in den Aufregungen der Tage nach dem unliebsamen Zwischenfall erkrankte. Johanna war ratlos und verweint umhergegangen, und er selbst traute sich nicht auf die Straße. Er hielt keine Sprechstunde mehr ab, las Kursbücher und Reiseführer und überlegte bei all diesem Tun krampfhaft, welche Todesart er für den unaufschiebbaren Selbstmord

wählen sollte. Er bekam dann einen Anfall, tobte und schrie, so daß der Sanitätsrat Staffhorst ihm Morphium gab.
Das war der Anfang, nun wußte er Bescheid.
Die Welt war nur erträglich, wenn das Gift in ihm zu wirken begann: Schweben und lächelnde Gleichgültigkeit, ein Flug über alles Kleine, die Glückseligkeit des schöpferischen Augenblicks erfüllte ihn ganz. Wie klein war das alles! Es gab keine Hindernisse mehr, man konnte alles, solange man das Gift in sich hatte. Die höhere Art der Aktivität überfiel ihn, die gelassene, siegreiche, die er niemals vorher gekannt hatte.
S. de Vries verschaffte sich das Morphium durch einen Provisor, den er einmal verteidigt hatte; natürlich mußte er immer erst bitten und betteln, aber es war nur eine Geldfrage. Davison hieß der gütige Giftmischer, und er war so treu, daß er dem Rechtsanwalt das Gift auch in den Badeort schickte, in dem er sich einige Wochen aufhielt, um Gras über die Affäre wachsen zu lassen. Der Rechtsanwalt lebte im Sanatorium und erhielt jede Woche ein unverdächtiges Päckchen »Hildebrand-Schokolade«. Und da er nicht unter ärztlicher Aufsicht stand, fiel es niemandem auf. Nur Joe, der über Sonntag zu Besuch kam, wunderte sich über das lebhafte Wesen des Vaters und über eine Kleinigkeit noch:
Der Rechtsanwalt hatte nämlich immer mehr die Gewohnheit angenommen, sich mit dem linken Zeigefinger die Nasenspitze zu streichen, als ob es dort sehr jucke.
Aber Joe war viel zu sehr mit sich beschäftigt, als daß er diese Beobachtung ernst genommen hätte.
Doch eines Abends, es war ein Tag vor seiner Abreise, geschah etwas Seltsames.
Der Rechtsanwalt hatte sich früher als gewöhnlich zu Bett gelegt, da man nachmittags einen Spaziergang gemacht hatte. Es war eine Gesellschaft von fünf Leuten, harmlose, erholungsbedürftige Menschen, die zum Wasserfall pilgerten.
An diesem Abend kam Joe in das Zimmer des Vaters, das in der Etage unter dem seinen lag, und wollte gute Nacht sagen. Da sagte der Vater mit ganz ruhiger, klarer Stimme:
»Joe... bringe doch die Pferde aus dem Zimmer...!« Joe lachte, er glaubte an einen Witz. Aber S. de Vries richtete sich im Bett auf und deutete zur Tür. »Die Pferde... die roten Pferde... hörst du... bring sie doch aus dem Zimmer.«
Joe war sehr verwirrt, daß er nur stammeln konnte: »Ja, gewiß

doch, Vater ...« Und dann holte er den Arzt. Aber als dieser zu dem Rechtsanwalt ging und an die Tür klopfte, die abgeschlossen war, hörte er auf sein Klopfen hin:
»Was wollen Sie denn, Herr Doktor, lassen Sie mich doch schlafen ...!«
Schließlich öffnete der Rechtsanwalt.
»Warum schließen Sie sich denn ein? Das sollten Sie nicht tun«, sagte Dr. Moosburger mit betont liebenswürdigem Lächeln.
»Das kann ich machen, wie ich will ...« De Vries lag wieder im Bett und rieb beständig mit Daumen und Zeigefinger seine Nasenspitze. Joe stand im Hintergrund des Zimmers. Er sah seinen Vater an, als ob er ein fremder Mensch sei, er roch die Luft des Raumes, sie war dumpf und wie von Chemikalien erfüllt. Er schnupperte ...
Der Arzt fühlte den Puls des Rechtsanwalts, dabei sah er sich das Auge an, nahm die Hand wie zufällig und hob das Augenlid hoch.
Er verabschiedete sich von dem Kranken, machte noch im Hinausgehen einige Witze, und der Rechtsanwalt replizierte sehr schlagfertig.
Auf dem Korridor nahm er Joe am Arm.
»Herr de Vries ... können Sie nicht Ihre Mutter hierherschicken?«
»Ist es denn ernstlich ...?«
»Nein, nur möchte ich nicht, daß Ihr Vater allein bleibt, und eine Frau ist besser als eine Krankenschwester ... reden Sie mal zu Hause mit Ihrer Frau Mutter.«
Joe versprach es, und am anderen Morgen fuhr er ab. Sein Vater war noch ganz schlaftrunken, als er sich verabschiedete.
Joe fühlte sich sehr erleichtert, als er den Badeort verließ. Er war böse auf das Geschick, das ihn immer noch mit seinen Eltern verknüpfte. Er überlegte, während er nach Hannover fuhr, wie er sich von diesem Druck befreien könnte.

Sedantag

Gustav Ellebrechts Leben war das eines verwöhnten und launischen Kindes. Er ging zwar jeden Vormittag um elf Uhr über den Hof des väterlichen Hauses ins Kontor, aber er tat es nur, um seinen Alten nicht noch mehr zu kränken.
Denn Emil Ellebrecht war ein Mann, so wie ein Mann, ein Hannoveraner eben sein soll. Groß, breit, mit kurzgeschnittenem Barte, ein Witwer und Biertrinker, ein Menschenfreund, der auch mal mit seinen dicken Fingern in die Westentasche griff, um einen Groschen für einen Bettler zu verschleudern. Mit seinem Sohne war er durchaus nicht einverstanden. Das weichliche, sanfte, geckenhafte Wesen machte den Alten nervös. Zum Donnerwetter ... das war doch kein Kerl ... das war eine Memme!
Ein Jammer war es, daß Friederike Ellebrecht, geborene Hühner aus Groß-Borstel bei Hamburg, so früh die schöne Erde hatte verlassen müssen. Sie hätte den Bengel wohl schon in die richtige Bahn gebracht, aber Emil kümmerte sich wenig um den Sohn, der in Händen von Dienstboten als verwöhntes und verweichlichtes Menschenkind seine Jugend verlebte.
Um neun Uhr, wenn Vater Emil sich gerade überlegte, ob er zum zweiten Frühstück Kalbfleisch oder Schinkenwürstchen mit Kraut essen sollte, wachte Gustav unter seiner Daunendecke auf, gähnte und verrichtete das mühselige Geschäft des Aufstehens bis zehn Uhr. Frühstückte so um zehn Uhr zwei weiche Eier und ein Milchbrötchen, dazu Kakao, gähnte und las seine Post durch, die sehr umfangreich war.
Daß Gustav das sogenannte Studium von Bernhard Tölle bezahlte, kümmerte den Alten wenig. Auch daß Bernhard eigentlich nicht studierte, so herumpütjerte und manchmal in die Fabrik kam, um stundenlang vor einer Fräsmaschine zu stehen, ging Vater Emil gar nichts an.
Das Automobil, das sich Gustav anschaffte, zeigte ja so etwas wie Geschäftsinteresse, denn die Maschinenfabrik Gebrüder Ellebrecht war dabei, sich auf die Automobilbranche zu konzentrieren. Vorläufig versuchte man sich nur in Reparaturen, die in Fachkreisen einen gewissen Ruf hatten. Der alte Emil Ellebrecht aber hielt im Grunde nicht viel von Automobilen, er hatte seine Equipage, mit der er in der Eilenriede oder in der

Herrenhäuser Allee spazierenfuhr, meistens mit seiner Freundin, der Schauspielerin Marianne Schneider-Brussoni vom Residenztheater.
Gustav war eines Tages auf den Geschmack gekommen, abends sich mehr in der Gegend der Altstadt zu bewegen, dort war es romantisch, da gab es hübsche Jungens und nette Lokale, wie zum Beispiel »Zur schwulen Guste« in der Neuen Straße. Da war es sehr deutlich, und da konnte man sich so benehmen, wie es einem ums Herz war. Daß die jungen Damen in diesen Lokalen nur verkleidete Männer waren, das gab der Sache erst die Würze.
Gustav fand es richtig, ab und zu Berni mitzunehmen, aber der dumme Bengel feixte und lachte so unverschämt, daß es sehr peinlich war. Was sollte auch Max Büter denken, der Stadtreisende und Festarrangeur?
»Entschuldige ... Max«, sagte Gustav, »aber wir haben, glaube ich, ein bißchen viel getrunken.«
Max war der Haupthahn; er arrangierte und ordnete, er sang zur Laute und tanzte, er war ein Kavalier und Ehrenmann. In der »Schwulen Guste« freilich streifte er sein elegantes Benehmen ab, denn dort ging es viel einfacher her. Da saßen die Jungens, ließen sich einladen und gingen auch mit spazieren, in die Maschwiesen oder auf einen Kognak in die Wohnung. Max Büter war ein guter Freund geworden, er war so gefällig und jederzeit zur Verfügung. Er arrangierte kleine Feste und Geselligkeiten, wies die manchmal rüden und gewöhnlichen Burschen zur Ruhe und hatte Autorität.
Den Bernhard Tölle konnte er nicht leiden, weil Berni sich immer über ihn so lustig machte. Max hatte etwas Tantiges und Albern-Geziertes an sich. Er sprach sehr hannoveranisch und wackelte mit den Hüften wie ein Mädchen.
Max, Gustav und Berni saßen oft abends im Wartesaal des Bahnhofes; Max liebte es sehr, die Züge ankommen zu sehen und mal jemand anzuquatschen. Er hatte ein gutes Herz, und wenn er so ganz junge und ängstliche Menschen in der Bahnhofsvorhalle herumlaufen sah, ging er gleich auf sie zu und half ihnen aus mit Geld oder Nachtquartier. Max konnte sich das leisten; er wohnte in der Hallerstraße, das war nicht weit vom Bahnhof.
»Bei mir«, sagte er, »ist stets ein Zimmer für so verlorene Hühner frei.«

Gustav sagte nichts, Berni zog die Augenbrauen hoch und grinste. Max Büters Beruf war ein schwer zu übersehendes Etwas. Er verreiste oft. »Morgen gehe ich auf die Tour...«, sagte er jedem, der es hören und nicht hören wollte. In der »Schwulen Guste«, im »Ballhaus«, im Café Kröpcke im »Fokking« und bei »Mutter Storch«. Seltsam war nur, daß er trotz seiner »Tour« doch in Hannover gesehen wurde.
Vater Emil Ellebrecht wollte nicht, daß »dieser Mensch«, wie er sagte, sein Haus betrat. Emil war nur darum so energisch, weil Marianne, seine Freundin, vor Büter Angst hatte. Und dann war das kein Umgang für seinen Sohn. Darin war er einer Meinung mit Joe de Vries, den er zwar auch nicht leiden konnte, der aber doch aus anständiger Familie war.
Ende des Sommers fand das große Gartenfest in der »Schwanenburg« statt.
Wer arrangierte das? Natürlich Max Büter. Es hieß »Italienische Nacht«; Lampions, und was dazu gehört, besorgte Max.
»Na, wieviel kommen denn... Maxe«, sagte der Wirt und Schwanenburgherr Fritz Bohrmann jun., während Fritz Bohrmann sen. trotz seiner fünfundachtzig Jahre immer dazwischenredete.
»Laß doch ... Vatern ... geh man wech ... das wird schon werden...«
»Tja aber... ich will keine Schweinerei...«, sagte der Senior ahnungsvoll.
Aber Fritz war ein durch und durch modern denkender Mensch. Er war ein Schulfreund von Maxe, wenn er auch nicht alles verstand, was Büter machte, so billigte er es doch unbesehen.
»Dat is en Ehrenmann...«, schrie er seinen Alten an, »da stehe ich für ein...«
Das Fest fand an einem sehr heißen Tage statt. Es war »Sedantag«, der 2. September.
Abends um sieben Uhr sollte es beginnen. Die drei Hilfskellner standen gähnend in der Gaststube. »Die Parade war schön... was?« sagte der dicke Fulle, »da auf'm Waterlooplatz... Mensch, war das ein Gedränge...«
»Sag mal... was is das für'n Verein heute...?«
»Ich weiß nicht, das sind sone Gesangsbrüder...«
»Mensch«, sagte Fulle, »ich habe gehört, es kämen nur Herrens...«

»Och nee … och nee … dat is bloß Gerede … weißte … von der Konkurrenz im ›Limmerbrunnen‹, da quasseln se mächtig … nee … nee …«
Fulle zählte seine Tische. Er hatte zwölf auf der einen Seite, vom Wasser bis aufwärts zur Wirtschaft, und dann noch einige das Wasser entlang; er war zufrieden und bohrte in der Nase.
Um fünf Minuten vor sieben kam die Musikkapelle an. Sie wurde von Bohrmann senior und junior vorwurfsvoll begrüßt.
»So immer knapp vorm Anfang … zum Donnerwetter …«, schimpfte der Alte, »zu meiner Zeit … Kinners, da bei Sedan, wenn wir auch so spät gekommen wären … dann wärt ihr heute alle französisch, tjawoll … ihr Dösköppe!«
Die also Titulierten hatten Mannesstolz in der Brust. Sie ließen sich das nicht sagen, auch nicht von einem so alten Quatschkopp. Da hätte man nun aber den fünfundachtzigjährigen Bohrmann sehen sollen, der stellte sich vor den dicken Willibald Trams hin und schrie:
»Ich bin en Veteran … tjawoll, wie ihr noch Hosentrompeter wart … ihr grünen Lausejungen … hab' ich meinem Kaiser gedient …!«
»Laß doch … Vater … is ja gut.«
Bohrmann junior zog die Herren Musiker in die Wirtschaft, gab erst mal eine Runde Kognak aus und erklärte den Künstlern, die nun versöhnlich gestimmt waren, das Programm des Abends.
»Zuerst mal … hier im Garten, da auf dem Podium, bis so gegen elf Uhr ordentlich was aufspielen … es ist heute hier vorne im Hauptgarten zum Wasser privat … da hinten sitzen woll ein paar Passanten … aber das ist nicht so wichtig … dann ab elf hier im Gartensaal … hier, meine Herren …«
Er führte die Künstlerschar in den reich dekorierten Festsaal. Schwarzweißrote Fahnen, Girlanden und Wimpel zogen sich an der schon stark angeräucherten Holzwand entlang … hier war der Hauptbetrieb zu erwarten.
»Nun, meine Herren … jetzt mal' nen flotten Marsch.« Trams, Hillemann, Lührs, Seiffert, Buschbaum wischten sich die Schnurrbärte:
»Tjawoll … Herr Bohrmann.«
Dann ging's los.

Die Musik schmetterte, die Lampions schaukelten im Wind, und dann kam die Gesellschaft in Kremsern vorgefahren. Bohrmann junior sauste an den Eingang, schubste ein paar Kellner mit: »Los... los... fix... dalli.«
»n'Abend, die Herren...«
»n'Abend, Bohrmann«, sagte Max Büter, »da sind wir nun. Also hopp hopp...!«
»Wird besorgt, Herr Büter...«
Bohrmann junior sah sich einer Gesellschaft gegenüber, die wirklich vornehm schien. Alles geschniegelte und gebügelte junge Männer in nicht ganz passenden Anzügen mit merkwürdig stelzenden Bewegungen. Zuerst glaubte man, es seien nur Herren, denn sie waren entschieden in der Mehrzahl, aber im zweiten und dritten Kremser waren auch Damen.
Vor allem war da Büters »Braut«, Erna Barnstorf, mit ihrer Freundin Frau Else Röhrs, Inhaberin eines gutgehenden Posamentier-Geschäftes.
Erna und Else hatten dann noch ein paar junge Dinger mitgebracht, die kichernd und albern aus dem Kremser stiegen. Die Herren spielten Kavaliere, sie taten es aber wie nebenbei, ohne Schwung. Max sah auf die Uhr.
»Herr Bohrmann... nun die Bowle... dann ein Tänzchen... und dann die Kahnfahrt... ist alles geschmückt...?«
»Tjawoll, Herr Büter...«
Es waren nun etwa vierzig Personen, die mit Lärm und Forschheit an den Tischen Platz nahmen. Die Herren stürzten sich über die Bowle.
»Nanu...«, sagte Kellner Hillemann zu Trams, »kein Schnaps... kein Bier... die olle wässerige Bowle... na ich danke...«
Die Luft war angenehm, zwar noch warm, aber vom Wasser wehte ein Lüftchen, und mit ihm kam auch Musik von den anderen Kaffeegärten herüber. Überall feierte man Sedan, überall saßen deutsche Männer und Frauen und Mädchen zusammen und freuten sich, daß Anno 70 die Franzosen so gründlich geschlagen wurden.
Manch braver Veteran erzählte den aufhorchenden Spätergeborenen, daß er dabei war, wie Wimpffen, der französische General, zu Moltke fuhr und wie da ein großes Feilschen losgegangen war, von wegen der Friedensbedingungen...
»Da hättest du aber den Moltke sehen sollen, der sagte gar

nischt, als der französische General zu wimmern anfing, von wegen anderer Bedingungen ... Mensch ... ich sage dir, so'n Jammerlappen wie der Napoleon, und unser Bismarck und der Moltke und unser großer Kaiser ... ach Menschenskinder, wenn's doch bald wieder losginge ...!«
»Es braust ein Ruf wie Donnerhall, wie Schwertgeklirr und Wogenprall ... was ist des Deutschen Vaterland ... lieb Vaterland, magst ruhig sein ...«
Musik ... Freudenschüsse ... Raketen ... Lampions. Sommernacht und leises Plätschern des Wassers der Ihme ...
Die Gesellschaft in der »Schwanenburg« hatte es sich gemütlich gemacht; einige stiegen in die Kähne. Manchmal war es ein Pärchen, so wie sich das gehörte, aber im großen und ganzen waren es immer nur Männer, die da umhergondelten.
Bernhard Tölle ist mit Gustav Ellebrecht zusammen. Gustav kaut an einer längst ausgegangenen Zigarette. Er rudert, und Bernhard im hellen Anzug sitzt ihm gegenüber. Gustav findet, daß der Abend »wohlgelungen« sei.
»Na, wollen mal sehen«, meint Berni hochmütig. Er ist übrigens nicht allein, denn eins von den jungen Mädchen sitzt auf seinem Schoß.
»Bist du denn nich ... so einer ...«, hat sie ihm gerade ins Ohr geflüstert, und Berni zeigt ihr mit einem Griff, daß er nicht so einer ist.
Wie hieß die kleine Kröte eigentlich? Na, war ja egal. Wenn nur der Gustav nicht immer so eifersüchtig wäre, könnte man hier aussteigen, da sind ja Wiesen, und Heuhaufen liegen da, na, wollen mal sehen ...
Max Büters Boot rauscht vorbei. Gustav ruft »hallo«. Max antwortet nicht ... er hat zu tun ... einen hübschen Bengel hat er heute abend noch kurz vor Abfahrt aufgegabelt, am Bahnhof; so'n Schlingel, der wollte auskneifen nach Amerika, nun hat ihn Max abgefangen. Hugo hieß der Bengel und war sechzehn Jahre alt.
»Ach, Herr Büter, meine Eltern werden mich durch die Polizei suchen ... ich bin doch ausgerückt ... aus Lehrte ... haben Sie denn wirklich alles in Ordnung gebracht ... haben Sie telegraphiert?«
Max beruhigt den Bengel; hier landet er, an der Wiese.
»Komm mal raus ... mein Jung', wir wollen mal die andern erschrecken ...« – »Au fein«, sagt Hugo und steigt mit aus dem Kahn, der an einem halbverfaulten Pfahl festgemacht wird.

»Schön heute abend... nich, Herr Büter?«
»Ja... so warm!«
Die beiden verschwinden auf der Wiese. Die Musik von der »Schwanenburg« ist gut zu hören.
Gustav saß allein in seinem Boot; Berni und Dörtchen waren auf die Wiese gegangen. Gustav war sehr elend zumute. Was hatte er nun davon, er mußte ja diese Festivität bezahlen; zum größten Teil wenigstens. So war es immer, mit Berni hatte er auch wenig Glück. Vielleicht ließ er sich zu viel gefallen. Was war das denn auch für eine Art, so wegzulaufen mit dem verdammten Mädel... er wollte nicht mehr warten.
Als er wegfahren will, hört er Rufe. Da sind sie ja, die beiden. Lustig und vergnügt springen sie ins Boot, Berni und Dörte.
Sie lachen über Gustavs melancholisches Gesicht, soweit man es im Mondschein sehen kann.
»Na, fahr man zu... Gusti...«, sagt Bernhard, und das Kosewort versöhnt Ellebrecht sofort, er wird aufgeräumt und ladet die beiden zu Sekt ein.
»O fein«, sagt Dörte und kneift Berni, der schreit und ihr einen Klaps auf den Hintern gibt. Daraus entsteht eine Balgerei, daß das Boot fast umkippt.
Ängstlich schreit Gustav: »Benehmt euch doch...!«
In der »Schwanenburg« sind nun fast alle wieder da. Es sind auch wohl noch einige hinzugekommen, sie sind sehr betrunken und sehr vergnügt.
»Wo ist denn Maxe?« fragt Bernhard. Niemand weiß es. Die Gesellschaft ging programmäßig um elf Uhr in den Saal. Da wurde es gemütlich, die Hitze, der Wein und der Sekt erregten alle sehr.
Plötzlich stand Max an der Theke. Er sah nicht gut aus, etwas blaß.
»Du«, sagte er zu Erna, »du mußt jetzt mit mir tanzen!«
Als Max Büter schwungvoll elegant im Saale tanzte, applaudierte man.
Später sagte irgend jemand zu Max Büter: »Du, Max... wo ist denn dein neuer Freund... der Kleine...?«
»Mensch, ich weiß doch nicht... wie soll ich das wissen... vielleicht in Amerika...«
Im allgemeinen Hallo sprach niemand mehr von dem kleinen Hugo.

Das Fest dauerte, bis es hell wurde. Mit Gesang und Musik ging es heim. Gustav hatte den Arm um Berni gelegt, der Dörtchen so fest an sich drückte, daß sie immer »Au« sagte. Man fuhr in die Stadt ein. Bei »Mutter Storch« gab es wohl noch Hühnersuppe; da ging man hin.
In der »Schwanenburg« räumte man auf.
»Mensch«, sagte der Kellner Trams, »... wer hat nun recht gehabt?«
»Na, du doch nicht...«, meinte Hillmann.
»Das waren feine Brüder... Mensch... das gibt noch 'ne Schweinerei hinterher... ich möchte nich in Bohrmanns Haut stecken.«
Aber Fritz Bohrmann junior war zufrieden. Ein guter Kassenabschluß an diesem Sedantage.
Es war ja ein bißchen komisch, aber was ging ihn das an. Wenn die nur nicht das Heu auf der Wiese zertrampelt haben. Das müßte er dann morgen wieder machen lassen. Fritz Bohrmann dachte: ich will nun noch mal rumgehen... vielleicht liegt noch ein Besoffener irgendwo...
Er geht am Wasser entlang, atmet die schöne Morgenluft, fühlt sich ordentlich frisch. Er kommt auf die Wiese, da sieht es schön aus. Gott im Himmel! Alle Heuhaufen durcheinandergeschmissen...
Als er auf den träge fließenden Strom der Ihme sieht, glaubt er zu träumen. Eine Hand ragt heraus.
Um Gottes willen, ein Unglück! Er rennt zurück. Man fährt mit Kähnen und Stangen los und fischt den armen Hugo aus dem Wasser.

Es geschieht etwas

Es ging Bohrmann junior doch nahe, daß der Alte recht behalten hatte. Denn was nach der Geschichte mit dem ertrunkenen Hugo Wiedemann aus Lehrte passierte, war mehr als unangenehm.
Ein Verhör nach dem anderen folgte. Wer alles bei dem Fest am 2. September dabei gewesen wäre, wer mit Hugo Kahn gefahren sei, und so weiter. Trams und Hillemann sagten auch nicht gerade günstig über die Gesellschaft aus, und Bohrmann senior krächzte: »Da siehste woll...«

Das sozialdemokratische Blatt der Stadt brachte eines Abends eine aufsehenerregende Notiz. Die hieß »Sedanfeier« und schilderte anschaulich das Leben und Treiben in der »Schwanenburg« am 2. September abends von sieben bis morgens um zwei.
Für das Polizeipräsidium war es kein schöner Tag, als die verdammte Zeitungsnotiz erschien. Auf dem Zimmer dreiundsechzig, wo Oberkriminalkommissar Lewerenz zu sagen hatte, war der Teufel los. Lewerenz meinte, man müsse das dementieren. Das Dementi erschien; es lautete:
»Die von der hiesigen hannoverschen sozialdemokratischen Parteizeitung gebrachte Meldung über ein am 2. September dieses Jahres stattgefundenes Fest im Restaurant ›Die Schwanenburg‹ entspricht in der von der Zeitung gebrachten Form nicht den Tatsachen.«
Hugo Wiedemann war begraben worden und nach vierzehn Tagen wieder ausgegraben. Dann wurde er wieder eingesargt, wieder beerdigt und schien Ruhe zu haben; aber es sollte anders kommen.
Irgendein Festteilnehmer hatte unter dem Siegel der Verschwiegenheit Dinge erzählt von Herrenpartien und der Gesellschaft am 2. September, von Max Büter, was der für ein fixer Kerl sei, und so. Natürlich hatte wieder das sozialdemokratische Blatt seine Gewährsleute, es erschien eine Notiz: »Betreffend Sedanfeier«, kurzum, man wurde doch etwas nervös auf dem Polizeipräsidium.
Der Zeuge Max Büter hatte ausgesagt, daß Hugo Wiedemann zwar im Kahn mit zur Wiese gefahren wäre, aber ein Mädchen sei dabei gewesen, die den Bengel mit ins Heu genommen hätte.
»Ja... wie das Mädchen hieß, warten Sie mal... Herr Kommissar... ach ja... das war doch die kleine Spritelse...
»Spritelse...?«
»Ach, die heißt so, weil sie immer nach Alkohol riecht.«
»Wo wohnt die denn... wie heißt sie?«
Büter zog ein kleines Buch aus der Tasche... blätterte darin... Das machte einen guten Eindruck, denn es waren nur Mädchenadressen.
»Hier... Herr Kommissar... Else Raufenbarth... An der Christuskirche neun... drei Treppen... bei Frau Anna Mente.«

Die Vernehmung von Anna Mente hielt den Kommissar Lewerenz lange auf, viel zu lange. Die Mente gab sinnlose Antworten, so zum Beispiel auf die Frage, ob sie Else Raufenbarth kenne, sagte sie: »Die kenn ich' man zu gut ... Herr Kommissar ... zu gut ...«
Aber es stellte sich als ein Hörfehler heraus, sie hatte einen ganz anderen Namen verstanden.
Dem sozialdemokratischen Blatt wäre es am liebsten gewesen, wenn die Polizei in erster Linie den vornehmen Herrn Gustav Ellebrecht festgesetzt hätte ... Das gäbe einen fetten Artikel: »Wie Kapitalisten nationale Feste feiern ...«
Wie kam die Polizei dazu, sich beunruhigen zu lassen? Passierten nicht täglich Dutzende von Unglücksfällen, ertranken nicht jeden Tag und jede Nacht Leute, ohne daß man gleich in den Zeitungen Zeter und Mordio schrie?
Gustav Ellebrecht hatte nach seiner schonenden Vernehmung eine Erholungsreise angetreten, er war nach Italien gefahren, es lag ja nichts gegen ihn vor. Max Büter ging wie immer auf Geschäftsreise, und es schien alles ruhig.
Anfang Oktober aber geschah etwas, das die Polizei nicht mehr dementieren konnte. Eines Tages kam Herr Wilhelm Wiedemann, Schuster aus Lehrte, der Vater des unglücklichen Hugo, zum Kommissar Lewerenz und sagte, daß er nun bestimmt wüßte, wer der Mörder seines Jungen sei ...
Erstmal verwies der Kommissar dem Herrn Wiedemann den Ausdruck »Mörder«, sein Sohn sei ertrunken ... nicht ermordet; dann aber erfuhr er, daß ein gewisser Bernhard Tölle, ein junger Mann von zwanzig Jahren, der mit Ellebrecht befreundet sei und der Sohn eines Briefträgers, zu einem Mädchen gesagt hätte ... Max Büter hätte gesagt, mit dem dußligen Hugo Wiedemann hätte er damals kurzen Prozeß gemacht ... ja, das hätte er gesagt ...
Was blieb der Polizei übrig, als wieder gegen Büter vorzugehen. Man veranstaltete eine Haussuchung. Aber als die Polizei abends um zehn Uhr dreißig in der Wohnung des Herrn Max Büter in der Hallerstraße erschien, wurde nicht aufgemacht.
Herr Büter war gerade von der Reise gekommen, hatte sich zu Bett gelegt und wollte schlafen. Als die Polizei zu ihm hineinwollte, öffnete er die Tür einfach nicht, sagte, daß die Herren doch um sechs Uhr in der Früh wiederkommen sollten, daß Haussuchungen nach Paragraph einhundertsechs zwischen

zehn Uhr abends und sechs Uhr früh nicht statthaft seien, wenn kein Haftbefehl vorläge. Und den, so meinte Max Büter sehr höflich, hätten sie wohl nicht ...
Nein, den Haftbefehl hatten sie nicht. Aber am anderen Morgen um sechs Uhr kamen sie wieder, durchsuchten das sehr ordentlich hergerichtete Zimmer, in dem Max Büter in Hemdsärmeln beim Frühstück am Tisch saß. Es roch gut und angenehm in der Wohnung des Herrn Büter, nach frischem Kaffee, nach Spiegeleiern, nach Gesittung, Ordnung und Wohlstand.
Ob die Herren nicht eine Tasse Kaffee genehmigten? Nein, das ginge nicht. Na, dann täte es ihm leid ... Die Herren sollten sich nicht stören lassen, nur müsse er leider um sieben Uhr fünfunddreißig nach Bremen fahren ... ja leider ... geschäftlich ... aber die Herren sollten sich nicht stören lassen ... bitte schön ... hier seien die Schlüssel.
Die Polizei war eifrig bemüht, in der Wohnung des Herrn Büter etwas Verdächtiges zu finden. Man entdeckte zwar ein Album mit schönen weiblichen Akten, ein wissenschaftlich gehaltenes Werk, in das Kommissar Mühlenschulte sich gern länger vertieft hätte, sonst aber nichts. Zwar behauptete Kommissar Wedde, daß im Herd in der Küche viel verbranntes Papier läge, aber damit ließ sich nichts anfangen.
Um sieben Uhr zwanzig meinte Büter, er müsse nun zur Bahn, und die Herren seien ja auch fertig ... nicht?
Ja, das waren sie.
Während Büter seinen Mantel anzog und seinen Koffer nahm, plauderte er mit den Beamten, die froh waren, nichts gefunden zu haben. Sie wünschten dem Herrn gute Geschäfte und trennten sich im besten Einvernehmen. »Auf Wiedersehen, meine Herren ... Adieu.«
Max ging mit schnellen Schritten die Hallerstraße hinunter, bog in die Friesenstraße ein. Da kam Kommissar Wedde auf die gute Idee, schnell in eine kleine Kneipe hineinzugehen und von dort aus an die Bahnhofspolizei zu telephonieren, daß die mal aufpassen sollte ... was ein gewisser Max Büter, so und so aussehend, mit der und der Handtasche, eigentlich mache, nach welcher Station er die Fahrkarte löse ... und so weiter. Er selbst, Kommissar Wedde, würde gleich am Bahnhof sein.
Als der Kommissar auf dem Bahnhof ankam, erfuhr er, daß Max Büter seinen Koffer in der Abgabe für Handgepäck

aufgegeben hätte und dann wieder auf den Bahnhofsplatz gegangen wäre, Kommissar Springmann hätte die weitere Beobachtung übernommen.
Büter saß in der elektrischen Bahn, die nach Ricklingen fuhr, und las im »Anzeiger«. Er war recht vergnügt, feixte vor sich hin, fing einen kleinen Quatsch mit dem Nachbar an, mit dem Schaffner, machte Späße und amüsierte die Fahrgäste.
In Ricklingen ging Max zu seinem Freunde Kehrberg in die Wirtschaft »Zum Niedersachsenroß«, hatte da eine Menge zu tun, er las Briefe, die anscheinend für ihn angekommen waren.
Max sah aus dem Fenster. »Dunnerslag...«, schrie er,... »Dunnerslag...«, sprang auf und sagte zu Leo, er käme gleich wieder.
Der dicke Kehrberg, der schon viel in der Welt herumgekommen war, sah nun etwas, was er nicht für möglich gehalten hätte. Er sah, wie ein Herr auf Max zutrat, den Hut lüftete und eine unangenehme Bewegung mit der linken Hand an den Rockaufschlag machte, so daß da eine Münze oder Marke zu sehen war, eine Bewegung, die Kehrberg gut kannte und die er gar nicht liebte.
Er sah, wie Max, der schneidige Maxe, zurückwich und laufen wollte, wie aber noch ein zweiter Herr und ein dritter aus dem Hause der Schwarkschen Molkerei traten und einer etwas dem Max um die Hand legte.
Dann gingen die Herren direkt auf das »Niedersachsenroß« zu. Kehrberg sagte nun auch... »Dunnerslag...« und fing an zu zittern.

Ein Sonntagnachmittag

S. de Vries konnte wieder ruhig zu Mußmann gehen, kein Mensch sah ihn verächtlich an. Die Ohrfeige war vergessen, sie war durch eine Ehrenerklärung der Anwaltkammer fortgeweht.
Was war auch Großes geschehen? Ein Betrunkener, ein vorbestrafter Mann, hatte den ehrenwerten Rechtsanwalt insultiert. Strafanzeige gegen ihn wurde nicht erhoben, da de Vries es nicht wollte.
Nur Frau Johanna und Joe sahen die Sache ernster an. S. de Vries war sehr verändert, er mußte sich oft, während einige

Gäste bei ihm waren, zurückziehen und kam dann sehr lebhaft wieder. Der aufmerksame Betrachter aber sah, daß der Anwalt sich immer mit Daumen und Zeigefinger die Nasenspitze rieb...

Bald nach der Rückkehr aus dem Sanatorium, wo er die letzten Wochen mit seiner Frau verbracht hatte, traf de Vries den Grundstücksmakler Thaler aus Bremen. Die beiden spazierten zusammen die Bahnhofstraße hinunter. Moritz war schlechter Laune, die sich bei ihm durch äußerste Lebhaftigkeit ausdrückte.

»Sagen Sie... Doktor... was soll ich da machen?« Thaler erzählte lang und breit die Geschichte des Grundstückkaufs, die Entstehung von »Klein-Holland«, von dem Benehmen seiner Mitinhaber und die ganze unerfreuliche Angelegenheit.

S. de Vries meinte: »Versprechen Sie sich eigentlich von der Sache etwas... Herr Thaler?«

»Nee... weiß Gott nicht... das hat mich doch schon ein schönes Butterbrot gekostet... aber ich soll da mir nichts dir nichts heraus... warum denn...?«

»Lassen Sie sich doch das eingezahlte Kapital auszahlen... wenn die nun in der Zahlung unzuverlässig werden... klagen wir.«

»Na ja... aber Geld krieg' ich doch nicht... von denen nicht!«

»Aber Sie kennen doch den Umsatz... am besten ist es, wir fahren mal hin... ist Ihnen das recht...?«

Thaler machte ein schiefes Gesicht, er dachte an die Unkosten, aber de Vries war schließlich ein tüchtiger Rechtsanwalt. Und allein ging er überhaupt nicht gerne mehr hinaus nach »Klein-Holland«.

Thaler wurde vom Rechtsanwalt zum Mittagessen eingeladen.

Joe war beim Anblick von Moritz Thaler sehr erschrocken, denn seine Eltern wußten nichts davon, daß er in »Klein-Holland« gewesen war und dort den Makler getroffen hatte.

»Tag, Herr Thaler... wir haben uns ja lange nicht gesehen...«

Thaler sah ihn an, zwinkerte mit dem Auge: »Tja... junger Herr... was macht die Kunst?«

Und Joe erzählte mit seltener Ausführlichkeit von seiner Arbeit, S. de Vries und Johanna waren sehr erstaunt, denn Joesprach sonst nicht gerne von seiner Musik.

Die Familie de Vries ging nach dem Essen mit ihrem Gast in die Laube, wo der Kaffee serviert wurde. Joe turnte wie ein Kind auf dem Rasen herum.

»Er ist noch sehr jung«, sagte Frau Johanna, und Thaler meinte: »Gott, so richtig jung... das soll man sich lange erhalten,... sehen Sie,... ich bin mit fünfzehn schon Lehrling gewesen,... nicht gleich in Hamburg bei Ihrem seligen Vater; in Hoya war ich in einem kleinen Laden,... da gab es alles, was das Herz begehrte:... Heringe... Schnürsenkel...« Der Rechtsanwalt lachte und rauchte seine schwarze Zigarre, er fühlte sich so wohl wie schon lange nicht mehr. Thaler machte faule Witze, über die er sich selbst am meisten amüsierte. Man genoß den Sonntag und den schönen Oktober, der noch so sommerlich warm war.

Der Rechtsanwalt glaubte, etwas eingeduselt zu sein, als er so in einem Liegestuhl lag und in die Sonne blinzelte. Ja, er war wohl eingeschlafen, und er sah, wie Johanna und Thaler miteinander leise redeten.

Sicher sprachen sie über ihn; über seine Krankheit, oder wie man es sonst nennen wollte. Moritz Thaler machte ein bedauerndes Gesicht und wiegte den Kopf hin und her, und Johanna hatte ihr Taschentuch in der Hand.

S. de Vries wurde plötzlich von einer unsäglichen Klarheit gepeinigt. Er sah durch dies alles hindurch, durch die Menschen und durch sich selbst; es war eine Wachheit mit dem Gefühl, gänzlich ohnmächtig zu sein; er sah das Gespenstische der sommerlichen Bäume. Während seine Augen die gelben Blätter liebkosten, sah er die nackten Äste ragen, die bald da sein würden. Im Sonnenschein sah er den Schneesturm, hörte das Heulen über nächtlichen Dächern, fühlte die peitschende, schneidende Kälte des Winters... Dieser Thaler... dieser arme schlaue Thaler... ein gebrechliches Stück Mensch... und seine Frau Johanna... die ängstliche, immer zagende, verzweifelte Frau... und Joe, der arme tapfere kleine Junge... was aus ihm wohl würde, wenn die krampfhafte forsche Klugheit von ihm abbröckelte... und er sah sich selbst... sein Leben... die Frauen, die er gehabt und begehrt hatte... und seine Kindheit, in der Gott als oberster Herr regiert hatte...

Der Rechtsanwalt geriet in einen Schwächezustand, der nur ihm bewußt wurde... jetzt mußte er gleich aufstehen... und

zur Spritze greifen, dieser einzigen Wirklichkeit, dem einzigen Trost und Halt, den er hatte.
Da kam Joe über den Rasen gelaufen. Er flüsterte mit seiner Mutter, er sah zum Vater hin, der zu schlafen schien.
S. de Vries öffnete die Augen. »Was ist...?«
»Vater... da ist der Bernhard Tölle... weißt du... mein Freund... der möchte dich sprechen... da muß etwas passiert sein... und er hat Angst... ich verstehe das nicht...«
»Heute am Sonntag«, sagte S. de Vries unwillig, aber er stand schon auf. Seine Beine waren sehr schwach. Er taumelte so, daß Joe hinzusprang. Johanna stand auf und gab ihrem Mann den Arm. Zu Moritz Thaler sagte der Rechtsanwalt im Weggehen: »Schöner Krüppel bin ich... was...? Na, macht nichts... ich sehe Sie doch noch nachher?«
Moritz aber sagte, er müsse gleich gehen; er fühlte etwas Unangenehmes sich zusammenziehen; davor hatte er Angst.
»Lieber Doktor... wegen der Sache da vorhin schreibe ich Ihnen, da können wir ja nächstens mal hinfahren... und vielen Dank...«
Von Joe und Johanna geführt, ging der Anwalt ins Haus, wo Bernhard Tölle im Sonntagsanzug und sorgfältig gescheitelt ihn erwartete.
Bernhard Tölle war von der Polizei vernommen worden, gestern früh um acht Uhr. Es war sehr unangenehm, denn Bernhards Wirtin, Frau Auguste Quarles, war gar nicht begeistert, als in aller Herrgottsfrühe ein Kriminaler vor der Tür stand und nach »Herrn Bernhard Tölle« fragte.
Mutter Quarles hatte an der Tür gelauscht und durchs Schlüsselloch gesehen, dann war sie in die Küche gegangen und hatte geweint, denn sie hatte den Berni sehr lieb.
Der Kriminalbeamte ging nach einer halben Stunde wieder fort. Aber heute früh war ein Brief gekommen mit einer ausländischen Marke; er war von Gustav Ellebrecht. Wegen dieses Briefes war nun Bernhard Tölle zu dem Rechtsanwalt gelaufen. Der Brief lautete:
»Lieber Bernhard, ich rate Dir, aus Hannover zu verschwinden, denn die Geschichte in der ›Schwanenburg‹ wird sehr unangenehm für uns alle. Leider muß ich vorläufig hierbleiben und kann Dir für die nächste Zeit kein Geld mehr geben, da mein Vater mich aus dem Hause gewiesen hat. Ich lebe von dem wenigen, was ich mir zurückgelegt habe, hoffe aber, daß es mir

gelingen wird, bald wieder in Besitz von Geldmitteln zu kommen, da mein Vater ja einsehen muß, daß ich nichts Schlechtes getan habe. Max Büter gegenüber sei vorsichtig, vermeide, mit ihm zusammenzukommen, denn ich traue ihm nicht. Bitte teile mir mit, was Du tust und wohin Du gehen willst. Vielleicht ist es am besten, Du suchst Dir irgendwo eine praktische Arbeit.

In alter Freundschaft
Dein unglücklicher Gustav«

Rechtsanwalt de Vries meinte, er wüßte nicht, was er dabei tun sollte. Da sagte Berni, vielleicht könnte der Herr Rechtsanwalt ihm einen juristischen Rat geben, denn er wüßte nicht, warum er aus Hannover verschwinden solle. Es könnte ihm doch gar nichts passieren.
»Wie wollen Sie das Studium bezahlen ... Herr Tölle ...?«
»Ja, das ist es eben. Ich habe noch einige Jahre an der Hochschule, dann kann ich das Examen machen.«
»Sie haben doch schon praktisch gearbeitet?«
»Ja, bei Ellebrecht ...«
»Da scheint mir das beste, Sie arbeiten wieder irgendwo praktisch, vorläufig ... Kann Ihr Vater Ihnen nicht ...?«
»Nein, Herr Doktor, der hat es selbst zu knapp ...«
»Na ... ich werde mir mal die Sache überlegen ... Im Augenblick sehe ich keine Möglichkeit. Aber sagen Sie mir doch mal, was ist das denn eigentlich mit der Sache in der ›Schwanenburg‹. Können Sie mir das nicht erzählen?«
»Doch, Herr Doktor.«
Und Bernhard Tölle erzählte. Zuerst sehr vorsichtig, dann aber ausführlich. Wie das so alles kam. Mit Gustav und den vielen Bekanntschaften, die Lokale, die Mädchen, das Bummeln, kurzum, das ganze unsinnige Leben, das Bernhard Tölle außerhalb seines Studiums geführt hatte. Der Anwalt wurde immer interessierter, er vergaß seinen Schwächezustand, er saß da und notierte und nickte, fragte, schüttelte den Kopf und war am Ende völlig im Bilde.
»Mein lieber Junge ...«, sagte de Vries, »ich glaube doch, Sie gehen am besten erst mal zu Ihrem Vater.«
Ja ... dann wolle er gleich mal an seinen Vater schreiben. Der Rechtsanwalt stand auf, sagte: »Gehen Sie doch in den Garten zu Joe ... der wird sich freuen ... ich komme gleich nach.«

Berni ging aus dem Zimmer, die Verandastufen hinunter in den Garten.
S. de Vries aber ging die Treppe hinauf ins Badezimmer, dort besah er sich im Spiegel. Er war nicht zufrieden mit sich. Dann nahm er seine Spritze, holte mit genußsüchtigem Lächeln eine kleine Glasröhre, brach die Spitze ab, füllte die Spritze und führte sie mit raschem Griff an seinen Oberschenkel. Er stach zu, durchs Beinkleid, mit nachtwandlerischer Sicherheit. Er verzog den Mund etwas beim Einstich, rieb dann leicht die Stelle, verschloß hastig die Spritze und steckte die leere Ampulle in seine Westentasche.
Langsam ging er die Treppe hinab; setzte sich an den Arbeitstisch, seufzte ganz laut, sah sich erschrocken um und stützte den Kopf in die Hand.

Vierter Teil

Ein Freudentag

In »Klein-Holland« war durch die Ankunft des alten Geffken das sorglose, harmlose Leben gestört. Röchelnd und lallend lag der Alte im Bett, ein Schlaganfall hatte seine Zunge und die linke Körperhälfte gelähmt. Trotzdem beherrschte er das ganze Haus durch seine bloße Anwesenheit. Man spürte ihn überall.

»Wie lange kann das noch dauern...?« Dies sagte niemand, weder Hermann noch Gesine, aber sie dachten es alle.

Gesines töchterliches Empfinden war niemals stark gewesen, und auch beim Anblick dieses Jammerbildes von Vater konnte sie zu keiner anderen Regung kommen als der, beleidigt zu sein. Ja, sie empfand das Kommen und die Krankheit des Alten als eine ihr zugefügte Gemeinheit.

Hatte sie nicht alles so schön und bequem eingerichtet? Und nun diese Störung! Pfui, das hatte sie nicht verdient, die gute hübsche, lammfromme, sanftäugige Gesine Geffken.

Diese verdammte Schererei, dachte Hermann, da liegt nun der Alte und kann noch ewig liegen.

»Sagen Sie, Herr Doktor, bessert sich der Zustand nun nicht...?«

Dr. Spreckelsen antwortete nicht gleich, er war damit beschäftigt, seinen Benzwagen, den Stolz und das Ergebnis seiner dreißigjährigen Praxis, anzukurbeln, aber das Biest wollte nicht anspringen.

»Is wohl kalt geworden«, meinte Hermann und war sehr stolz auf seine technischen Kenntnisse.

»Schiet«, sagte Spreckelsen, da sprang er an. Der Wagen, ein offener Zweisitzer, zitterte und machte großen Lärm. Man mußte sehr laut sprechen, um sich zu verständigen.

»Die Düse... ist immer verstopft... dann kriegt er auch Nebenluft...«

»Soll er noch weiter Umschläge haben...?«

Spreckelsen sah ihn an wie einen Verrückten, dann begriff er.

»Den Alten ... den lassen Sie man hübsch liegen ... ich komm' morgen wieder vorbei ...«
»Tja ... Herr Doktor, und wie lange kann das ...?«
Spreckelsen saß aber schon in seinem Automobil. Er gab Gas. Krachend und pustend arbeitete der Motor. Hermann ging nun neben dem langsam anfahrenden Wagen mit, er wollte noch immer etwas sagen. Da schrie Spreckelsen: »Kannst ihn auch gleich totschlagen ...«
Wendelken spuckte vor Wut. So'n Schwein ... so'n Ekel ... dachte er und ging zum »Hohenzollernhof«. Das tat er jetzt öfters, da saß es sich ganz schön. Und dann hatte er ja auch Erinnerungen an das Hotel, gute und auch sehr schlechte. Wenn er so beim Bier im »Hohenzollernhof« saß, wurde er sehr nachdenklich; er grübelte: Wer hat nun am meisten Schuld, Gesine oder Thaler? »Ich bin unschuldig ...« So dachte er, so dachte auch Gesine. Und vielleicht dachte auch Emanuel Tölle so, der Briefträger, mit dem es nicht vorwärts und nicht rückwärts ging. Dessen Leben schnurrte langsam ab. Er war noch immer derselbe. Das Leben hatte ihm hart zugesetzt, und daß er trotzdem immer noch bei Laune war, kam nur durch die kleine Tine, die sein Trost war. Das süße schnippische Ding verstand es auch, sich bei dem Briefträger lieb Kind zu machen. Onkel Tölle hin ... Onkel Tölle her ... so zwitscherte es den ganzen Tag herum. Tine war inzwischen schon sehr groß geworden und noch hübscher.
Meta Engelhardt dachte manchmal daran, sich wieder zu verheiraten. Und Tölle dachte auch daran, als Tine in das Alter kam, in dem die Bengels und jungen Männer hinter ihr her waren.
Das ging nun doch nicht, daß der Mieter Tölle immer auf dem Tanzboden saß und aufpaßte, daß der Tochter seiner Wirtin nichts passierte. Das mußte ja direkt auffallen.
Na ... und da sagte sich Emanuel eines Tages, es kann auch nachts gewesen sein ... wenn du nun die Alte heiratest, dann ist Tine deine Tochter ... Und Bernhard? Ach der, was kümmerte sich der Lausejunge um seinen Alten!
Und mit einem Male wurde Tölle Frau Meta gegenüber etwas galanter. Vorher war sie nur seine Koch- und Putzfrau gewesen.
»Wissen Sie ... Frau Engelhardt ... manchmal denke ich doch daran, es ist nicht gut, so alleine zu sein ...

»Von wegen alleine...«, lachte Meta, »Sie und alleine, wo denn... wann denn...?«
Also sie begriff nicht, wollte nicht begreifen, das ging vielleicht bei Kaffee und Kuchen besser.
Eines Sonntags blieb Tölle seiner Gewohnheit entgegen zu Hause, denn sonst verschwand er meist nach dem Essen und ging zu Wendelken oder zum Postvorsteher Pflüger, mit dem er gut stand. An diesem schönen Märztage aber blieb Tölle zu Hause. Tine hatte ihm nach dem Essen etwas vorgelesen aus der Zeitung, lauter wenig schöne Dinge, Politik und ähnliches, dann hatte er zu Meta Engelhardt gesagt, sie solle doch in seinem Zimmer mit ihm Kaffee trinken. »Och nee... wieso denn und warum...?« fragte Meta.
Aber sie kam, setzte sich aufs Sofa und seufzte. Das konnte nie schaden. Dann kam Tine, machte ein spitzes Mäulchen, ihre Augen kullerten vor Erstaunen, als Vater Tölle einen echten »Bremer Klaben« auspackte.
»Den hab' ich mir gestern mitbringen lassen...«
»Och... fein is der...«, äußerte Tine. Sie leckte dabei mit ihrer kleinen Zunge ihre Lippen, was den alten Tölle aufregte. Er seufzte: »Alles für dich... mein Kind... Deine Mutter und ich sind ja aus den Jahren...«
»Na... das will ich gar nicht sagen...«, sagte Meta entschieden. Sie hatte schon mit energischen Schnitten den Klaben zerlegt. »Is der vom Bäcker Hartje in der Wachtstraße...?« fragte Meta kauend.
»Tja... was Sie für'n feinen Geschmack haben... is nicht zu sagen...«
Tine machte Glupschaugen, der Onkel Tölle war heute so komisch. Er hatte seinen Zivilanzug an, mit hohem weißen Kragen, er war so feierlich angezogen...
Der Kaffee schmeckte; Meta ging noch mal in die Küche, um neuen zu kochen. Da legte Tölle seine Hand auf Tines Kopf, sah sie sehr innig an: »Würdest du dir vorstellen können, daß ich dein Vater bin... Kind?«
»Warum nicht, Onkel Tölle... ich denke mir das ganz fein...«
Sie lachte und setzte sich für einen Augenblick auf Tölles Schoß. Frau Meta kam in die Stube. »Deern... laß das...«, sagte sie. Ob sie eifersüchtig war?
Tölle redete merkwürdig. Er hatte keinen rechten Mut. War auch ein komischer Gedanke, einen Heiratsantrag zu machen

in Gegenwart der sechzehnjährigen Tochter. Tölle erzählte, wenn er verlegen war und ihm sonst nichts einfiel, vom Militär. Das hatte er mit vielen anderen Menschen gemein.
»Ja... damals bei die Manövers...«, so erzählte er unter sorgfältiger Vermeidung aller außerdienstlichen Vergnügungen.
Nach der Soldatenzeit kam unter Seufzen und Husten eine viertel Stunde Erzählung von seiner Frau, wie das so schön war, und so. Dann kam mit herzlicher Betonung Bernhard an die Reihe. Aber was gab es da schon zu erzählen. Nichts Besonderes. Nur Tine sagte: »Der Bernhard, glaube ich, ist ein feiner Kerl; kommt der nicht mal wieder?« Tine hatte sehr hübsche Erinnerungen an Berni. Der hatte ihr vor zwei Jahren einen Kuß gegeben unten im Garten. Seitdem hatte sie ja schon von anderen Küssen Erfahrung gesammelt, aber Berni, das war ein feiner Kerl...!
»Ach Gott...«, sagte Tölle, »der Berni ist ja schon ein richtiger Herr, der muß doch das Examen machen und dann sein Jahr dienen, das muß er woll...«
Dabei dachte Vater Tölle immer, wo der bloß das Geld hernahm, die paar Kröten, die er monatlich schickte, und die paar tausend Mark Erbschaft aus Hameln mußten doch bald alle sein... na, ihm konnte es ja gleich bleiben, solange sein Sohn nichts Unrechtes tat.
Frau Meta Engelhardt meinte, der Bengel hätte wohl nicht lange genug eine Mutter gehabt, käme ihr so vor, meine sie man bloß. Und Vater Tölle sagte: »Nun nun, ja ja«, aber, dachte er, das wäre ja eine passende Überleitung.
»Ja... Frau Meta...«, er hustete und genierte sich doch vor Tine, die mit frechem Gesicht ihn anstarrte... nun brachte er nichts mehr heraus.
»Tine, geh mal runter und hol mir meine Brille, ich kann nichts mehr sehen hier in der Zeitung...« Tine ging trällernd und albern sich umsehend die Treppe hinunter. Man hörte sie unten singen: »In der Nacht... in der Nacht... wenn die Liebe erwacht...«
Tölle meinte, das sei eigentlich kein Lied für ein junges Ding. Aber Meta war der Ansicht, daß die jungen Mädchen auch etwas vom Leben haben müßten... sie hätte es nicht gehabt. Tölle stimmte ihr zu, im übrigen meinte er, ob Frau Meta ihn denn ein bißchen leiden möge?

Was das denn damit zu tun hätte, mit den jungen Mädchen und so? Ja, das konnte Tölle auch nicht so schnell beantworten, und nun hörte er Tine wieder die Treppe heraufkommen. Darum sagte er schnell: »Ich wäre geehrt ... Frau Meta ... wenn Sie mir die Hand zum Bunde reichen würden ...!«
Aber da kam Tine wieder, sie klopfte an, das unverschämte Ding, und machte einen schiefen Kopf; Tölle war sehr verlegen, aber Frau Meta sagte: »Laß die Dummheiten ... Tine ...«
Dann dachte sie nach. Sie hatte den Briefträgerheiratsantrag schon lange erwartet, sie machte nun noch mal einen kleinen Überschlag wegen des Hauses und des Geldes auf der Sparkasse.
Wer sollte ihr raten? Sie war eine einfache Frau, und Frau Postschaffner war schon etwas ... na, viel mehr konnte er nicht werden ... der mit seinem komischen Namen ... »Emanuel«; sie würde »Vater« sagen, das ginge schon. Und sonst bliebe alles beim alten. In der Stube stand ja sowieso das Bett von ihrem Paul ... Nur die Sache mit »Klein-Holland«, die gefiel ihr nicht, da dürfte Tölle nicht mehr hin ... wenigstens nicht so oft. Von der Gesine Geffken erzählte man sich ja allerhand Sachen ...
Meta Engelhardt war am Ende ihrer Überlegung. Sie war eine nüchterne Frau. Sie war nicht beschwert von Gefühlen; sie war eine echte Norddeutsche.
»Bloß nich so'n Gerede von allem immer machen« ... das war ihr Wahlspruch ... »Die Leute reden zuviel und tun zuwenig« ... hatte auch Paul immer gesagt. Meta dachte einen Augenblick an ihren verstorbenen Mann ... In dem wehmütigen Augenblick aber dachte sie gleich daran, daß Paul Engelhardt, als er die langen Jahre kränkelte, ein schönes Stück Geld gekostet hat; das hatte sie durch Waschen verdient. Und ein erstklassiges Begräbnis hatte er auch bekommen ... der Maurer Engelhardt ... und das Grab ließ sie immer gut herrichten, trotz der schlechten Zeiten ...
Tölle ließ sich inzwischen von Tine aus der Zeitung vorlesen, das tat sie gerne, sie hatte eine reiche und ausschweifende Phantasie, sie las Dinge, die niemals dastanden: Vater Tölle merkte es nicht, dazu war er viel zu verliebt in die Kleine.
Meta Engelhardt sagte mitten in einem Bericht über das letzte

Schützenfest in Lesum, den Tine vorlas, wo der Fabrikant Franz Frese freihändig mit der Pistole achtzehn Punkte geschossen hätte...

»Tine... kannst Onkel Tölle 'nen Kuß geben und mir auch, wir haben uns nämlich verlobt.«

So erfuhr Emanuel die Entscheidung, so gab er den ersten Freudenkuß in seiner zweiten Ehe seiner Stieftochter, dem süßen kleinen Mädchen, und als er ihre Lippen fühlte, freute er sich, als ob er eine junge schöne Braut im Arme hielte.

Die richtige Braut freilich war schon beim Aufräumen und Wirtschaften, hatte keine Zeit für solche Weichherzigkeiten; sie gab dem Bräutigam mit ihren rissigen Lippen einen Kuß auf die Stirn.

»Na, wollen's schon recht machen... Alter...«

Tölle ging fort, er wollte den Postvorsteher einladen und vielleicht auch Wendelken, aber das wollte Meta nicht, und so ließ er es wohl besser, er fühlte sich schon unfrei, war aber sehr glücklich...

Als Postvorstehers kamen, waren zwei Flaschen Wein auf dem Tisch und gute Stimmung beim Brautpaar und der Tochter.

Aber um neun Uhr hörte man Schritte vorm Hause. Dann klingelte es; unten stand Bernhard Tölle.

Emanuel rief aus dem Fenster: »Wo kommst du denn her...?«

»Ich wollte dich mal besuchen...«, rief Berni.

Tine lief rasch hinunter und öffnete die Haustür.

Kurzschluß

Moritz Thaler lebte seine mühselig heiteren Tage, so wie er es seit Jahrzehnten tat. Ohne Sinn, ohne Zweck, wozu... warum... wäre es nicht besser, wenn ich es nicht täte? Was soll das alles... ach, lieber Gott im Himmel... dieser Ärger... diese Bosheit... warum lebe ich eigentlich?

Er wanderte auf seinen kurzen Beinen durch die Stadt, die ihm ewig feindlich blieb.

Moritz Thaler wußte, was unter dem prüden und spitzen Getue der Hanseaten steckte. Viel Heimlichkeit, viel Theaterspielerei und im Grunde nichts als die nackte Gier des Lebens. Es munkelte und raunte sich zu von der Neustadt bis nach

Hemelingen, daß all diese geschniegelten, behäbigen und gewichtigen Menschen, die Herren Senatoren und Kaufleute, die Konsuls und Makler, daß diese gar nicht so etepetete wären, wenn sie allein oder in der Gesellschaft sich befänden, die ihnen paßte. Hinter den geschlossenen Vorhängen der Schwachhauser Villenfenster geschah wohl manches, was im Licht des Tages sich übel ausgenommen hätte.
Moritz Thaler schwieg; er kannte die Herrschaften und wußte auch, wer zum Beispiel gerne nach »Klein-Holland« eine »Geschäftsreise« machte und wer das nicht tat.
Die Zeitungen brachten ja schaurige und schreckliche Sachen, die da draußen in der Welt passierten...
»Nee... Herr Thaler... so was... so was kann bei uns nich passieren... bei uns nich... in Bremen... is doch doll...!«
Der dicke Konsul Oelfken schnaubte vor Entrüstung. Es war im »Essighaus«, dem bestrenommierten Restaurant der Stadt.
Moritz löffelte seinen Suppenteller leer, er schmatzte dabei vor Behagen:
»Ja, Herr Konsul, das ist meine Meinung auch... ganz meine Meinung...«
Dabei machte er ein so hinterhältiges Gesicht, daß Konsul Oelfken sich zu der temperamentvollen Bewegung hinreißen ließ und die Augenbrauen in die Höhe zog. Dabei sagte er: »Sie machen man Spaß, nöch?« – »Nein... im Ernst... bei uns so was... lächerlich...«
Moritz zog sich vorsichtig wieder zurück. »Nee, bei uns in Bremen, da gibt es das nicht... keine Sorge... Herr Konsul... keine Sorge.«
Oelfken fand es in diesem Augenblick doch sehr unpassend, sich mit dem »Juden« eingelassen zu haben. Das soll man nicht machen, dachte Oelfken, diese Menschen haben keine Distanz... haben sie nicht... So sagte er zu sich selbst. Er verabschiedete sich bald.
Moritz saß da, rieb sich das immer etwas unrasierte Kinn und bedauerte sich sehr.
»Fritze«, so rief er den Kellner, »Fritze, gib mich mal die ›Nachrichten‹.« Moritz sprach, wenn er ganz besonders unglücklich war, absichtlich falsches Deutsch.
Oelfken hatte nicht übertrieben, da standen wirklich tolle Sachen in der Zeitung. Moritz hatte ja schon gestern und in

voriger Woche davon gelesen, aber hier in der neuesten Ausgabe war ein genauer Bericht.

»Die Leichenfunde in Hannover«, so hieß die Notiz. Sehr ausführlich und anschaulich wurde da erzählt, wie Kinder vor einigen Wochen an der Wasserkunst einen Menschenschädel gefunden hatten und wie dann fast jeden Tag neue schaurige Funde gemacht wurden. Ein Lehrling von der »Continental« fand auf freiem Felde bei Ricklingen einen Sack voll Knochen und Menschenschädeln, so zehn bis zwölf Menschen zugehörig. Die Untersuchung ergab, daß es sich durchweg um junge Menschen handeln mußte. Der »Anzeiger« meinte, es seien Knochen, die aus der Anatomie gestohlen wären, das »Tageblatt« vermutete Ähnliches, die Polizei erklärte, »man untersuche«.

Der sozialdemokratische »Volkswille« aber nahm sich der Sache an. Kein Tag verging, ohne daß in diesem Blatt gehetzt wurde. Man solle sich mal die Statistik der Vermißten ansehen, man solle mal die Polizei ermuntern, der Sache nachzugehen. Die Polizei ermunterte sich und verhaftete einige dunkle und rauhe Gesellen, von denen die meisten als Massenmörder kaum in Frage kamen, am wenigsten Hini Bartels, der ohne Papiere aufgegriffen wurde und mit einer freundlichen Bereitwilligkeit unaufgefordert erzählte: er wäre der gesuchte Massenmörder.

»Tjawoll auch ... das hab' ich getan ... tjawoll ...«

Auf die sensationelle Nachricht hin, daß der Mörder, der Schrecken der Residenz, endlich gefaßt wäre, beruhigten sich die Zeitungen bis auf den »Volkswillen«, der meinte, dieser harmlose Landstreicher könne nicht als Täter in Frage kommen.

Auf der Polizei waren ja auch schon einige Leute, wie der Oberkriminalkommissar Lewerenz zum Beispiel, von der Geständnisfreudigkeit des Bartels unangenehm berührt. Hini Bartels, der einfältige sechzigjährige Vagabund, wurde auf seinen Geisteszustand untersucht und als äußerst schwachsinnig befunden ...

Das hatte sich in Hannover zugetragen; die »Bremer Nachrichten« knüpften noch einige erbauliche Betrachtungen daran und beruhigten die Leser.

Thaler warf die Zeitung auf den Tisch, schrie »Fritze zahlen ...«, tat es und ging in schlechtester Laune nach Hause.

An diesem Nachmittag klingelte es an seiner Wohnungstür. Thaler hatte sich gerade auf die Chaiselongue gelegt, obwohl er es sonst nie tat, und hörte das Klingeln sehr undeutlich. Er dachte, die Zietemannsche wird schon aufmachen, aber Wanda Zietemann war mal wieder auf »einen Sprung« fort, so mußte Moritz schimpfend und ächzend zur Tür. Er brüllte: »Wer ist denn da...?«
Ein Mann räusperte sich. »Ich bin es... Wendelken.«
»Moment«, sagte Thaler und schlurfte ins Zimmer zurück, um sich zu sammeln; dann öffnete er.
»Na... Wendelken... was gibt's...?«
Wendelken stand gerade und unbeweglich in der Tür. Er hatte anscheinend keinen rechten Mut einzutreten. Thaler setzte sein falschestes Lächeln auf. »Immer rein... immer rein... in die gute Stube... Hier... Wendelken, 'nen Kognak...! Nun schieß los...!«
»Tja... Herr Thaler... das geht nun nicht so weiter...«
»Was denn schon wieder? Wir haben uns doch geeinigt... nicht? Sie werden den Laden alleine haben... ich ziehe meinen Anteil zurück... will nichts mehr davon wissen...«
»Herr Thaler... ich glaube, es ist am besten, es bleibt alles beim alten. Und ich gehe weg... habe keine Lust mehr... Mit Gesine geht es auch nicht. Das Weib richtet mich zugrunde... Ich bin man bloß en Popanz... das will ich nicht... Und dann die Sache mit Hannover, diese eklige Mordsgeschichte, da kommen wir ja woll auch noch mit hinein...«
»Nanu... wieso habt Ihr denn damit zu tun...?«
»Ja, da ist doch der Bernhard Tölle, der dumme Bengel, nun bei uns...«
»Na, und...?«
»Tja... da kommen nun mit einem Male die Kriminaler und verhören ihn. Und nun das blödsinnige Gerede... och, Herr Thaler... man kommt ja aus dem Ärger nicht heraus...«
Thaler wurde sichtlich nervös. Dieses »Klein-Holland« hatte er allmählich satt. Und nun noch diese Schweinerei von Hannover, die ihn gar nichts anging... Wenn er den Kasten bloß wieder verkauft hätte; wenn er nicht so'n alter weichherziger Mann wäre, würde er den Anteil kündigen und sich zurückziehen. Aber er ließ sich breitschlagen... immer wieder...
Da sitzt der dußlige, heimtückische Wendelken und wollte wieder etwas... Dann können sie hübschmachen und Pfötchen

geben ... Aber wenn man draußen ist, da in ihrer Bruchbude, dem Etablissement, da tun sie, als ob sie die Herren wären ...
»Hören Sie ... Herr Wendelken ...«
Wendelken dachte: Nanu ... jetzt kommt etwas Unangenehmes, wenn er so höflich »Herr« sagt ...
»Ich will und muß aus der Sache raus. Mein Anteil ist gekündigt, basta. Suchen Sie sich einen anderen. Mein Geschäft geht schlecht, dazu kommt, daß ich mich gesundheitlich nicht so fühle. Kurzum ... ich will nicht mehr. Sie wollen ja alleine sein ...«
Wendelken redete hin und her, er solle doch noch warten, noch ein paar Monate, jetzt vor der »Saisong« wäre das doch ein harter Schlag. Thaler blieb fest. Ihm war gar nicht wohl dabei. Wendelken regte sich sehr auf, fing an zu schreien ... das kenne man, zuerst seien die Herren begeistert und zögen einen mit in eine unsichere Sache ...
Da wurde Thaler wütend, sagte, Wendelken könne sich nicht beklagen, er hätte ja einen schönen Schnitt im vorigen Jahre gemacht. Und was er denn überhaupt noch wolle ...? Er hätte ja ihm den Vorschlag gemacht, aus der GmbH auszutreten, und nun mit einem Male?
Daran sei nur das Weib schuld, sagte Wendelken, das verfluchte ...
Das wäre ihm egal, schrie Thaler, er hätte sie alle satt. Er wollte seinen Anteil wieder haben. Schluß!
Wendelken wurde es heiß. Gesine hatte ihm genau gesagt, was erreicht werden müßte bei diesem verdammten Juden!
Wendelken steht auf und stellt sich vor Thaler hin. Er fuchtelt mit den Händen, schreit und benimmt sich flegelhaft.
Thaler ist sehr erschrocken, ihm fällt ein, daß er alleine in der Wohnung ist, ganz allein ... um Gottes willen, der tut ihm was, dieser Spitzbube. Wo bloß die Zietemannsche sich wieder herumtreibt? Er versucht, mit Kognak und Zigarre Frieden zu stiften. Aber Wendelken läßt sich auf nichts mehr ein. Er schiebt mit seiner nicht mehr ganz sauberen Hand die Flasche beiseite, daß sie fast umfällt, erhebt seine Stimme zu einem Gebrüll und redet und tobt.
Das war nicht mehr der weinerliche Mann von vorhin, der da schlapp machte und selber aus der Geschichte heraus wollte, nein, da stand ein Rüpel, ein brutaler Kerl, der bedrohliche Umgangsformen annahm.

Thaler war gewiß nicht feige, er hatte mit seiner kleinen Statur, seiner auffälligen, zum Spott reizenden Erscheinung immer einen schweren Stand gehabt, aber er nahm darauf keine Rücksicht, ja, er reizte gern die Leute zur Aggressivität. Er war auf seine Art tapfer. Aber heute, gerade heute nachmittag mußte dieser Flegel herkommen, heute mußte er allein zu Hause sein. Wie spät war es denn? Schon halb sechs! Seit Stunden war die Zietemann fort, du lieber Gott! Sicher würde der Kerl gleich einen Revolver ziehen!...

Thaler verflucht die Stunde, in der er auf die Idee gekommen war, sich mit Wendelken einzulassen. Er horcht, ob er die Etagentür gehen hört, ob die Zietemannsche kommt!

Nein, nichts... nur Wendelken brüllt. Dabei schenkt der Kerl sich jetzt wiederholt Kognak ein. Er war schon ziemlich betrunken...

Thaler wird ängstlich, sein Herz klopft, sein Atem geht schwer, ihm wird sehr heiß. Er geht zum Fenster.

Drunten auf der Straße liefen Menschen, fuhren die Wagen, drüben pfiff die Eisenbahn. Er war eigentlich schon lange nicht mehr in Hoya gewesen, dachte er...

Jetzt hört er die Tür gehen, das ist die Zietemannsche! Ja... das ist sie, Gott sei Dank!

Thaler dreht sich herum. Nun hat er wieder Kraft.

»Herr Wendelken... nun lassen Sie mal das Trinken...«

»Ich trinke ja gar nicht...«, Wendelken lachte blöde, »ich will ja nur mein Recht...«

Die Zietemannsche klopfte an.

»Herein!« brüllte Thaler energisch.

»Och, Herr Thaler... entschuldigen Sie die Störung...«

»Sie stören gar nicht... Sie kennen doch Herrn Wendelken?«

Die beiden begrüßten sich mit höflichem Mißtrauen. Thaler rieb sich die Hände.

»Wissen Sie, Frau Zietemann... machen Sie uns mal einen schönen Kaffee... nicht, Herr Wendelken?«

Dem ist alles recht, ihm kann nichts mehr passieren, ihm scheint die ganze Sache verfahren. Denn der Grund seines Kommens war der: Er wollte nicht nur, daß Thaler sein Geld im Geschäft stecken ließ, nein, er und Gesine wollten tatsächlich eine Hypothek auf das Haus haben, sie wollten Geld, um den Betrieb zu halten. Das wußte Thaler noch nicht...

Der Kaffee kam. Moritz schlürfte ihn, und Wendelken nippte. »Herr Thaler ... also Sie bleiben bei uns«, sagte Hermann mit herzlicher Betonung, die sehr komisch klang.
»Nee, Wendelken ... kommt gar nicht in Frage. Damit müssen Sie sich abfinden. Ich bin zu alt zu solchen Sachen ...«
Wendelken wollte wieder hoch. Da klopfte die Zietemannsche an die Tür. »Herr Thaler ... ich muß noch einmal nach meiner Schwester sehen, die hat so'n Anfall ... kann ich noch mal weg ...? Ich komme in einer halben Stunde wieder!«
»Ja ... ist gut«, schnauzte Thaler, aber er bereute es im gleichen Augenblick. Aber nun war nichts mehr zu machen.
Wendelken gab sich einen Ruck. Nun mußte er es sagen. Viel Mut hatte er nicht.
»Und dann noch eins, Herr Thaler. Sehen Sie, das Geschäft braucht soviel ... dies und das, nun müssen wir wieder streichen lassen, und im Garten ist durch den Frost viel kaputt gegangen ... und in der Küche ... und da meinte Gesine ... ob Sie uns nicht ein bißchen was leihen würden, so zweitausend Mark müßten es wohl sein ... meinte Gesine ...«
Thaler hatte schon viel in seinem Leben erlebt, aber so etwas von Unverschämtheit noch nicht. Erst wollten diese Leute ihn herausgraulen, dann bereuten sie es wieder und möchten doch nicht gerne das Risiko allein tragen ... und dann noch Geld?
Klein und geduckt saß Wendelken da. Das war 'ne schöne Geschichte. Thaler würde natürlich sich weigern, das kommt von seinem blöden Benehmen ... ach, diese Gesine! ...
Bevor Thaler sich noch von seinem Ärger erholen konnte, passierte etwas Seltsames. Wendelken packte sich plötzlich an den Kopf, sagte: O Gott ... o Gott ...«, und dann heulte der Mensch. Der lange Wendelken flennte wie ein Kind. Thaler war peinlich berührt. Was wollte er denn? Zum Donnerwetter ... diese Aufregungen ... und die Zietemannsche treibt sich herum. Was ist denn los? Gleich sieben Uhr abends, und er hat seinen Nachmittag vertrödelt ... du lieber Gott ... nun sitzt der Kerl da und flennt.
»Wendelken ... Mann ... was ist denn ...?«
Und da stotterte und schluchzte Hermann Wendelken ...
»Och, Herr Thaler ... ich gehe ins Wasser ... ich mach' das nun ... nich mehr ... nee, nee ... dies verdammte Weib ... mit allen hat sie es ... betrügt und belügt mich ... und ist ein Unglück ... ich bin ja gar nicht so, wirklich nicht ... Sie haben

ja ganz recht, Herr Thaler, uns nichts zu leihen ...« Thaler mußte lachen, davon hatte er noch nichts gesagt. »Und was soll das werden ... ich komm' noch mal ins Kittchen ... aufs Schafott, wenn das alles rauskommt ... jawoll, nun wissen Sie es, kein Mensch weiß es ... jetzt holen Sie man die Polizei ...!«
Thaler entsetzte sich; was war das? Wendelken hatte was mit dem hannoverschen Mord zu tun ... um Gottes willen. Ja, so mußte es kommen, in seiner eigenen Wohnung mußte ein Mörder sitzen ... wenn das sein Vater noch erlebt hätte! Wie hatte der alte Thaler immer gesagt: »Laß dich nicht so nah mit den Gojims ein ... das rächt sich ... erstens wollen sie alle was von uns, zweitens soll man es nicht tun ...« Mit einem Mörder sitzt er nun in der Stube ... der sagte es ja eben ... ganz allein ... das verdammte Frauenzimmer muß jetzt gerade zu ihrer Schwester ... ausgerechnet jetzt ... so was kann nur ihm passieren. Wozu hat er gearbeitet, wozu hat er sich geärgert? Nur Mörder und Gauner sind um ihn herum ...
»Wendelken ... nehmen Sie sich zusammen ... reden Sie doch nicht so'n Unsinn ... die dumme Geschichte in Hannover geht Sie doch nichts an ... machen Sie doch nicht solche Witze mit einem alten Mann.«
Wendelken sah auf. Sein rotgeschwollenes, gedunsenes Gesicht war weniger zum Fürchten als zum Lachen. Aber Moritz war es nicht lachhaft zumute.
»Mit der Sache in Hannover ... habe ich ja nichts zu tun ...«, sagte Wendelken, »mit der nichts ... aber meine Frau ... ist damals ...«
Moritz erschrak, er hielt sich die Ohren zu, er wollte nichts hören. Das ging ihn gar nichts an ... Überhaupt nichts ... er will nichts gehört haben ... gar nichts ...
Und nun sollte er gehen. Mit ihm war ja doch nichts anzufangen. Aber Wendelken war immer noch nicht recht bei sich. Er starrte vor sich hin, lachte idiotisch und murmelte: »Meine arme Frau ... so ein verfluchtes Weib ... Jetzt wissen Sie's ... nun holen Sie die Polizei ...!« Da kam die Zietemannsche. Noch nie hatte Thaler eine solche Freude gefühlt; fast zärtlichen Herzens hörte er den liebvertrauten Schritt der tüchtigen Wanda Zietemann.
»Wendelken ... ich habe nichts gehört ... ich weiß von nichts ... gehen Sie doch!«

»Tja, Herr Thaler... nun sind Sie mir böse... aber das kam so...«
»Quatsch nich, Mensch,... ich weiß von nichts...«
Thaler schrie so laut, daß die Zietemannsche erschrak. Was war wieder los? War dieser schreckliche Kerl noch immer da? Ob sie mal anklopfte?
Da poltert es im Briefkasten... Die Abendzeitung! Die mußte Herr Thaler gleich haben. Wanda klopfte an die Tür: »Die Zeitung, Herr Thaler... und wann essen Sie...?«
»Gar nicht... überhaupt nicht...!«
Thaler war wirklich böse. Nicht auf die Zietemann, aber auf alles. Er nahm die Zeitung, schmiß sie auf den Tisch.
»Also Wendelken? Mann... nehmen Sie sich zusammen... gehen Sie nun nach Haus... wird schon alles werden...«
Wendelken war sehr kleinlaut. Er begriff nicht, was los war. Wollte ihn Thaler nun anzeigen... mußte er ins Wasser gehen... was war denn? Warum war er auch so ein Schwatzmaul... Ach, dieser verdammte Jude!
Thaler setzte sich an den Tisch, er schlug die Zeitung auf. Was stand da auf der ersten Seite fettgedruckt?
»Der Massenmörder von Hannover gefunden!«
Moritz las und merkte nicht, daß Wendelken sich leise aus dem Zimmer entfernt hatte.
Die Zietemann kam, deckte den kleinen Tisch in der Ecke, zündete das Licht an, hantierte und klapperte mit Tellern, aber Moritz saß unbeweglich. Er schüttelte den Kopf und seufzte.
»Da, lesen Sie, Zietemann, lesen Sie... ich habe keinen Appetit mehr.«
»Och, Herr Thaler«, war alles, was Wanda Zietemann sagen konnte.
Dann las sie und bewegte buchstabierend die Lippen dabei. Sie las langsam und genau, und am Ende sagte sie:
»Och nee... daß es so was gibt...!«

Das Welfenroß bäumt sich

Eine Stadt, die friedlich und strebsam dahinlebte, die sommers und winters ihr angemessenes und ordentliches Kleid trug, der die Reinigung der Straßen und das Wohl der Bürger am Herzen lagen, wurde in ihrem Fundament getroffen und wankte

sichtlich, als es sich herausstellte, daß in ihren Mauern seit Jahr und Tag ein wildes Tier, ein Menschenfresser, hauste.
So sauber und genau die Bürger ihr Leben einrichteten, so strahlend das in Garnison befindliche Militär glänzte, es konnte doch nichts nutzen. Das Land, ja die Welt sah mit angeekeltem Gesicht auf diese Haupt- und Residenzstadt Hannover, in der solche unsäglichen Dinge geschehen waren. War es denn so etwas Besonderes, daß Knochen und Leichenteile gefunden wurden? Daß ein Junge ertrunken oder ertränkt war? Daß viele Menschen jährlich als vermißt gemeldet wurden? Die Statistik der Polizei ergab die beruhigende Feststellung, daß der Prozentsatz der Vermißten und Verschwundenen in Hannover nicht höher sei als in anderen Städten.
Damit mußte der Bürger sich abfinden. Aber er tat es nicht. Als ob die Erde sich geöffnet hätte, so wurden plötzlich rings um das Stadtgebiet herum Knochen und Leichenteile gefunden, meistens von spielenden Kindern, so daß es bald ein beliebtes Spiel zu werden drohte: »Knochensuchen.«
Das Beunruhigende war, daß die Leichenteile meist als zu jungen Menschen gehörig agnosziert wurden. Die Polizei hatte schwere Wochen, aber sie kam nicht weiter. Das sozialdemokratische Blatt ruhte nicht eher, als bis es eine Verwarnung von der Polizei erhielt: Es sollte gefälligst in ein »schwebendes Verfahren« nicht eingreifen. Die Zeitung erwiderte, sie hätte bisher von einem »Verfahren« gar nichts gewußt.
Nun begann sie jeden Tag eine namentliche Liste der seit drei Jahren Vermißten zu veröffentlichen. Jeden Tag, zwei Wochen lang. Im Polizeipräsidium ging ein Denunzieren und Verdächtigen an, und keiner traute dem andern, und jeder sagte von jedem, daß er der Lieferant von statistischen Listen für die Sozialdemokraten sei.
An einem Sonntag im November sammelten sich große Menschenmassen aus Hannover und Umgebung längs der Leineufer in und außerhalb der Stadt und veranstalteten ein großes »Suchen«. Die Polizei entschloß sich in letzter Stunde, mit Hilfe einer Kompanie Pioniere mitzumachen, dämmte den Fluß inner- und außerhalb der Stadt ab und durchsuchte die trockengelegten Stellen. Man fand an diesem Tage über fünfhundert Knochen und Teile von Menschen. Gerichtsärztliche Feststellungen ergaben, daß die gefundenen Teile Reste von zwanzig bis dreißig Personen sein mußten.

Die Aufregung in der Stadt war unbeschreiblich. Man sprach von nichts anderem als von den Leichenfunden. Was schierte Politik, was Kriegsgeschrei am Balkan, was Hofnachrichten und Galaparaden...

Die Polizei beantwortete die Unruhe der Bevölkerung mit Verhaftungen in großem Stile. Die Gefängnisse füllten sich, und doch war der Richtige nicht darunter. Manch harmloser Taschendieb erhielt für Tage den Nimbus eines Massenmörders.

Es war keine Aussicht, den oder die Täter zu finden.

Da brannte eines Abends in Ricklingen das Gasthaus »Niedersachsenroß« bis auf die Grundmauern ab. Bei den Aufräumungsarbeiten stießen Arbeiter auf eine Tür im Keller; ein Gang führte einige Meter weit unter die Erde, dann war Grundwasser. Der dunkle Gang war angefüllt mit Kisten, die unregelmäßig umherstanden. Aus einer der Kisten hing ein Stück Zeug heraus, ein Lappen... Als man sie aufbrach, entdeckte man mehrere Kleidungsstücke, Anzüge, Schlipse, Westen. Auffallenderweise nur Kinder- und Jünglingsanzüge.

Man legte auf die Sachen keinen Wert, nur fiel es auf, daß der Gastwirt Kehrberg sehr bemüht war, die Kisten fortzuschaffen. »Laß doch die ollen Kisten liegen«, sagten die Feuerwehrleute, aber Kehrberg war um sie besorgt, als ob sie Kostbarkeiten bargen. Zufällig war ein Kommissar da, der die Frage der Brandstiftung untersuchen sollte, er war gerade dabei, den Kehrberg zu vernehmen, da die Versicherung des Hauses vor einigen Wochen erhöht worden war.

Als Kommissar Gösken die Geschichte mit den Kisten hörte, wurde er neugierig, er ließ sie öffnen und war erstaunt. Kehrberg sagte, die Kisten hätte jemand bei ihm untergestellt, da dürfe niemand ran. Der Gastwirt weigerte sich aber entschieden, den Namen des Betreffenden anzugeben, er wüßte nicht mehr, wie der hieße, die Sachen ständen schon ewig hier, er wüßte gar nicht warum. Weshalb er denn aber die Kisten fortschaffen wollte? Ja... das wüßte er auch nicht recht... er sei eben ein gewissenhafter Mensch...

In den Kisten befanden sich außer den Kleidern auch noch Briefe und Karten, Ausweise, Schüler-Straßenbahnabonnements und ähnliches. Kommissar Gösken stellte bei dem Polizeipräsidium telephonisch fest, daß einige Namen der Briefe auf der Vermißtenliste verzeichnet waren.

Kehrberg wurde ins Untersuchungsgefängnis eingeliefert, dort gestand er, daß die Kisten Herrn Max Büter gehörten.
Büter saß noch in Untersuchung wegen des Falles Wiedemann, denn in dieser Geschichte war noch nichts Genaues ermittelt worden. Man hatte die Leiche schon einige Male aus- und wieder eingegraben, aber es war wirklich nicht festzustellen, ob Hugo eines gewaltsamen Todes gestorben war oder nicht.
An dem Tage nun, an dem Kehrberg in das Untersuchungsgefängnis geschafft wurde, sollte Büter entlassen werden. Man wollte das Verfahren niederschlagen, zumal der Gerichtsarzt Dr. Havemann meinte, nun könne man den Wiedemann nicht mehr ausbuddeln, da »sei schon nichts mehr dran«.
Kommissar Lewerenz ging gerade zur Vernehmung des Kehrberg, als Büter im Korridor des Untersuchungsgefängnisses ihm begegnete.
Büter sagte: »Herr Oberkommissar ... ich werde heute entlassen.«
Da fiel Lewerenz (er wußte nicht warum) plötzlich ein, es wäre wohl besser, die Entlassung des Büter erst nach der Vernehmung des Kehrberg vorzunehmen. Zwar war das nicht leicht durchzusetzen, da der Untersuchungsrichter den Zusammenhang nicht einsehen wollte und Lewerenz nur sagen konnte: »Ich habe so das Gefühl ...« Der Untersuchungsrichter lachte. »Na schön ... wegen Ihrer Gefühle also soll der Büter noch bis Nachmittag hierbleiben.«
Max Büter war sehr aufgebracht, als ihm das Geständnis des Leo Kehrberg mitgeteilt wurde. Er leugnete und sagte immer wieder: »Ich habe mit der Sache nichts zu tun ... wissen Sie, Herr Kommissar ... der Kehrberg hat eine Wut auf mich«, er lachte, »wegen einer Weibersache.«
»Meine Ahnung ...«, sagte Kommissar Lewerenz zum Untersuchungsrichter. Der meinte: »Na schön ... Ihre Ahnung ... glauben Sie daran; die Hauptsache ist es, den Skandal restlos aufzuklären.«
Die Aufklärung war weit schrecklicher, als Kommissar Lewerenz vermutete. Max Büters Geständnisse gingen langsam, aber gründlich vor sich; er gestand nach tagelangem Verhör etwa zehn Morde an jungen Menschen ein, die er im Laufe der Jahre verübt hatte. Es waren ausschließlich Knaben und Jünglinge gewesen, die er irgendwie an sich gelockt hatte. Sicher

war es, daß Max Büter seine Opfer in einem Rausch, in einer Umarmung mit einem Biß in die Kehle zu Tode gebracht hatte. Der elegante, geschniegelte Max Büter, der fesche Kavalier und Freund, war ein Untier, ein Menschenfresser gewesen. Seine Art, die Morde zuzugeben, hatte etwas Niederschmetterndes. Es war, als ob es ihm geradezu Behagen verursachte, noch mehr und noch mehr zu gestehen. Wenig angenehm für die Polizei war sein Bestreben, immer neue Leute besserer Stände, ja sogar hochgestellte Persönlichkeiten als gute Bekannte und Zeugen anzuführen. Der Untersuchungsrichter sagte zu Lewerenz: »Das wird 'ne Schweinerei... dafür fresse ich 'ne Kruppsche Kanone... mit Lafette.«

Nur den Fall Hugo Wiedemann bestritt Büter hartnäckig. »Nee, Herr... den hab' ich nich umgebracht... der ist ja mit mir Kahn gefahren... aber dann ist er plötzlich, wie wir an Land sind, auf der Wiese verschwunden... mir war die Sache unangenehm... weiß Gott, aber was wollte ich tun... aber dem habe ich gar nichts getan...«

Die Hannoveraner sind gründliche Menschen, sie tun nichts halb. So auch im Fall Büter. Die sozialdemokratische Zeitung triumphierte und kündigte an, alle Namen der Freunde dieses Massenmörders bekanntzugeben.

Das fiel sogar in Berlin bei der Regierung unangenehm auf. Man schickte einen schneidigen Herrn nach Hannover, der dafür sorgen sollte, daß die Sache mal abgeschlossen würde und man zu dem Prozeß kommen könnte.

Es war ein Regierungsrat von dem Berge, ein sehr strebsamer Herr, der da angereist kam. Lewerenz behandelte den Herrn zwar mit der geziemenden Höflichkeit, aber als der Berliner meinte, die hannoversche Polizei müsse jetzt schnell und gründlich durchgreifen, das wäre ein bißchen wenig gewesen, was sie bis jetzt geschafft hätte, sagte Lewerenz:

»Bitte... Herr Regierungsrat... hier sind meine genauen Akten... vielleicht kann Herr Regierungsrat dann beurteilen, wie es wird, wenn wir... scharf durchgreifen... bitte.«

Der Herr von dem Berge »nahm Einsicht« und sagte:

»Mein lieber Lewerenz... Sie werden schon alles richtig machen...« Dann reiste er ab.

Er hatte nämlich bemerkt, welch' hochgestellte Persönlichkeiten sich der Bekanntschaft des Max Büter rühmen konnten. Büter war in allen Kreisen, die sich für hübsche Jungens und

nette Abende interessierten, wohlbeliebt, da gab es keine Standesunterschiede mehr ...
Der Mörder aber war nach seinen Geständnissen wie von einer Last befreit; er war gar nicht mehr der »Schneidige«, er war ein behäbiger, hämischer Bursche geworden, der immer sagte: »Die müssen alle was ... auf'n Deetz bekommen ...!«

Eine auffällige Familie

Johanna de Vries hatte es nicht leicht; das meinten ihre besten Freundinnen, und die wußten Bescheid. Sie wußten sogar noch mehr als Johanna selbst, sie kannten das Gerede und Gemunkel um den Rechtsanwalt herum, sie seufzten vor Neugier, wenn wieder einmal etwas »erzählt« wurde. Aber sie bedauerten Johanna, die gute Frau und Mutter, ja, das taten sie ...
»Sagen Sie selbst ... Frau Doktor ... ist das ein Leben ...? Da könnte sie es so gut haben ... nicht wahr ... Der Mann soll schwer nervös sein ... ich würde nicht zu so einem Anwalt gehen, das sagt auch mein Mann ... und der Sohn ... na, der ist doch verrückt ... Waren Sie dabei, als es diesen Skandal gab, neulich im Abonnementskonzert ... ja? Ich sage Ihnen, das war schauderhaft ... Verstehe nicht, wie so was aufgeführt werden konnte ... Na, da hätten Sie was erleben können ...« So sprach man in den guten Häusern, hier etwas wohlwollender, dort etwas schärfer, und manchmal zuckte man nur die Achseln, wenn der Name de Vries genannt wurde. Was war eigentlich geschehen ...?
Joe hatte drei »Orchesterstücke« im Abonnementskonzert des kgl. Hoftheaters aufführen lassen, die ausgezischt wurden, ja, es war ein ausgewachsener Skandal. Den Kapellmeister konnte es die Karriere kosten. Der Intendant tobte, dabei hatte man ihm das Opus vorgelegt. (Die Befähigung zum Intendanten hatte er seinerzeit durch meisterliches Klavierspiel im Offizierskasino bewiesen.) Er hatte aber in diesen Tagen gerade Ärger wegen der Uniform gehabt, da der Schneider doch tatsächlich vergessen hatte, das Band des Hohenzollernschen Hausordens, den Majestät ihm kürzlich gnädiglich verliehen hatte, mit an die Schnalle zu nähen. (»Scheußlich ... scheußlich ... kann ich Ihnen sagen ... komme da ahnungslos zum Liebesmahl in die Reitschule ... merke mit einem Male den

Lapsus ... scheußlich ... hat mich tagelang geärgert ... hatte gar nichts bemerkt vorher ...«)
An diesem Tage mußte es wohl gewesen sein, daß der Kapellmeister ihm das Werk dieses Joe de Vries vorlegte. »Soll ja ein begabter Mensch sein, aber ... scheußlich ... hat das geklungen.«
Der Intendant fühlte sich in diesem Urteil eins mit der gebildeten Gesellschaft. Ja, es war ein Skandal. Und nach dem Konzert, in Kastens Hotel, saß doch tatsächlich der Rechtsanwalt und trank mit seiner Familie Sekt. Daß die Leute sich nicht schämten!
Und dies alles zu einer Zeit, in der doch weiß Gott genug Aufregung und Unheil in der Welt war. Die Hannoveraner waren besonders in letzter Zeit mit blamablen Sachen gesegnet ...
Der »Fall Büter« regte alle Welt auf. Immer wimmelten in der Stadt die Reporter herum, sogar ausländische, um diesen monströsen Fall auszuschlachten.
Der Mörder Max Büter hatte so ziemlich eingestanden, in den letzten Jahren zehn bis zwölf junge Menschen ermordet zu haben. Er hatte auch zugegeben, daß er es allein gemacht hatte, ohne Komplizen, aber das glaubte man ihm nicht. Kehrberg war schwer verdächtigt, aber es ließ sich ihm nichts beweisen.
Nun sollte der Prozeß bald beginnen. Es gab schauderhafte Szenen bei der Voruntersuchung. Da kamen aus der ganzen Provinz die unglücklichen Eltern und Verwandten der Opfer angereist. Meist waren es Jungens im Alter von fünfzehn bis achtzehn Jahren gewesen, die das Scheusal an sich gelockt und in Ricklingen oder sonstwo erwürgt hatte. Das Unheimlichste war, mit welcher Ruhe und Gelassenheit er davon sprach, wie er die Leichen zerlegt und zerstückelt hatte. Die Öffentlichkeit wurde von all diesen Scheußlichkeiten nur wenig unterrichtet.
Die sozialdemokratische Zeitung erlebte riesenhafte Auflagen, denn da standen genaue und detaillierte Angaben über den »Fall Büter«. Hier war auch klar beleuchtet, daß es sich um einen »Triebverbrecher« handelte. Viele Leute wußten bis dahin kaum etwas von Männerliebe und derartigen Perversitäten, und manch biederer Hannoveraner erfuhr zum ersten Male von der »Schwulen Guste« und ähnlichen Lokalen.
Der Fall Wiedemann war noch ungeklärt. Den kleinen Hugo

ermordet zu haben, bestritt Büter energisch. Peinlich war an diesem Fall, daß die äußeren Umstände so verdüsternd auf das vaterländische Empfinden wirken mußten. Am Sedantag feierten diese perversen Burschen ein Fest, war es zu glauben?...
Einige nationale Männer forderten öffentlich eine Bestrafung der Festteilnehmer wegen Majestätsbeleidigung oder ähnlichem. Das war natürlich Unsinn, denn warum sollten Männer, denen der liebe Gott ein natürliches Empfinden versagt hatte, nicht auch den Freudentag des 2. September feiern?
Die milde Sprache des sozialdemokratischen Blattes fand kein Verständnis bei der gesitteten Welt. Hier schrie man nach dem Kopf des Verbrechers, da stiegen uralte Männer auf Versammlungspodeste und forderten die Einführung der Folterung. »Köppt ihn!« so schrie man..., und das Echo aus dem Zellengefängnis, aus dem backsteinroten hochummauerten Gebäude in der Alten Celler Heerstraße, war: »Ja, köppt mich ... aber schnell...!«
Diese schöne Einigkeit führte aber vorläufig zu nichts, denn die Maschinerie der Justiz knarrte heftig und langsam bei einem so ungewohnten Falle. Kam dazu, daß der Anwalt des Max Büter, der Rechtsanwalt de Vries, sich mit seiner ganzen Kraft, mit seiner ganzen Energie dafür einsetzte, daß der Fall vom psychiatrischen Standpunkte aus betrachtet werden müßte.
Das machte viel böses Blut. Nicht genug, daß der Rechtsanwalt de Vries sich *freiwillig* zur Verteidigung erboten hatte. Amtsgerichtsrat Kannenmacher sagte bei Mußmann zu de Vries:
»Nee... Herr Kollege... offen gesagt... als Offizial hätte ich das ja auch gemacht, aber nur als Offizialverteidiger... so nicht, was soll das... ich verstehe Sie nicht, Kollege. Das macht unpopulär...«, meinte er heftig kauend, wodurch das Wort sehr komisch klang.
Warum tat es de Vries?
Er wußte es nur undeutlich. Aber seitdem er sich dazu entschlossen hatte, fühlte er neue Kräfte. Er lief wie berauscht von diesem Prozeß umher, er brauchte wenig Morphium in dieser Zeit. Daran werde ich gesund... dachte er, hoffte er. Niemals hatte man den Rechtsanwalt so arbeiten sehen, so schwungvoll und so exakt zugleich. Er bot alles auf, um die Schuld seines Mandanten in das richtige Licht zu setzen. Sein Hauptgegner war eigentlich Büter selbst, der hatte mit dem

Leben abgeschlossen, dem war alles egal, dem konnte nichts mehr passieren. Aber fiebernd und hitzig war de Vries, er alarmierte sogar die modernste und noch gänzlich unerprobte Hilfe eines Psychoanalytikers aus Wien. Er tobte mit Gericht und Staatsanwaltschaft, ja er schrieb sogar Artikel über den Fall, was ihm sehr übel verdacht wurde. Er schilderte, wie grauenhaft der Aufmarsch der Eltern der Opfer gewesen war, wie sie alle, die ihre Kinder durch Büter verloren hatten, eigentlich stumpfe, durch Not und Elend zermarterte Menschen waren.

Ein Fresser weniger ... dachten diese ... wenn ein Bengel mal nicht nach Hause kam ... Oder wie die Mutter des Hugo Wiedemann sagte, als sie erfuhr, daß ihr Hugo in Hannover wäre. »Ach was ... er wird schon wieder kommen ...«

Und wer verstand den Max Büter, als er wieder einmal nach einer marternden Vernehmung in die Worte ausbrach: »Sie sollen eben besser auf ihre Kinder aufpassen.«

Darüber schrieb der Rechtsanwalt mit Schwung und Leidenschaft. Er fühlte, es sei etwas brüchig in dieser Gesellschaft. Er sagte lächelnd zu sich selbst: ich weiß, wozu ich fähig bin, also kann ich alles verstehen. Nur der besorgte gute Bürger, der ängstlich wurde, wenn sein Fritzchen oder Gretchen mal zu spät zum Mittagessen kamen, und der gleich die Polizei alarmieren möchte, nur er wußte nichts von dem Leben der Ärmsten, wo das Verschwinden eines Kindes keine große Bestürzung hervorrief.

Der Rechtsanwalt de Vries lebte ganz in dem Prozeß, und er selbst staunte über sich, über seine Energie und Ausdauer. Er stürzte sich in die verworrene Materie, er machte sich von Vorurteil und bürgerlicher Bequemlichkeit frei, er sah, daß hier einer zum Mörder, zum Massenmörder geworden war und nur werden konnte, weil der Staat unfähig war, seine Bürger zu schützen. Daß die Entarteten und Kranken Schaden anrichten, frei umherlaufen, geduldet werden mit scheinheiligem Gesicht, das war das Verbrechen des Staates. Büter selbst hatte ja erst zu seinem Treiben Mut bekommen, als er merkte, daß niemand ihn daran hinderte. Er sah, wie die Reichen, die Vornehmen ihn brauchten für ihre geheimen Freuden, und unter dem Eindruck völliger Sicherheit lebte er seine Neigungen zu Ende. Er wollte sich nicht bereichern, er konnte nichts dafür, daß er nur lieben konnte, wenn er den Geliebten

vernichten und zerstören konnte. Es ging nicht um Büter in diesem Prozeß, es ging um mehr: Was würde erreicht sein, wenn der Kopf des Mörders fiel? Nichts! Es würde weiter gemordet werden ... weiter geheuchelt ... und die Menschheit würde weiter schutzlos sein.
Es muß dafür gesorgt werden, daß die, welche, von ihren Trieben gequält, zum Verbrecher würden, abgesondert und rechtzeitig unschädlich gemacht werden.

Hochzeitsfackeln

Die Hochzeit des Briefträgers Emanuel Tölle mit Meta Engelhardt fand an einem schönen Tage im März statt.
Der Krach, der zwischen Gesine und Hermann an diesem Morgen entstand, unterschied sich eigentlich durch nichts von anderen Krächen, die allmählich zur Gewohnheit zwischen den Besitzern von »Klein-Holland« geworden waren.
Aber die giftige und heimtückische Art, mit der Gesine an diesem Morgen den Hermann quälte, ließ die Vermutung aufkommen, es sei Neid, daß sie, Gesine Geffken, nicht endlich auch unter dem Traualtar stände.
Eigentlich lag es nur an Gesine, daß sie nicht schon längst Frau Wendelken war, denn Hermann hatte nun schon jahrelang keinen eigenen Willen mehr.
Hermann war seit seinem Besuch bei Thaler unausstehlich geworden. Man konnte sich manchmal fürchten.
Er ging stundenlang im Hause herum, und wenn die lustigen Gäste fort waren, saß er in der verlassenen Gaststube oder im Saal und brummelte vor sich hin.
»Ich kann nun nicht mehr ...«, seufzte Gesine oft an dem Halse Xaver Pröbstls, »ich kann das nicht mehr lange ...«
Aber der gute Bayer konnte nur sagen:
»Ja ... dös san Gschichten ... dös san Gschichten ...«
Das war nur wenig Trost. Aber mehr konnte Xaver nicht geben. Er selbst konnte es nun auch nicht mehr mit ansehen, wie das »Gfrett« hier herumlief, sich ärgerte und sich das Leben schwer machte. Xaver hatte einen umständlichen Brief nach Immenstadt geschrieben und seinen Bruder gebeten, sich mal nach einer Stelle für ihn umzusehen.
Der Hochzeitstag gab auch für das junge Paar Aufregungen

genug, denn Bernhard, der nun mit im Hause wohnte, war am Polterabend mit Tine verschwunden und erst sehr spät nachts nach Hause gekommen.
Ein schöner Anfang für eine Ehe! Meta war sehr ärgerlich über die Kinder, sie beschimpfte den alten Tölle derart, daß es fast so aussah, als ob in letzter Stunde nichts aus der Heirat werden würde. Emanuel war weniger wütend als eifersüchtig auf seinen Sohn. Das konnte auch ein Blinder sehen...
»Dein Bengel,... will ich dir mal sagen,... bleibt nicht im Hause...«, schrie Meta. »Dein verdammter Bengel verdirbt mir mein unschuldiges Mädchen...«
Tölle antwortete nicht; er war sehr unglücklich. Seine kleine »Deern« stand ihm näher als sein eigener Sohn, was sollte er machen? Er konnte aber doch sein Fleisch und Blut nicht verleugnen. Mit Berni war überhaupt nicht viel Staat zu machen, seit der Kriminalbeamte hier gewesen war und ihn wegen der schrecklichen Mordgeschichte verhört hatte. Die Leute redeten und wisperten allerhand, aber daß sein Sohn kein Verbrecher war, das wußte Emanuel Tölle.
Er seufzte, wenn er an sein Leben dachte; er kannte das, wie man so in Sachen hineingezogen wird, die einen nichts angehen... du lieber Gott... er kannte das.
Es war elf Uhr morgens, als Emanuel in seiner besten Uniform und Meta in einem dunkelblauen Foulardkleid zum Standesamt fuhren. Stolz und ehrbar saßen sie in dem Mietwagen von Diederich Lührs, der persönlich auf dem Bocke thronte.
Die Leute staunten und grüßten, lachten und schmunzelten, und vor dem Standesamt standen schon Postvorsteher Pflüger und Hermann Wendelken. Daß Wendelken Trauzeuge wurde, hatte einen großen Kampf gegeben, in dem Tölle Sieger geblieben war. Ob es der letzte war, den er mit Meta siegreich bestand, konnte man noch nicht wissen.
Im Zimmer des Gemeindevorstehers Jan Schomaker war wenig Festliches zu sehen. Da stank es nach kaltem Pfeifenrauch und Aktenstaub.
Schomaker war ein kleiner, quirliger Mann, der ein rotes Gesicht hatte, so daß man immer glauben mußte, er stehe kurz vor dem Schlaganfall. Aber er war quicklebendig und kreischte mit seiner hohen Stimme im Hause herum, daß alles nur so flog.
Feierlich setzten sich das Brautpaar und die zwei Zeugen.

Schomaker war noch draußen. Man hörte ihn keifen; es klang wie die Stimme eines alten Weibes.
Tölle sagte: »Wie ich das erstemal geheiratet habe... da...«
Er verstummte, besann sich, denn er wollte sagen: »Wie ich das erste Mal geheiratet habe, da war ich ganz aufgeregt...«, aber er unterließ das, wozu auch, das konnte ja doch nur Krach geben...
Meta sah ihn an, sagte kein Wort. Wendelken unterhielt sich halblaut mit dem Postvorsteher. Man hörte nichts als das Keifen des Schomaker und in der Ferne eine Amsel schluchzen...
»Hör mal...«, sagte Emanuel zu Meta. Aber die gab keine Antwort. Sie war gerade dabei, nachzurechnen, ob dieser Wendelken ihr bei der Berechnung des Hochzeitsessens nicht zu viel angekreidet hätte.
So horchte Tölle allein auf den süßen, traurigen Gesang der Amsel vor dem Fenster.
Schomaker lief mit seinen kurzen Beinen schnell ins Zimmer. Er quasselte eine Entschuldigungsrede, da war von Schweinen die Rede... und den Weibern, die alles falsch machen, und dann fing er an. Es ging schnell. – Schomaker war kein Freund von langen Sachen, nee, wohin sollte er damit kommen. Er keifte seinen vorgeschriebenen Satz herunter... »es erschienen heute« und so weiter... nahm das etwas brummige »Ja« Tölles und das völlig ausdruckslose »Ja« Metas entgegen, drückte der frischgebackenen Ehefrau einen Federhalter in die Hand und sagte: »Nun schreib man Tölle und nicht mehr Engelhardt... Tölle, geborene Lünsche.« Meta seufzte beim Schreiben, denn sie dachte an ihren guten Engelhardt, der nun ausgelöscht war und nicht mehr in Frage kam. Sie dachte selten an ihn, aber jetzt tat sie es.
Und dann machte Wendelken einen Witz, der am frühen Morgen etwas unpassend war, und der Postvorsteher gratulierte und Schomaker auch, der aber gleich mit Wendelken von einer Schweinekaufsache sprach, und dann ging das neuvermählte Paar zum Wagen.
Draußen trieben sich einige Bengels herum, schrien Hurra, und dann fuhr man zur Kirche, in der die Kinder, Bernhard und Tine, in sauberen Kleidern und mit Blumen in den Händen, warteten. Auch Neugierige waren da, auch Gesine sah man und noch einige Gäste.

Hier war es nun etwas feierlicher. Pastor Wolkenhaar, ein stattlicher Mann trotz seiner sechzig Jahre, sprach schön und ergreifend über den Bibeltext: »Und er soll dein Herr sein ...«, was Meta sichtlich ärgerte und Tölle sehr zufrieden machte. Aber als die Orgel spielte, da wurde es Meta Tölle auch weich ums Herz, und sie weinte ...

Tine hielt das süße, zarte Köpfchen zu Boden, und Berni stand mit krauser Stirn neben ihr und ärgerte sich. Er war wütend, daß er nun in diesem »Kaff« festsaß, und dachte an nichts anderes als daran, wie er schnell eine Stellung kriegen könnte ... aber in einer Großstadt.

Die Feier in der Kirche war vorüber, man gratulierte dem Paare, und das Brautpaar und die Gäste fuhren nach »Klein-Holland«, wo das Hochzeitsessen stattfinden sollte.

Im Mittelsaal stand die Hochzeitstafel. Der dicke Corsmann war als Klavierspieler engagiert worden und legte nun den Brautmarsch aus »Lohengrin« hin, daß alle in Stimmung kamen. Früher, als er noch jünger war, hatte Corsmann immer den Hochzeitsmarsch aus dem »Sommernachtstraum« gespielt, aber seine Finger waren nun schon zu steif dafür. Er sagte, der aus dem »Lohengrin« sei auch feiner.

»Treulich geführt ziehet dahin ...«

Meta lächelte, und Emanuel kam sich komisch vor. Aber es war nichts dagegen zu machen. Nach der Suppe, bei der die Fettaugen sehr gut zu sehen waren und die ziemlich stark nach Huhn schmeckte, ließ sich der Pastor noch einmal vernehmen. Er sprach von deutscher Sitte und deutscher Treue und vom erlauchten Landesherrn und der Landesmutter, sprach so, daß Emanuel Tölles altes Sergeantenherz vor Wonne bebte. Nach der Pastorenrede gab es Fisch, Kabeljau oder so etwas mit viel Gräten. Beim Gänsebraten überkam Tölle die selige Erinnerung an seinen Geburtstag vor zehn Jahren. Er dachte wehmütig daran zurück. Er konnte sich genau erinnern. Aber der dumme Bengel, der Berni, der konnte sich an nichts mehr erinnern. »Weißt du noch, Berni, damals, als ihr die Kasten Bier vom Wöltje mit ranschlepptet ... Weißt du denn das gar nicht mehr ...?« Nichts wußte der Bengel, gar nichts; er war doch recht gemütlos.

Aber neben Tölle saß Tine, die geliebte kleine Deern, und behandelte ihn, als ob er der Bräutigam wäre; ordentlich warm wurde es ihm.

Berni saß neben Meta, seiner jetzigen Stiefmutter; man hatte das sinnig gefunden, der Gedanke kam von Gesine, die beim Arrangement der Festtafel von Leihbibliotheksbuch-Erinnerungen befallen wurde und so etwas schon einmal gelesen hatte.
»Nee«, sagte sie, »so muß das sein, die Tochter der Braut beim Stiefvater und der Sohn des Bräutigams bei der Stiefmutter, das macht man immer so.«
Der Postvorsteher räusperte sich kurz vor dem Pudding, aber als man erwartungsvoll zu ihm hinsah, da erfolgte keine Rede. Vielleicht hatte er es sich anders überlegt, wer weiß!
Hermann Wendelken saß zwar an der Festtafel, aber er stand oft auf und ging nach nebenan, um sich um den Betrieb zu kümmern. Er machte dann kleine Umwege durch die Gaststube und war, als man den Pudding verzehrt hatte, so weit »in Fahrt«, daß der Verdacht nahe lag, er hätte immer mal dazwischen einen gekippt. Und der schwere Rheinwein, der anscheinend mit spanischem vermischt war, brachte die Gäste bald in Schwung. »Der haut hin ...«, meinte anerkennend Emanuel.
Die Herren konnten nun deutlich werden und die Mädchen nach Herzenslust kreischen. Corsmann spielte unverdrossen, abwohl er schon ziemlich »blau« war. Wenn man Corsmann nachts um zwei Uhr wecken würde, dann könnte er genau so gut spielen wie zu jeder anderen Zeit.
»Hermann ...!« sagte Tölle, »Hermann ... nun wollen wir ein bißchen tanzen ... kannste Platz machen lassen?« Fiete, die Magd, und Xaver und der Hilfskellner Schrever räumten den Saal aus, während die Gäste sich in die Gaststube verzogen.
Oberwachtmeister Kreikenberg war auch da und salutierte stramm vor dem jungen Paare. Dann setzten sich die Männer an einen Tisch und genehmigten erst mal ein Bier. Tölle wußte, was sich gehörte, und gab eine Stubenlage aus. Die Frauen saßen in der Ecke und hörten zu. Berni und Tine waren im Garten, was Tölle sehr beunruhigte. Aber seine Ehefrau Meta geborene Lünsche, verwitwete Engelhardt sagte: »Hab dich doch nicht so ... Mensch«; das sagte sie laut und deutlich, so daß es jeder hören konnte. Tölle war wütend, aber er mußte sich zusammennehmen, heute noch ... zum Donnerwetter.
Kreikenberg erzählte die Geschichte von Jan Viehbrock, dem reichen Kerl, dem Säufer aus Weyerdeelen. Alle hörten zu.

»Da ist doch der Mensch mit der Person nach Amerika. Hat er doch seine Alte sitzenlassen, hat das ganze Geld von der Sparkasse genommen... und ab nach Bremerhaven mit der Person... die war so Kellnerin aus'm Bahnhof in Freschluneberg... ein junges Ding... ein strammes Ding... da is er nun los. Und wie er da auf'm Dampfer fährt, so ganz piekfein... da säuft er, wie er das immer tat... säuft... und säuft. Aber da wollten sie so'n Swinkerl nich haben. Da sagte Jan: ... ›Wenn ick nich supen darf... dann schiet ick af den ganzen Krom...‹ Na, und dann legte er sich ins Bett und stand nich wieder auf... da schrieb er noch Ansichtskarten an Heitmann und Didi und auch an mich...«

Kreikenberg holte eine schöne bunte Karte aus der Tasche, sie war schon ganz fettig. Da stand in sehr unleserlicher Schrift: »Ick hew all nauk.« Was so viel bedeutete, daß er keine Lust mehr hätte. Und Jan Viehbrock starb auch tatsächlich nach drei Tagen und wurde ins Wasser versenkt, ins Meer... so'n Kerl... nöch...? »Ja... das haben sie nun der Witwe geschrieben, die vom Lloyd, und ihr Bedauern ausgesprochen, das haben sie...«

Das war die Geschichte von Jan Viehbrock, und alle schwiegen, nur Meta Tölle meinte: »Und die Deern...?« Tja... das wußte auch niemand, es war auch gleichgültig. Tölle meinte: »Ach Herr Kreikenberg... das ist doch keine Geschichte für eine Hochzeit...«

»Is se woll nich... aber sie ist doch wahr...« Der Wachtmeister war ein guter Kerl und wollte niemanden kränken, aber schließlich, warum sollte er das nicht erzählen?

Inzwischen kam Hermann und forderte die Gesellschaft auf, wieder in den Saal zu kommen.

»Wo ist denn Bernhard?« fragte Tölle den Hermann.

»Den habe ich im Garten gesehen...«

»Es ist doch ganz dunkel...«, meinte Tölle kleinlaut, »und so kalt...« Kopfschüttelnd ging er in den Saal, dort spielte Corsmann schon die Polonäse von Chopin. Die war zwar schwer, aber die konnte er, auch wenn er noch so betrunken war.

Bei Kaffee und Kuchen, Tanz und Musik ging nun der Nachmittag hin, abends um neun Uhr gab's wieder Wein und kaltes Essen, und um zehn Uhr passierte etwas sehr Unangenehmes.

Da stand nämlich der alte Geffken mitten im Saal und brabbelte und brummelte unverständliches Zeug.
»Um Gottes willen, wer hat den Kerl aus seinem Zimmer gelassen?« Gesine und Hermann schrien sich mitten im Saal an...
Es war während des Tanzes; alle waren ziemlich betrunken und grölten. Der Saal war auch von Nichteingeladenen gefüllt, die hatten sich so im Laufe des Abends eingefunden. Es war ein Volksfest.
Der alte Geffken fuchtelte wie ein Verrückter mit seinem Krückstock. Er stand genau vor dem Bräutigam Emanuel Tölle und starrte ihn an...
Tölle hatte seine süße Tine im Arm und tanzte, preßte sie an sich, als ob er sie gegen etwas Unheimliches verteidigen müßte, seine süße Deern...
Geffken drohte und spuckte und stammelte, aber niemand hatte Mut, gegen ihn anzugehen. Die meisten nahmen es als Spaß und tanzten weiter. Aber als Corsmann das sah, brach er plötzlich ab, mitten im Walzer aus der »Dollarprinzessin«, und glotzte den Alten an. Gesine lief in die Küche, Wendelken stand an der Wand und konnte sich nicht vorwärtsbewegen, er war wie gelähmt... Da schritt Kreikenberg ein, im Bewußtsein seiner Amtsgewalt und als Freund des Hauses; er ging auf den Alten zu und führte ihn hinaus. Aber die Stimmung blieb gedrückt, so sehr, daß nach einer halben Stunde die Hochzeitsgäste aufbrachen.
Wendelken und Gesine schrien sich währenddessen in der Küche an. Du lieber Gott... was die sich alles sagten...!
Es war kein schöner Abschluß des Hochzeitsfestes. Das junge Ehepaar ging zu Fuß durch die windige Märznacht, Berni und Tine waren wieder einmal verschwunden.
»Was haste denn?« fauchte Meta ihren Gemahl an, »biste wieder eifersüchtig?« Zu Hause fanden sie zu ihrem Erstaunen die Kinder vor; die saßen ganz artig in der Wohnstube und sagten: »Na, da seid ihr ja...«
Das junge Paar suchte sein Schlafzimmer auf. Sie sprachen kein Wort miteinander. Krachend ließ sich Tölle ins Bett fallen. Meta lag schon. Dann sagte er:
»Gute Nacht... Meta...«
Die gab aber keine Antwort mehr. Tölle wußte nicht, ob sie böse war oder tatsächlich schon schlief.

Tölle konnte nicht einschlafen. Der Wein und die Aufregung ließen ihn nicht zur Ruhe kommen. Und dann noch etwas. Er horchte und glaubte ein Knacken und Wispern im Hause zu hören. Und dachte an Berni und Tine ... Aber es konnte auch der Wind gewesen sein, der Frühlingssturm, der draußen vor dem Fenster heulte.
Tölle fuhr im Schlafe hoch. Was war das ...? War das nicht ein Tuten und Feuerlärm? ... Ja ... das war Feuerlärm ... um Gottes willen ...! »Meta ...!« Er sprang aus dem Bett.
Tuut ... tuut ... tuut ... klang es durch die Nacht, tuut ... tuut ... tuut ...
»Meta ... es brennt ... bei dem Wind ... um Gottes willen ...!«
Als Tölle als Mitglied der freiwilligen Feuerwehr auf die Straße kam in Helm und Jacke, da war der Himmel ganz rot. Menschen liefen vorbei, die schrien, und da kam ja schon die Spritze ...
»Klein-Holland« brannte, es brannte lichterloh wie eine Fackel. Auf der Brandstelle herrschte ungeheure Aufregung; die Feuerwehr spritzte einen ganz dünnen Strahl und war hilflos gegen diese Glut. Der Wind zerstieb das Wasser in nichts, bevor es das Feuer erreichte.
Sind Menschen im Hause ...? Alles rannte durcheinander. Hier war ja Gesine, hier Hermann, der leichenblaß immer vor sich hinmurmelte: »Das hab' ich nicht gewollt ... das nicht, um Gottes willen das nicht ...«
Das Gebäude war nicht mehr zu retten, der Saal brannte hell, und das Holz knisterte. Inmitten des Scheines sah man den Klavierspieler Corsmann vorsichtig einen Stoß Noten aus dem brennenden Saal tragen, als ob es das Kostbarste sei ...
Man schrie durcheinander, lief und stieß sich an im blutigroten Schein des Feuers. Kreikenberg versuchte vergebens und erfolglos, Ordnung zu schaffen, es gelang nicht. Der Hilfskellner Schrever schien völlig verrückt zu sein, er stand mit einer Tüte voll Kaffee im brennenden Eingang und suchte auf dem Boden etwas. »Mensch ... was machen Sie denn da ...?«
»Ich suche Kaffee ... die Tüte hat ein Loch ...«, und er bückte sich, um die Bohnen aufzulesen ...
Gesine rannte herum, sie trug Kleider auf dem Arm und kommandierte irgendwelche Leute, mit anzufassen und die Möbel zu retten.

Plötzlich standen die alten Windmühlenflügel in Flammen und drehten sich langsam wie ein feuriges Rad. Da schrie Gesine ... »mein Vater ...!« und zeigte nach oben, wo der Dachstuhl zusammensank. Die Menschen erschraken, Kreikenberg fluchte und schrie die Feuerwehrleute an. Aber der Postvorsteher Pflüger, der Kommandeur war, sagte: »Hat keinen Zweck mehr.« Gesine lief schreiend in den Garten, der von Funken übersprüht wurde ...

Tölle, der Briefträger und Feuerwehrmann, wollte tatsächlich in das brennende Haus, aber Hermann hielt ihn zurück: »Laß das ... laß das ...« Er weinte und schrie, »das hab' ich nicht gewollt ... das nicht ...« Kreikenberg drehte sich nach ihm um mit verkniffenem Gesicht.

Da sah Tölle im Garten, im Schein des Feuers, seinen Sohn Bernhard stehen, er hatte Tine umfaßt und drückte sie an sich.

In zwei Stunden war alles heruntergebrannt.

Als Wache blieb Tölle mit zwei Männern zurück. Das war seine Hochzeitsnacht.

Unter den Trümmern fand man die verkohlte Leiche des alten Geffken. Hermanns Zusammenbruch bei diesem Anblick veranlaßte die Behörde, ein Verfahren wegen Brandstiftung gegen ihn einzuleiten. Aber er behauptete, das Feuer hätte im Zimmer des alten Geffken angefangen.

Gesine war verschwunden. Am Morgen nach dem Brande suchte Hermann wie verzweifelt nach ihr. Er war so niedergeschlagen, daß er fortwährend weinte.

Gesine war zuletzt von der Magd Fiete gesehen worden, die gleich in ihr Moordorf abgefahren war, so daß man nichts Genaues wußte. Xaver Pröbstl aber benutzte die Gelegenheit, um endgültig der unfreundlichen norddeutschen Gegend den Rücken zu kehren.

Moritz Thaler erschien am andern Tage auf der Brandstätte; er ging umher wie ein Mann, der alles verloren hatte, und verhandelte mit der Versicherung, die nicht zahlen wollte, bevor die Brandursache aufgeklärt wäre. Er leitete die Aufräumungsarbeiten, er schnauzte alle an und war im Grunde doch sehr froh, daß alles so gekommen war.

Sie waren sich alle einig, die vornehmen Herren, die Familienväter, die Mütter, die Herren Offiziere, die Beamten, die Arbeiter und die Bettler, alle waren sie sich einig.
Auch die Zeitungen, durch tiefe Abgründe voneinander getrennt, waren einig in dem Gedanken, in dem einzigen erlösenden Wunsch, der in diesen Maitagen alle erfüllte:
»Köpft ihn ...«
Da ging ein blasser Herr zwischen allen diesen gefestigten Meinungen umher, ein angesehener Bürger der Stadt, ein Akademiker, ein Mensch voll Bildung und Wissen, und lächelte zu dieser Einmütigkeit, machte ein spöttisches Gesicht und war im tiefsten Grunde todtraurig.
Es war der Rechtsanwalt de Vries, der Vertreter des Unholdes Max Büter, der dumpf und apathisch hinter den vergitterten Fenstern hockte, dem der leuchtende Frühling gleichgültig war und das Geschrei, dem es auch gar nicht mehr schmeichelte, daß sein Name in aller Welt genannt wurde, der nur auf den Tag wartete, auf den Morgen, an dem sein Leben zu Ende wäre.
S. de Vries war in den Prozeß hineingestiegen wie in eine kühle Quelle. Er wurde hellsichtiger und ruhiger mit jedem Tag. Hier war die letzte Gelegenheit für ihn, das auszusprechen, was er immer wollte: Die einfache Wahrheit. Schwer war das Erkennen, noch schwerer das Aussprechen, das Verkünden dieser Wahrheit. Aber er mußte es tun, denn er begriff, daß eine Gesellschaft, in der er selbst einst glänzen wollte, an die er geglaubt hatte, heimtückisch und verbrecherisch war.
Daß der Rechtsanwalt durch sein Plädoyer den letzten Rest von Sympathie verlor, war selbstverständlich. Er machte sich »unmöglich«. Er sagte, daß die Gesellschaft es ausgezeichnet verstanden hätte, sich für ihre geheimen Freuden die geeigneten Menschen auszusuchen, aber wehe, wenn der gefällige und schlaue Zuhälter (hier erhob sich ungeheurer Lärm) seine eigenen Wünsche und Neigungen auskosten wollte, dann schrie man nach Blut. Wer hat Max Büter frei herumlaufen lassen, obwohl man seine Neigungen kannte? Wer hat diesem Verbrecher die Möglichkeit gegeben, in diesem Unfange seinen Trieben zu frönen, wer? Der Staat und die Gesellschaft.

»Öffnen Sie die Akten und Archive der Polizei... und Sie werden sehen, wie schutzlos die Menschheit ist. Weil hochgestellte Persönlichkeiten ihren Neigungen ungestraft leben wollen, deshalb wird geschwiegen. Sie können den Mörder im Menschen nicht töten, solange Sie die Heuchelei und die Lüge anbeten...!«
War dies die richtige Art und Weise, für einen Massenmörder zu plädieren, war es nicht Wahnsinn?
Alle schüttelten den Kopf, man überlegte, ob der Rechtsanwalt nicht geistig anormal sei, man wirbelte Klatsch und Staub auf, man erinnerte sich wieder der häßlichen Szene vor dem Theater und eröffnete einen Feldzug der Verleumdung gegen ihn.
Johanna de Vries war sehr unglücklich, sie begriff ihren Mann nicht. Aber Joe verstand seinen Vater; er fühlte sich ihm so nahe wie früher niemals. Oft sprach der Rechtsanwalt mit seinem Sohne über den Prozeß und war beglückt über dessen Verständnis.
Wenn der Anwalt müde und verärgert nach Hause kam, spielte Joe ihm manchmal Musik vor. Und de Vries fühlte in der skurrilen und aphoristischen Art der Joeschen Musik etwas von seiner eigenen Empfindung und Anlage. »Schön ist es ja nicht«, sagte er, »aber ehrlich und knapp.« Joe war begeistert. »Fühlst du das auch? Darauf kommt es an: nichts Unerlebtes, keine Phrase darf in der Musik sein; darin sind ja alle so verlogen; sie stecken voll Schablone und hören das Ursprüngliche gar nicht mehr.«
Joe freute sich wie ein Kind darauf, seinem Vater »Vorträge mit Erläuterungen am Klavier«, wie er es nannte, zu halten. Dazu hatte der Anwalt immer Lust, da vergaß er seinen Ärger. Das geschah nun mehrmals in der Woche, spät am Abend. Dann saß S. de Vries bequem in einem Sessel, hatte meistens eine Flasche Burgunder vor sich, deren ölig-dunkler Inhalt ihn durchwärmte. Und Joe spielte und redete.
»Sie wollten alle ehrlich sein... und ganz radikal... aber das Gestrüpp der Konvention konnten sie nicht durchbrechen... Sie sind groß, trotz der Konvention... Bachs gewaltige Form ist oft noch süßliebliche Dekoration, aber es donnert darin. Hör mal... Vater.« Joe spielte Teile aus dem »wohltemperierten Klavier«, Choralvorspiele und Fugen, er sprach und spielte. Er spielte ihm die Melodie aus dem letzten Streichquartett von

Beethoven vor, diese ersterbende, schluchzende Melodie, stellte daneben ganz unvermittelt das Adagio aus der Neunten Mahler-Symphonie, sprang zu Mozart über und zeigte das Wunder dieser Vollkommenheit.
»Sie weinen immer über irgend etwas ... sie bejammern immer etwas ... ich sage das ganz respektlos ... aber sie resignieren alle. Weißt du, daß Mahler am Ende seines Lebens gesagt hat: ›Ich glaube, daß ich mich geirrt habe...‹, und dann höre dir mal diesen Irrtum an.« Joe spielte die herrischen Märsche, die stampfenden Ländler und die unendlich traurigen Gesänge der Adagios ... »Hörst du, Vater, wie Mahler so gerne Optimist sein möchte bis zum Ende...? Da eine Flöte noch, da ein Horn in der Ferne... hörst du es...« Joe spielte die »Klavierstücke« von Schönberg, von denen der alte Klapproth sagte, sie seien wie das Winseln und Stammeln eines Säuglings, er spielte die Trauermusik, das tonlose Niederdrücken der Tasten. Er sagte: »Hörst du, Vater...?«
Und de Vries hörte. Er wußte nicht, ob er diese Musik verstand, aber er hörte in ihr die Entschlossenheit, die beseligende Klarheit, den Willen, nicht mehr über die Dinge und das Schicksal zu jammern, sondern Freude und Schmerz selbst zu geben. De Vries hörte Joe sagen: »Alle Schönheit ist Schwindel...«, und mußte ihm zustimmen.
Der Rechtsanwalt erlebte an diesen Abenden die Erfüllung seiner täglichen Bemühungen. Und sein Sohn war es, der ihn verstand, sein Sohn...! War das nicht Glück...? War das nicht Grund zur Zufriedenheit...?
S. de Vries erzählte Joe von seiner Jugend, von der frommen und ehrwürdigen Erziehung, von seinem Vater, dem es gar nicht in den Sinn gekommen wäre, an der Welt zu zweifeln, da Gott sie erschaffen hatte. Er erzählte Joe, wie er an Gott zu zweifeln angefangen hätte und heute nicht mehr zurückkehren könne. »Denn es gibt keine Umkehr zu Gott, sondern nur einen Kampf um Gott... und dazu bin ich zu schwach, Joe... du wirst mich vielleicht verstehen... ich werde nach diesem Prozeß nichts mehr tun können ... denn ich bin nicht alt genug und nicht klug genug, um der Welt zu begegnen, die mich verachtet... Joe, höre... wenn ich dann fort bin ... versuche es... versuche du es doch, bleibe dir treu ... aber bedenke, daß es schwer ist, sehr schwer... und ohne Gott und ohne Gerüst kann man so schwer leben... man kann nicht mehr weiterle-

ben, wenn man erkannt hat... daß alles... Wissen begrenzt ist... so begrenzt. Man muß *gegen* seine Klugheit leben... und nichts anderes tun... als dies...«
Joe antwortete nicht. Er dachte an Nina, an die Freundin, die sagte: »Man muß einfältig bleiben... und Dinge tun, deren Sinn man im Tiefsten nicht verstehen kann... das ist das höchste Glück...«
»Joe... lieber Joe...!« Der Rechtsanwalt gab seinem Sohne die Hand.
»Vater...!«

Das Volk drängt sich

Um drei Uhr siebenundvierzig sollte die Sonne aufgehen.
Um fünf Uhr war die Hinrichtung des Mörders Max Büter angesetzt, er war zwölfmal zum Tode verurteilt wegen zwölf erwiesener Fälle. Sein Komplize Kehrberg konnte nur wegen Mitwisserschaft und nicht wegen Beihilfe verurteilt werden, er bekam sieben Jahre Zuchthaus. Das Plädoyer des Rechtsanwalt de Vries dauerte zwei Stunden und erregte das Gericht und die Zuhörer derart, daß der Vorsitzende drohte, den Saal räumen zu lassen.
Die Rede des Anwalts war eine Anklagerede gegen Gesellschaft und Staat. Noch niemals zuvor war in den geheiligten Räumen des hannoverschen Gerichts eine solche Sprache gehört worden. War der Rechtsanwalt de Vries nicht bei Vernunft? Wie konnte er angesichts einer solchen Bestialität, wie sie der Massenmord Büter darstellte, den Versuch unternehmen, den Mörder zu entschuldigen.
Die Rede, welche der Rechtsanwalt de Vries hielt, war eine Anklage gegen den Staat und die Gesellschaft.
»Das Blut der unschuldig Geopferten schreit nicht nach Vergeltung, es schreit nach Abschaffung der Zustände, die es ermöglichen, daß so etwas geschehen konnte. Blut ist nicht durch Blut zu sühnen, und die Strafe darf keine Rache sein, sondern nur ein Schutz vor den Verbrechern.«
S. de Vries stand da mit erhobenen Händen und beschwor das Gericht, nicht zu morden.
»Meine Herren... der Mörder hat nicht getötet aus Gewinngier, und er hat nicht geraubt, seine Taten sind in einem

Rausch, in einem Zustand der Raserei geschehen. Seien wir nicht ungerecht. Wir kennen uns selbst, wir alle sind zum Morde fähig...« Hier erhob sich ein ungeheurer Lärm im Gerichtssaal.
De Vries vollendete mit Mühe seine Rede. Er bat um mildernde Umstände, weil Max Büter ein Triebverbrecher sei... Dies erregte allgemeinen Unwillen. Auf der Zuschauertribüne schrien die Menschen und tobten; es war ein unbeschreiblicher Lärm, besonders als der alte Redakteur Hohbohm in einem fort »Bravo... bravo...« rief.
Hohbohm war der einzige, der auf seiten des Rechtsanwalt stand; der einzige, der zu ihm eilte, um ihm die Hand zu drücken.
»Sie haben mich mißverstanden...«, sagte de Vries zu seinem einzigen Bewunderer.
Nun war dieser furchtbare Morgen gekommen. Der Rechtsanwalt hatte die ganze Nacht nicht geschlafen. Er hatte am Schreibtisch gesessen, in alten Briefen und Manuskripten geblättert. Er ging um halb vier Uhr ins Speisezimmer; ganz ruhig war es im Hause, nur der Diener hantierte in der Küche. Johanna schlief wohl noch, sie hatte ihn so sehr gebeten, der Exekution fernzubleiben, aber das war ja nicht möglich.
Gerade weil die Zeitungen über ihn herfielen, weil sie alle seine Haltung nicht verstanden, deshalb mußte er dabei sein, wenn diese Tragikomödie ihren Abschluß finden sollte.
Er wollte sie sehen, die »gerechten Richter« und den »bösen Verbrecher«. Er freute sich auf die Würde des Staatsanwalts, auf die satten und behaglichen Mienen der Zeugen, die dastehen und sich sehr gottähnlich fühlen würden, wenn der Gerechtigkeit Genüge getan wäre, so nannte man es doch...
De Vries sah zum Fenster hinaus; es war noch kühl, und der Garten duftete. Da drüben war es schon hell über den Dächern.
Der Diener kam ins Zimmer. »Guten Morgen, Herr Doktor...«
»Guten Morgen, Franz... Ist der Wagen bereit?«
»Ja, ich glaube, Karl war schon vor einer halben Stunde im Hof...« Der Diener hatte irgend etwas auf dem Herzen, de Vries merkte es.
»Was haben Sie denn?«
»Ich mag es gar nicht sagen, ich wollte Herrn Doktor fragen, ob Herr Doktor mir nicht eine Karte geben könnte...?«

»Eine Karte... wozu eine Karte...?«
De Vries nippte an der Tasse Kaffee, er verstand nicht.
»Zu der Hinrichtung... Herr Doktor... ich dachte, daß Sie...«
»Nein... das kann ich nicht...«
Der Rechtsanwalt setzte die Tasse vom Munde, ihm wurde übel. Er dachte, das ist die Bestie Mensch, da ist sie; sie lebt mit uns, scheinheilig und ergeben, und denkt an nichts weiter als an Blut und Mord. Lohnt es sich denn, die Wahrheit zu fordern, zu erkämpfen...?
Der Diener Franz Dittmer ging aus dem Zimmer.
Da kam Joe, er war völlig angezogen.
»Aber Joe, was machst du denn so früh hier...?«
»Ja, Vater, ich dachte... und Mutter ist es auch lieber, wenn ich dich begleite.«
»Willst du dir das auch ansehen, das herrliche Schauspiel, wie Franz, der mich eben um eine Karte bat.«
»Franz...?«
»Ja, der brave, treue Diener Franz. Er will das auch mal gerne sehen; da hat er etwas für sein ganzes Leben und kann seinen Enkeln noch erzählen, daß er dabei war... ach Joe...«
De Vries stand auf und ging im Zimmer umher. Er machte seinem Sohne klar, daß es absolut keinen Zweck hätte, mitzufahren. »Willst du vielleicht im Wagen sitzen und warten, bis der Spektakel vorüber ist?«
Nun kam auch Johanna im Morgenrock und mit geröteten Augen ins Zimmer und bot alles auf, ihren Mann zu bewegen, wenigstens Joe mitzunehmen. Aber es nutzte nichts.
Um halb fünf Uhr stieg de Vries in den Wagen, Joe und Johanna begleiteten ihn bis zur Türe. De Vries machte Witze und sagte: »Ich möchte nicht an einem so schönen Morgen sterben... na... man kann's nicht wissen, man kann's sich ja nicht aussuchen.«
Das Licht war silbern und flirrte über den Bäumen der Herrenhäuser Allee. Am Königsworther Platz dufteten die Blumen in den Anlagen. In der stillen Langenlaube hallten die Hufe des Pferdes wie in einer Halle. Als man in die Nähe des Bahnhofes kam, sah man schon einige Wagen und Menschen.
In der Alten Celler Heerstraße überfiel den Anwalt ein nervöses Zittern, er sagte sich, das ist doch Unsinn, du hast doch vor

fünf Jahren schon einmal eine Hinrichtung erlebt. Aber er ließ sich nicht beruhigen. Er fuhr an der Mauer entlang, er wußte, daß an der Stelle, an der sie am höchsten war, das Blutgerüst stehen mußte. Hier ragte über die kahle Mauer eine Birke seit langen Zeiten heraus und war inmitten der Hoffnungslosigkeit ein tröstlicher Anblick. De Vries kannte diese Birke schon seit seiner Jugend. Sie stand genau an der Stelle, wo die Hinrichtungen stattfanden.

Er sah im Vorbeifahren auf ihre zartgrünen Blätter, aber sie erschienen ihm gespenstisch, wie alles um ihn herum. Er hatte das Gefühl, daß er nach diesem Morgen nicht mehr werde leben können, nicht mehr atmen, er würde sicher ersticken vor Ekel und Entsetzen...

Als der Wagen um die Ecke bog, sah der Rechtsanwalt einen Haufen Menschen vor dem Portal stehen. Es waren Männer und Frauen der unteren und mittleren Schichten. Einige Wursthändler hatten ihren fliegenden Stand aufgerichtet, ein Mann, der immerzu »Kaffe... heißer Kaffe...« schrie, hatte großen Zulauf.

Die Menschheit richtet sich ein, dachte de Vries, das Pack macht ein Volksfest...!

Als der Wagen vor dem Portal des Gefängnisses hielt, stürzte der Redakteur Hohbohm auf den Rechtsanwalt zu.

»Herr Doktor... Sie müssen den Mord verhindern... das müssen Sie...!«

»Was fällt Ihnen ein...?« sagte der Anwalt und war erschrokken und zornig. Schon sammelten sich Leute um ihn herum. Hohbohm schien nicht beliebt zu sein.

»Der olle Quatschkopp... kiek mal... den Dussel... gib ihm was auf den Deetz... da is ja auch der Doktor, der ihn nicht köppen lassen wollte... pfui...!«

Man schrie, pfiff, johlte und balgte sich. Das war ein häßlicher Empfang. Totenbleich wurde de Vries, er wollte in seinen Wagen zurück, besann sich aber rechtzeitig.

Zwei Schutzleute kamen angelaufen und trieben die Leute zurück. Eine Frau schrie:

»Da ist ja der Jude, der den Mörder befreien will... paßt auf!«

Die Frau wurde von den Schutzleuten abgeführt.

Als de Vries im Portal des Gefängnisses verschwand, hörte er noch das Schreien und Johlen der Menge auf der Straße.

Er blieb einen Augenblick stehen, trocknete sich mit dem Taschentuch die Stirn ab...
Der Mörder Büter saß in seiner Zelle und aß mit Appetit Harzerkäse und trank dazu schwarzen Kaffee. Dann rauchte er eine Zigarre und fragte: »Sind viele Leute da...?«
Als man ihn holte, sagte er zum Rechtsanwalt:
»Kommen Se mit, Herr Doktor... jetzt geht's los...!«

Trauermarsch

Der Rechtsanwalt de Vries starb vierzehn Tage nach der Hinrichtung des Massenmörders Büter.
Man flüsterte von Selbstmord, aber es stimmte nicht. Wenn man auch sagen konnte, daß der Wille zum Sterben bei de Vries so stark gewesen war, daß er nicht mehr weiterleben konnte.
Joe vergaß den Anblick seines Vaters nie, als er von der Exekution nach Hause kam.
Ein alter Mann, ein Greis kam da ins Zimmer gewankt; ein vernichteter, geschlagener Mensch schloß sich da in sein Arbeitszimmer ein, tagelang, aß nichts und hörte nicht auf das Flehen und Weinen seiner Frau, nicht auf das Bitten seines Sohnes.
Dann legte er sich zu Bett. Sepsis, so stellte Professor Dr. Mansfeld fest.
Mansfeld war ein grober Mensch; er hatte drei Tage vor dem Tode des Rechtsanwalts Frau Johanna gefragt, ob sie eine Obduktion wünsche...
Johanna begriff nicht, nur Joe verstand den Arzt und tat alles, um ihn zum Schweigen zu bringen...
Joe hatte noch nie einen Sterbenden gesehen. Er saß allein die ganze Nacht am Bett des Vaters. Er hatte seine Mutter zu Bett geschickt, die Krankenschwester schlief im Nebenzimmer. Um zehn Uhr war der Arzt dagewesen, hatte aber nichts mehr tun können. Kampfer und Sauerstoff hatten schon die letzten drei Tage die Kräfte des Sterbenden beleben müssen... nun glaubte auch der Arzt nicht mehr an eine Möglichkeit, den Kranken retten zu können. Die Temperatur betrug 40,7 Grad.
Gegen Morgen fing der Kranke an, laut zu atmen. Joe schien es, als ob der Bart länger würde und das gequälte Gesicht des Leidenden sich zu einer fast monumentalen Größe veränderte...

Das war ja das Gesicht des alten Rabbiners de Vries in Amsterdam. Joe staunte über diese Verwandlung, und ein unendliches Glücksgefühl erfüllte ihn.
Ihm war, als ob er um Jahrhunderte älter würde in dieser Stunde...
Kurz nach sechs Uhr kam die Schwester ins Zimmer. Der Kranke bewegte plötzlich den Kopf und sah Joe an. Seine Lippen bewegten sich, und es schien, als wollte er etwas sagen. Aber er ließ den Kopf erschöpft aufs Kissen zurücksinken. Die Schwester wischte mit einem Tuch die Stirn des Kranken ab. Da hörte man mit einem Male deutlich das Wort »Echod...«
Es war das letzte, was Samuel de Vries auf dieser Erde gesagt hatte: das Glaubensbekenntnis des Juden, daß es nur einen einzigen Gott gibt.
Joe hörte es, er begriff es aber erst nach langen Jahren.
Johanna weinte und trauerte mit der ganzen Kraft ihres zaghaften Herzens. Am Nachmittag saß sie im Zimmer und wußte nicht, daß auf dem Korridor einige schwarz und unordentlich gekleidete Männer einen Korb trugen, behutsam und vorsichtig. Sie hörte nicht das Knarren des Korbes, in dem die Leiche des Rechtsanwaltes lag, die in die Leichenhalle zur Aufbahrung gebracht wurde.
Joe sah mit entsetzten Augen auf das grausige Schicksal dieses Transportes. Roh und gemein erschien es ihm, seinen geliebten Vater wegzuschleppen wie eine Ware. Einer der Männer sagte zu ihm: »Wollen der junge Herr... nicht mitgehen... das tut man.«
So ging Joe durch die sommerstillen Straßen hinter seinem toten Vater her. Langsam, Schritt für Schritt... durch die Parkstraße, am alten Judenfriedhof vorbei, der auf einem steilen Hügel verfallen dalag, bis zum Engelbosteler Damm. Hier stieg einer der schwarzen Leichenträger aus dem Wagen und sagte: »Nun haben der junge Herr der Pflicht genügt... jetzt fahren wir auch schneller...«
Und Joe sah, wie der Wagen, der wie eine harmlose schwarze Droschke aussah, immer schneller wurde und bald verschwunden war.
Joe de Vries stand ratlos auf dem Engelbosteler Damm. Wohin sollte er gehen? Zu seiner weinenden Mutter nach Haus? Zu Nina? Er wußte es nicht; er hatte seinen Stolz und seinen Spott verloren in diesen Tagen.

Er sah mit überwachen Augen die staubigheiße Wirklichkeit dieser häßlichen Straße mit ihren kleinen Läden und Kneipen, er sah den wolkenlosen Himmel und fürchtete sich sehr. Er fror in der Sonnenhitze und tappte langsam die Straße hinunter.
So kam er, ohne es zu merken, an die Strangriede und an den jüdischen Friedhof. Dort wurde er von dem alten Friedhofswärter begrüßt und in einen Keller geführt; das war der Aufbahrungsraum.
Bretterkisten, roh und gelblich, standen umher; Puppen lagen darin, seltsame Puppen. Aber das waren ja Tote, waren Leichen, aufgebahrt und gewaschen, eingekleidet in das Sterbegewand. Alle in gleichen Gewändern, gleichen Särgen. Der Bettler und der Reiche, der Kluge und der Einfältige waren nicht mehr zu unterscheiden ...
Und Joe sah seinen Vater. Das Gesicht war schon eingefallen, auf den Augen lag die Erde des Heiligen Landes; nichts war mehr von dem stolzen und glänzenden Rechtsanwalt S. de Vries zu erkennen; nichts war übriggeblieben als die Kreatur Gottes ...
Joe merkte nicht, wie die Zeit vorrückte.
In ihm erklang eine Melodie, von einer Oboe geblasen, näselnd und klagend; es war die Melodie, die den Menschen begleitet von der Stunde der Geburt an, durch schimmernde Lebensminuten hindurch in den Tod. Die Melodie verdichtete sich zum Trauermarsch, Pauken und Hörner erklangen, Violinen sangen, die Bässe erhoben sich zum Tanz, zum Lebenstanz, zum Todestanz; der Vierviertelaktakt des Schicksals kämpfte mit dem synkopierenden Rhythmus der atmenden Kreatur ...

Ende und Anfang

Es gab einen Kaiser und vier Könige, sechs Großherzöge und fünf Herzöge, sieben regierende Fürsten, drei freie Hansestädte und das Reichsland Elsaß-Lothringen.
Fast sechzig Millionen Menschen lebten in diesem Lande zwischen Maas und Memel, vermehrten sich und starben. Mehr als fünfunddreißig Millionen evangelische, zwanzig Millionen katholische Christen und sechshunderttausend Juden beteten zu ihrem Gott.
Die Männer waren stets gewärtig, unter die Fahne zu eilen:

»Jeder Deutsche ist wehrpflichtig und kann sich in der Ausübung dieser Pflicht nicht vertreten lassen«, so lautete das Gesetz.
Bernhard Tölle hatte es nach den aufregenden Ereignissen der letzten Zeit vorgezogen, seinen Einjährigen Dienst beim Militär anzutreten. Denn das paßte ihm auf die Dauer gar nicht, bei seinem Vater herumzulungern und ab und zu mal beim Schlosser Wittekind auszuhelfen. Dazu war er sich zu schade. Auch wurde es mit Tine schwierig, seitdem es nicht mehr zu verbergen war, daß die Siebzehnjährige ein Kind erwartete.
Wer war der Vater? Vielleicht wußte es Tine? Vielleicht Emanuel Tölle oder Bernhard? Aber ganz genau wußten es die Freunde und Nachbarn. Der Klatsch und das Gerede waren so unangenehm, daß man Tine zu Verwandten nach Meuselwitz in Thüringen brachte. Der alte Tölle fragte sich nun täglich, warum er eigentlich geheiratet habe, da seine Deern nun nicht mehr bei ihm war. Seine junge Ehe war recht getrübt. Tine hatte sich durch ihre Schande in keiner Weise bedrückt gefühlt und sagte zu ihrem Stiefvater: »Sei du man ganz stille!« Und auch Meta, die Ehefrau, sagte ihrem Ehemann, wenn er aufmuckte: »Sei du man ganz stille.«
Er wurde still und verdrossen; er fing wieder an zu trinken und fühlte sich sehr einsam, seitdem Hermann Wendelken nicht mehr da war.
Hermann war nach Amerika gegangen mit Didi Schnaars, der die Reise über das Wasser schon zum drittenmal machte. Drüben in Savannah war es auch ganz wie zu Hause, da saßen die Schnaars und Heitmanns und Wendelkens und Küks und wurden mächtig reiche Leute. Man fuhr sehr leicht nach Amerika an der Waterkante: »Is ja man bloß eine Station: Bremerhaven, und dann kömmt gleich Amerika.«
Übrigens war das Verfahren gegen Hermann Wendelken wegen Brandstiftung niedergeschlagen worden. Gesine Geffken blieb verschwunden. Man erzählte sich hier und da, daß sie in Bremen sei oder in Hamburg, und einer wollte sie sogar in Berlin gesehen haben. Wer »Klein-Holland« angezündet hatte, kam nie heraus. Es war ja auch am einfachsten, zu glauben, der alte Müller Geffken hätte es getan; der aber war ja tot.
Moritz Thaler besuchte noch einigemal die Trümmerstätte des Etablissements, dann verkaufte er das Grundstück nicht

ungünstig an Hini Haar. Dieser wollte eine Gemischtwarenhandlung mit Konzessionsbetrieb darauf errichten. »Na ... viel Spaß auch!« sagte Moritz Thaler und war froh, daß er nichts mehr mit der Sache zu tun hatte.
Ende des Monats Juni saß Emanuel Tölle im Dienstzimmer des Postbüros, es war an einem Sonntag nachmittag um drei Uhr. Er machte jetzt gern sonntags Dienst, aus Angst vor dem trauten Heim.
Da fing der Morseapparat an zu ticken; etwas verdöst sah Tölle auf den Telegrammstreifen, der sich wie eine Schlange über den Tisch ringelte.
Er las: »Der österreichische Thronfolger Franz Ferdinand ermordet.« Das Telegramm wurde am Postgebäude angeschlagen.
»Nun gibt's Krieg«, sagte Regierungsrat Oppermann, »hoffentlich Krieg mit den verdammten Serben!«
In Tölle erwachte das alte Soldatenherz. Sollte er es noch erleben? Wirklich noch erleben, in den Krieg zu ziehen. Dieser Gedanke belebte und beruhigte ihn. Er würde sich sofort freiwillig melden trotz seiner zweiundfünfzig Jahre.
In den folgenden Wochen gab es eigentlich nichts anderes mehr als Politik. Tölle saß Abend für Abend im »Hohenzollernhof« oder im Bahnhof. Ja, man mußte doch hören und sehen ... zum Donnerwetter noch mal. Da konnte auch Frau Meta nichts machen ...
In der Welt sah es bös aus, trotzdem der Kaiser auf der Nordlandreise war und das doch wirklich beruhigen sollte. Aber diese verdammten Serben, so sagte man, wollten nicht Sühne geben für den ruchlosen Mord. Und Rußland war ja auf Krieg aus, so meinte Oppermann, während Hini Haar als weitgereister Mann sagte: »Nee ... Rußland is nich so schlimm wie Frankreich.« Auch England und selbst Belgien galten als äußerst verdächtig.
Kann man sich da wundern, daß eine ordentliche Tätigkeit gar nicht mehr in Frage kam; kann man da nicht verstehen, daß Vater Tölle den aussichtslosen Versuch machte, seine kleine Deern wieder nach Hause zu bekommen? Aber Meta sagte: »Nein ...«
Eines Sonntags kam Berni in schmucker Uniform an, und seine Äußerungen wurden als autoritativ betrachtet, da er es doch wissen mußte, was »gespielt wurde« draußen im Lande. Aber

Berni sagte nichts als »Deutschland ist gerüstet...« Das war der Lieblingsausdruck seines Hauptmanns.
Serbien und Österreich erklärten sich »als im Kriegszustand befindlich«, und als diese Nachricht an der Post angeschlagen wurde, sang der alte Tölle das Deutschlandlied, und alle stimmten ein.
Als plötzlich die Zeitungen sogar als Extraausgaben erschienen, da ging man zu jedem Zug an den Bahnhof, und dann kam auch immer irgendeiner aus Bremen oder aus Hannover und brachte neue Nachrichten.
Eines Abends sagte Oppermann: »Ich höre Kanonendonner von der Küste... oder von Helgoland... meine Herren, der Kaiser ist ein Optimist... ich höre Kanonendonner...!« Das war nun Einbildung, gewiß, aber wenn Oppermann Kanonendonner hörte, dann war nichts zu machen...
Mit dem Abendzuge kamen auch Joe de Vries und Nina. Joe wollte Nina gerne die Gegend zeigen, die er so liebte: Die Wiesen und Kanäle und den Fluß mit den schwarzen Segelbooten...
Sie wohnten bei Frau Hartjen, einer Bauersfrau, die ihre beste Stube hergerichtet hatte. Es war ein richtiges niedersächsisches Bauernhaus mit Strohdach, von einem üppigen, wilden Garten umgeben, der voll Blumen stand. Katzen und Hühner liefen herum, und ein langhaariger Hund freundete sich so sehr mit Nina an, daß Joe fast eifersüchtig wurde.
Nina und Joe kümmerten sich nicht um das Kriegsgeschrei, sie glaubten nicht an Krieg, auch als sie eines Abends Moritz Thaler trafen, der heftig den Kopf schüttelte. »Kinder... Kinder... ich seh' schwarz«, sagte er, Nina aber lachte und strich sich mit der Hand das Haar aus der Stirn: »Ach was... daran glaube ich nicht...!«
Dabei ist sie Russin, dachte Joe und wurde nachdenklich.
Joe und Nina lagen an den schönen Nachmittagen meistens in einem Segelboot auf dem Flusse.
Wenn man vom Boden des Torfkahnes aus den Himmel sah und die Vögel im Schilf schreien hörte, die Grreto... Grreto... riefen, wenn dann plötzlich ein großer Kahn mit schwarzen Segeln vorbeirauschte, mit Torf beladen, und ein Mann langsam und knarrend »n' Tach ok...« sagte, wenn gegen Abend das Wasser sommerlich faulig roch, es dunkel wurde und ganz windstill, dann wußte man nichts mehr von der Welt, die von

Aufregung und Geschrei erfüllt war. Aber wenn an heißen Nachmittagen im Moor in der Ferne ein Donnern erklang, dann dachte Joe doch an Krieg, obwohl es nur ein Gewitter war ...

Am ersten Augusttage brachte der Briefträger Tölle Joe ein Telegramm. Es war von Johanna, die ihren Sohn bat, nach Hause zu kommen.

Als Nina und Joe zum Bahnhof gingen, um sich nach den Zügen zu erkundigen, da standen die Menschen vor dem Bahnhof und schrien: »Es gehen keine Züge mehr.«

Joe sagte zu Nina, das sei gar nicht schlimm, und sie war der gleichen Meinung. Joe telegraphierte beruhigend an seine Mutter und war eigentlich sehr zufrieden, wie auf einer Insel zu leben.

Nur der Stationsvorsteher Diekmann war wütend. »Deshalb könnense doch Züge ablassen ... wenn auch Krieg ist ... ist doch'n Skandal ... der Hundertzweier von heute früh ist noch nicht da ... verdammt noch mal ... Schweinerei verfluchte ...!«

»Aber Heini, reg dich nich auf ... das kömmt noch ganz anders«, sagte Tölle und fühlte sich mächtig als Sergeant.

Oppermann war anscheinend immer auf dem Bahnhof. Er hatte dort sein Standquartier aufgeschlagen, redete und spuckte. Um ihn herum floß das Bier, und eine Stimmung herrschte, wie man sie sich besser nicht denken konnte. Das Schlimme war nur, daß man nichts Genaues wußte.

Was sollte man zu dem Tierarzt Schwenke sagen, der da angefahren kam auf seinem alten Motorrad und steif und fest behauptete, in Oldenburg sei der Landsturm aufgeboten? »Mensch ... bist woll vogelig ... in Oldenburg der Landsturm? Der kömmt doch zuallerletzt dran ... bist woll vogelig?«

Mit solchen Nachrichten war wenig anzufangen; da mußte man eben Geduld haben, mußte abwarten. Daß um fünf Uhr der Arbeiter Biene, der wirklich keine große Rolle spielte, sagte, er wüßte, das hätt' ihm jemand erzählt, daß in Berlin und Wien und auch in Paris die Arbeiter gegen den Krieg demonstriert hätten, daß er den Mut fand, das zu sagen, war unglaublich ...

Da hätte man nun Oppermann sehen sollen, obwohl er doch sich mit so einem Arbeiter nicht abzugeben brauchte als Regierungsrat, da hätte man Oppermann sehen sollen, wie er auf den Biene losgegangen ist und ihn angeschrien hat:

»Nun sag' das noch mal... was!«
Grabesstille herrschte im Wartesaal... alle hielten sie den Atem an... im Hintergrund stand Fritz Mende, der Wirt, und fingerte an dem Bierhahn herum. »Hat keinen Druck... das Aas«, sagte er in die Stille, und Oppermann sah wütend zu ihm hin. Man lachte schon, der aufregende Moment schien vorbei, da Biene nichts mehr sagte, bloß an seinem Bierglas nukkelte...
Da rasselte es auf dem Bahnsteig, ein Fauchen und Zischen.
»Menschenskinder... ein Zug...!«
Es war wirklich ein Zug, der da langsam einfuhr, kein Fahrplan vermeldete ihn, es war ein Zug, aus Güterwagen und Personenwagen gemischt, ein Sonderzug... Auch Menschen waren da drinnen, Bauern und einige junge Leute, die sich sehr wichtig taten und etwas von Einberufung faselten. Sehr voll war der Zug übrigens nicht. Es wußte ja auch niemand, daß er ging.
»Menschenskinder... was soll nun das schon wieder... wo ist denn der Hundertzweier... was?«
Vorsteher Diekmann schrie den Lokomotivführer an. Der sagte: »Ach... Schiet...« und gab Dampf.
Man strömte wieder in den Wartesaal. Da war bald kein Platz mehr zu finden.
»Wirst noch Millionär, Fritz...«, sagte einer zum Wirt.
»Tscha... wenn der Krieg nich kommt, vielleicht...«
»Na... und wenn er kommt!« brüllte Oppermann gereizt.
»Da seid ihr alle im Arsch...«, brüllte plötzlich eine Stimme durchs Fenster. Hallo, wer war das? Biene war es, der Arbeiter Biene, der nun da draußen seinen Mut zusammengenommen hatte. Nun aber raus...! hinter ihm her...!
Oppermann schnaubte: »An die Wand mit so'ne Brüder.«
Dann sang man wieder die Lieder von Deutschland und dem Rhein und dem Siegerkranz. In der Ecke saß der Viehhändler Levisohn und trank auch. An seinem Tisch war der dicke Schmidt, der Kohlenhändler. Schmidt stand mit einem Male auf und trank in all dem Geschrei und Qualm Brüderschaft mit Levisohn. Das hätte er sonst nicht getan. Aber nun gab er ein schönes sichtbares Beispiel für Einigkeit. Er war nicht mehr sicher auf den Beinen, auch die Zunge wollte nicht so recht.
»Mein Sohn... der is bei die Marine... da muß er gleich mit... tjawoll... die Marine, sie lebe hoch... hurra!«

Oppermann hatte diese Szene leider nicht gesehen, da er mal nach draußen gegangen war...

Um sechs Uhr kam plötzlich Emanuel Tölle in den Wartesaal. Anscheinend wollte er etwas Wichtiges sagen, aber wie sollte er sich verständlich machen bei dem Geschrei? Er mußte zu Oppermann... der war doch die Hauptperson. Er arbeitete sich durch die Betrunkenen und Grölenden hindurch und schrie Oppermann etwas zu.

Der setzt mit einem Ruck sein Bierglas auf den Tisch, vergißt sich den Schnurrbart abzuwischen, aber das war ja gleichgültig. Da steht er auf dem Stuhl.

»Ruhe... Ruhe...! Mensch sei doch stille... ach der olle Quatschkopp... nee ruhig... Ruhe, Ruuhe...!«

»Seine Majestät hat die Mobilmachung befohlen...«

»Hurra... unser allergnädigster Kriegsherr...«, Tölle rief es, »er lebe hoch... hoch... hoch!«

In diesem Augenblick standen Joe und Nina auf der Straße und sahen durch die geöffneten Fenster in den Wartesaal.

Joe drückte Ninas Hand. »Wie sie schreien... wie sie besoffen sind...!«

Der junge Barnstorf lallte in der Mitte des Zimmers, und sein Bierglas tropfte, während er mit allen anstoßen wollte: »Auf den Schlachtfeldern... von Wirrballen... sehen wir uns wieder... auf den Schlachtfeldern von Wirrballen...«, dann war es mit seiner Kraft zu Ende, er fiel um...

Nina und Joe gingen die Straße hinunter; sie sprachen nicht. Die Glocken läuteten; Nina dachte an ihre Mutter.

Die Stunden vergingen, in denen sie ziellos umherschlenderten, verstört und verwirrt unter dem großen dämmernden Himmel.

Zu Hause legte Nina sich angekleidet aufs Bett. Joe setzte sich zu ihr und streichelte ihr Gesicht...

Draußen war es still; die Türe zur Veranda stand offen; Nina sagte noch einige Worte... übermüdete... zärtliche, dann schlief sie ein... Joe legte seinen Kopf neben den ihren... Er spürte Ninas Haar und hörte ihren leisen Atem... Ganz fern war die Angst um das Kommende, es gab nichts anderes mehr als nur sie beide: Joe und Nina...

Während sie schliefen, ging die Nacht weiter in den Morgen. Der runde weiße Mond strahlte über das Land, in dem die Menschen wachten, weinten und sangen...; in den niedrigen

Moorhütten saßen Männer und nahmen Abschied von Frau, Kind und ihrer braunen, feuchten Erde...
In den Zügen, die über das ebene Land rollten, standen junge Menschen und sahen in den grauenden Morgen, in die Richtung, in der die Grenze lag, hinter der die Mauer aufwuchs, die feurige Mauer des Todes...
Um vier Uhr kam die Sonne herauf, Nina wachte auf... sie weckte Joe:
»Du... laß uns aufstehen... es ist so schön draußen...«
Nina und Joe gingen durch den Garten, der naß von Tau war; sie gingen den kleinen Heideberg hinauf...
Da lag das Land im zarten Licht des Morgens, das arme ebene Land mit den Birkenalleen und den Kanälen. Braune Torfflächen und sattgrüne Wiesen unter einem heiteren, friedlichen Himmel, auf dem eine rosa Wolke schwebte. Auf den Weiden sah man das Vieh grasen, hörte Wiehern und Muhen. Unten auf der Chaussee zog wie ein winziger Punkt ein Wagen.
Nina und Joe sahen sich an und sagten:
»Es kann doch kein Krieg sein... das ist doch unmöglich... es ist doch nicht wahr...!«
Der zweite Augusttag ging weiter in den Morgen, in den Mittag, es wurde ein heißer und brennender Tag.
In irgendeiner Stunde erdröhnte der erste Schuß.
Der erste Soldat fiel.
Der Krieg hatte begonnen.

Nachwort

I

»... das ist das beste Deutsch, das ich seit Fontane gelesen habe«, soll der alte Samuel Fischer gesagt haben, als er das Manuskript dieses Romans gelesen hatte und sofort einen Generalvertrag mit dem wenig bekannten Autor abschloß. Am 18. Juni 1931 war auf der Titelseite der ›Frankfurter Zeitung‹ das Kapitel ›Hohenzollernwetter‹ aus einem, wie man lesen konnte, »demnächst fertiggestellten Roman« erschienen. Vier Verlage sandten telegraphische Angebote an unseren Autor, und so erschien im Herbst 1931 – vor vierzig Jahren – dieser Roman ›Kaiserwetter‹: man hatte den großartigen, die ganze Welt des Romans einfangenden Titel im Lektorat mit sicherem Instinkt gegeben. Olaf Gulbransson reichte Umschlagentwürfe ein. Der Verlag entschied sich für das Konterfei des selbstgefälligen Briefträgers Emanuel Tölle und seiner Luise im Sonntagsstaat: man hatte sich gerade von dem Rechtsanwalt de Vries und Frau Johanna verabschiedet und steuerte auf das Lokal zu.

Das Buch fand eine begeisterte Aufnahme auf der einen und gehässige Kritik auf der anderen Seite, während die Hannoversche Lokalpresse empfindlich reagierte. Der Erfolg des Romans aber war groß: ›Kaiserwetter‹ wurde über Nacht ein Begriff für die Welt des Vorkriegsdeutschland, in der biederes Bürgertum in einer soliden Provinzhauptstadt, ohne es zu wollen, in den Strudel des Untergangs hineingerissen wurde.

Anderthalb Jahre nach Erscheinen des Buches siegte der Haß über die Vernunft, die Hybris über eine machtlose Liberalität. Die Freiheit des Wortes, das immer wieder neu zu verteidigende Grundrecht des Menschen, war zu Ende. Auf der ersten »Schwarzen Liste« von Büchern, »die bei der Säuberung der öffentlichen Büchereien auszumerzen sind« vom Mai 1933 stand der Roman ›Kaiserwetter‹ von Karl Jakob Hirsch. Er wurde, wie viele andere Bücher aus der Weimarer Republik, öffentlich verbrannt, gebrandmarkt als »Asphaltliteratur, die vorwiegend für den großstädtischen Menschen geschrieben ist, um ihn in seiner Beziehungslosigkeit zur Umwelt, zum Volk und zu jeder Gemeinschaft zu bestärken und völlig zu entwurzeln.«

Der Staatsverlag in Moskau druckte 1934/35 das ›Kaiserwetter‹ in einer großen Auflage nach: weitere Wirkung blieb dem Werk versagt. Nach dem Kriege versuchte der Autor, sein Erfolgsbuch neu herauszugeben. Es gelang ihm nicht. In der DDR erschien 1953 im Verlag der Nation die einzige Neuausgabe unter dem blassen Titel ›Damals in Deutschland‹. Der 1952 gestorbene Verfasser hat sie nicht mehr erlebt.

In seinem Nachlaß aber fand sich der Entwurf eines Vorwortes, in der Zeit der schweren Krankheit kurz vor dem Tode diktiert, gedacht für die erhoffte »Neuauflage 1952«. Wir lassen den Text als Dokument eines gebrochenen Autors folgen:

Vor 21 Jahren schrieb ich dieses Buch, das im Jahre 1931 im S. Fischer-Verlag in Berlin herauskam. Die ›Frankfurter Zeitung‹ druckte Kapitel daraus ab. Als jener schreckliche 30. Januar 1933 kam, da war es auch um das Buch geschehen. Es wurde am 10. Mai 1933 in Berlin verbrannt und mir wurde die Ausuebung meines Berufes untersagt.

Ich schrieb dieses Buch mit der ganzen Unbekuemmertheit meiner damaligen Jugend; ich versuchte, jene Atmosphaere des Buergertums nachzuzeichnen, in der ich groß geworden bin, damals in meiner Vaterstadt Hannover.

Die Kritiken, die meinen Roman begrueßten, waren schon sehr politisch. Da gab es gewisse Kritiker, die schrieben: » . . . solche Buecher erscheinen . . . aber der Nationalsozialismus marschiert . . .« Der Nazismus marschierte und marschierte und kam zum Ziel. Und als es erreicht war, dieses große Ziel . . . da begann die Zerstoerung Deutschlands. Die Ruinen und die Not sind heute die Zeugen des erreichten Zieles.

Ich wanderte aus, erlebte die Schrecken der aeußeren Emigration, das Verlassensein, das Fernsein vom Lande der Sprache; ich erlebte den Hunger, da ich im reichsten Lande der Welt arm wurde. Ich sah und begriff; ich weiß nun, wo ich hingehoere.

Es ist ein wunderbares Gefuehl fuer mich, dieses Buch meinen deutschen Freunden wiederzugeben; ich weiß, daß die Begebenheiten in dem Roman vielleicht klein erscheinen, aber sie sind typisch fuer eine Zeit, die das Donnergrollen nicht hoeren wollte, das am Horizont der Geschichte ertoente.

An uns ist, die Wiederholung der Welt-Tragoedie zu verhindern. Wir wollen auf dem Posten sein und wach bleiben.
Wir haben diesem Testament nichts hinzuzufügen als: Habent sua fata libelli, und holen, wiederum zwanzig Jahre später, Versäumtes nach.

II

›Kaiserwetter‹ ist, wie ›Berlin Alexanderplatz‹ von Alfred Döblin oder ›Fabian‹ von Erich Kästner, ein Roman der Zwanziger Jahre: großstadtverloren, voller Wehmut und Trauer, voller Abgründe und Verzweiflungen, zugleich erfüllt von strahlender Helle und unstillbarem Lebenshunger, ein Buch der Kontraste in einer gespaltenen Weltbetrachtung. Im Gegensatz zu den genannten Romanen ist ›Kaiserwetter‹ eine Retrospektive, ein großstädtisches »Buch der Kindheit«, eine anschauliche und faszinierende Schilderung wilhelminischen Lebens in der preußischen Provinzhauptstadt Hannover in den Jahren vor dem Weltkrieg, eine Laterna magica, in der Stationen und Bilder, Ereignisse und Personen ständig wechseln.
Zunächst will es scheinen, als ob jedes Kapitel ohne Zusammenhang erzählt wird und nur an einigen Nahtstellen Übergänge geschaffen werden. Denn jedes Kapitel rundet sich zu einem Charakterbild oder einer Situationsstudie, auch eine ganze Lebensgeschichte wird auf wenigen Seiten skizziert. Doch allmählich bemerkt der Leser, wie ein Stein an den anderen gesetzt wird und das Ganze ein wohldurchdachtes, gut komponiertes Bilderbuch ergibt. In den vier Teilen des Werkes wird eine Welt aufgeblättert, dem Geschehen ausgesetzt, den Gefährdungen und Verstrickungen anheimgegeben und schließlich – »Das Welfenroß bäumt sich« – von Katastrophen heimgesucht.
›Kaiserwetter‹ kennt keinen allein im Mittelpunkt stehenden Helden wie etwa Franz Biberkopf in ›Berlin Alexanderplatz‹: vielmehr sind es mehrere Leitfiguren, die im Laufe des ersten Teils eingeführt werden, deren Weg der Leser danach immer streckenweise mitverfolgt, die plötzlich zu ganzer Größe emporwachsen, verfallen, zerbrechen oder sich verlieren. Diese Leitfiguren sind so angelegt, daß sich ihre Lebenswege auf eine

lockere Weise kreuzen, verschlingen und wieder entfernen. Es sind Kontrastfiguren, in verschiedenem Milieu aufgewachsen, eigentlich ohne Beziehung zueinander und dennoch immer zwei Seiten eines gleichen menschlichen Wesens: der kaisertreue, selbstgerechte, kleinbürgerliche Briefträger Tölle und der angesehene, über alles erhabene Rechtsanwalt de Vries, ihre beiden Söhne, der sensible, blasse, musikalische Judenjunge Joe und der robuste, flegelhafte, unbekümmerte Berni, die Mütter, Luise Tölle und Johanna de Vries, durch standesmäßige Konvention durch Welten getrennt und doch in ihrem stillen, zaghaften, leidenden Wesen einander so ähnlich. Man muß auch die Nebenfiguren kennen, beispielsweise den schlauen, melancholischen Moritz Thaler oder den gerissenen, rücksichtslosen Hermann Wendelken. Auch diese sind Gefährten und Gegenspieler zugleich. Nur der allgemein gern gesehene, sich dann als Massenmörder entpuppende Max Büter steht für sich: ein Einzelgänger, ein Symbol für den Untergang einer Epoche.

Diese Menschen und all die anderen Personen, deren alltägliches Leben dem Leser plastisch und einprägsam vor der Kulisse ihrer Zeit mit einer bewundernswerten Kunst der Präzision vor Augen geführt wird, erleben alle das gleiche offenkundig so strahlende »Sommerwetter, Kaiserwetter, Hohenzollernwetter«, eine Zeit selbstsicheren, untadeligen, unveränderbaren Daseins in einer korrekten und heilen Welt. Der Autor schildert diese Vorkriegsatmosphäre in der wilhelminische Pracht ausstrahlenden Provinzhauptstadt in einem sachlichen, sehr einfachen Erzählerton: er versenkt sich liebevoll in die Schilderung auch nebensächlicher Details. Die spröde Sprache der Norddeutschen ist gewürzt mit derben, immer ins Schwarze treffenden Provinzialismen. Der Autor reflektiert wenig: er ist ein glänzender Fabulierer, der sich allein dem Erzählen hingibt. So atmet das Buch eine heute längst verflogene, melancholisch berührende Großstadtluft am Ende der Gründerjahre, eine unbeschwerte Stimmung voller Frische und Farbe. Es ist die Welt in all ihren Nuancen und Schattierungen, wie sie ein Malerauge sieht. Dabei überliest man nie den verhaltenen Spott, geboren aus dem tief verletzten Lebensgefühl eines Zurückgesetzten, in dem aber doch wiederum soviel liebevolle Werbung mitschwingt.

Aber dieses strahlende »Kaiserwetter« ist eine trügerische

Scheinwelt: die kleinen Unfälle setzen schon unheilvolle Zeichen zu Anfang. Aber erst in den Katastrophen der Leitfiguren wird die Brüchigkeit dieser Fassadenwelt offenkundig. Das deprimierende Lebensschicksal des zuerst so stolzen und selbstsicheren, doch letzten Endes einfältigen Emanuel Tölle und der Untergang des einst so erfolgreichen S. de Vries, dessen Leiche schließlich nach jüdischem Brauch wie eine Ware in einem knarrenden Korbe zur Leichenhalle geschleppt wird, sind Symbol für den Zusammenbruch der wilhelminischen Glorie, sind das Ende des »Kaiserwetters«. In der Enthüllung der Geschichte des Massenmörders Max Büter, dieses Haarmann der Vorkriegszeit, türmt der Autor die Katastrophe noch eindringlicher vor uns auf: der Rechtsanwalt de Vries hatte begriffen, »daß eine Gesellschaft, in der er selbst einst glänzen wollte, an die er geglaubt hatte, heimtückisch und verbrecherisch war«.

Nicht nur die so sorgsam und so spöttisch, so wehmütig und sarkastisch dargestellte Provinzhauptstadt, mit dem Welfenroß vor dem Bahnhof, den Cafés und den Kneipen, den schlichten Mehrfamilienhäusern und den vornehmen Villen, dem Alltag und Sonntag, den schmucken Soldaten und den frischen Mädchen – nicht nur diese Stadt zwischen Georgstraße und Engelbosteler Damm ist Schauplatz der Katastrophe. Auch das kleine Nest in der einsamen Heidegegend unweit von Bremen erlebt den Zusammenbruch, den Brand der zu einem zweifelhaften Lokal umgebauten Mühle des alten, immer zeternden, gegen die Wand spuckenden Geffken. Wiederum als Gegenbild zur Großstadt hat der Autor diesen Ort am Ende der Welt in seiner Geschichte mit seinen »Helden« verknüpft. In der Gegenwart des jungen Bernhard Tölle, der als Soldat »gerüstet« ist und des genialen Joe, der am gleichen Ort mit einer jungen Russin eine Liebesidylle durchlebt, schließt dort – und eben nicht in der kaiserlichen Provinzhauptstadt – in dem »armen ebenen Land mit den Birkenalleen und den Kanälen« – »Braune Torfflächen und sattgrüne Wiesen unter einem heiteren, friedlichen Himmel« – das »Kaiserwetter« mit der alle Katastrophen übertönenden Nachricht »Der Krieg hatte begonnen.«

Am Ende wird der Roman ein Appell gegen den Krieg und steht so in der Reihe der vielen Antikriegsbücher der Weimarer Republik, von denen Remarques ›Im Westen nichts Neues‹ das erfolgreichste war. Aber darüber hinaus ist das Werk eine sehr menschliche Darstellung von Geist und Ungeist, von Pracht und Brüchigkeit der ausgehenden wilhelminischen Zeit.

III

Schließlich: ›Kaiserwetter‹ ist ein stark autobiographisch geprägter Roman, keine Abrechnung, sondern vielmehr eine verstohlene, mit Spott versetzte Liebeserklärung des Autors an seine Vaterstadt. Unschwer erkennt man in dem jungen Joe de Vries Züge des in Hannover am 13. November 1892 geborenen und aufgewachsenen Verfassers Karl Jakob Hirsch. Zwar war der Vater Arzt und nicht Rechtsanwalt; doch die Atmosphäre, in der der Urenkel des bekannten Rabbiners Samson Raphael Hirsch aufwuchs, dürfte, dichterisch verfremdet, das Leben der assimilierten jüdischen Eltern wiedergeben. Und in der leidenschaftlichen Neigung des jungen Joe zur Musik, besonders zu Mahler und Schönberg, schildert der Autor seine großen Jugendeindrücke, wie überhaupt in der an Krisen reichen Kindheit autobiographische Bezüge liegen.
Im Roman bleibt der Lebensweg Joes einigermaßen offen. Seine Geschichte endet in dem kleinen Heideort, den Karl Jakob Hirsch kennenlernte. Es war Worpswede, wohin es den jungen, in München nicht zum Musiker, sondern zum Maler ausgebildeten Künstler vor dem Ausbruch des Weltkriegs trieb.
Der Roman schließt dort, wo das künstlerische Leben und Wirken von Karl Jakob Hirsch beginnt. Es bleibt unsere Aufgabe, in ein paar Sätzen unseren Autor vorzustellen, seine Lebensgeschichte zu erzählen und auf seine Bedeutung hinzuweisen.
Der körperlich schwache, kurzsichtige Karl Jakob Hirsch war – so wenig wie im Roman – für den Krieg bestimmt. Er wurde 1916 dennoch Soldat, bald darauf zur Inspektion der Fliegertruppen nach Berlin versetzt. So konnte er im Kriege sein unterbrochenes künstlerisches Werk fortsetzen. In seinen Holzschnitten und Radierungen, vor allem Porträts, auch Illustrationen, stellt sich menschliches Leiden und menschliche Not dar. Viele graphische Blätter wurden in den Zeitschriften des Expressionismus reproduziert, dem sich unser Autor verbunden fühlte. Ekstatik ist die Gebärde seiner Graphik, das

Pathos von der Weltverbrüderung und Welterneuerung sein Thema. In Worpswede und Berlin schuf er auch ein leider kaum mehr bekanntes malerisches Werk: die Originale sind untergegangen, und so ist der Maler Karl Jakob Hirsch ein Unbekannter, der 1918 die Novembergruppe, eine Vereinigung expressionistischer Maler und Bildhauer, mitbegründete, an ihren Ausstellungen mit Bildern beteiligt war und sich als Autor und Graphiker für eine »revolutionäre Kunst« als Freund Franz Pfemferts einsetzte.
In den Jahren der großen Theatererfolge des Expressionismus – zwischen 1918 und 1925 – wirkte Karl Jakob Hirsch als Bühnenbildner und künstlerischer Beirat in Berlin, stattete expressionistische Filme aus und war so ein bekannter und begehrter expressionistischer Künstler.
Die Tragik in seinem Leben war es, daß seine künstlerischen Qualitäten keine auf ein Gebiet konzentrierte Begabung waren. Er hatte zwischen Musik und Malerei lange geschwankt und mußte am Ende des Expressionismus feststellen, daß seine literarischen Neigungen stärker waren als seine malerischen und graphischen Fähigkeiten. Als er den Pinsel endgültig mit der Feder vertauschte, geriet sein beachtliches Oeuvre verständlicherweise, wenn auch zu Unrecht, in Vergessenheit.
In den Zwanziger Jahren war so Karl Jakob Hirsch als Schriftsteller und Journalist tätig. Er reiste wie viele expressionistische Autoren, die sich danach sehnten, Europa und die Welt kennenzulernen, durch Italien und Griechenland, die Türkei und Nordafrika, verlebte den Sommer 1929 in der Normandie und der Bretagne und weilte mehr im Ausland als im eigenen Lande, das sich politisch immer weiter radikalisierte. Es entstand in dieser Zeit journalistischer Tätigkeit die Erzählung vom Knabenlehrer Jünger und wurde die Keimzelle des Romans ›Kaiserwetter‹. Der Erfolg des Buches ermutigte den Autor, die Fortsetzung zu schreiben, die aber 1934, als Hirsch emigrieren mußte, verlorenging. Unser Autor wurde ein Opfer der Zeit: wer will es wissen, ob er nicht eine Reihe ebenso starker Romane, wie es das ›Kaiserwetter‹ war, hätte folgen lassen? Die kleine Erzählung ›Felix und Felicia‹, unter dem Pseudonym Karl Böttner 1933 erschienen, bestätigt eine solche Vermutung.
So aber wurde Hirsch ein verfemter Autor, der als Kunst- und Theaterkritiker unter dem zugelegten Namen Joe Gassner

1934/45 in Luzern seinen Lebensunterhalt verdiente, der nach der Ausbürgerung Europa den Rücken kehrte und in den USA als Schriftsteller und Kritiker, zeitweise auch als Anstreicher, sein Leben fristete. Seit 1942 arbeitete Joe Gassner als Angestellter des Civil Service für die Briefzensur in New York und kam als Amerikaner 1945 nach Deutschland zurück. Er hatte sich geistig und seelisch gewandelt: ›Heimkehr zu Gott‹ ist das kleine Buch betitelt, das 1946 bei Kurt Desch in München als eines der ersten Nachkriegsbücher erschien, eine Selbstdarstellung dieser Konversion des jüdisch erzogenen Karl Jakob Hirsch zu einem überzeugten Protestanten.
Es war für ihn nicht leicht, in Deutschland einen neuen Anfang zu setzen. Er arbeitete für Rundfunk und Presse und diktierte seiner jungen Frau eine Reihe bis heute unveröffentlichter Werke, darunter auch seine Autobiographie ›Quintessenz meines Lebens‹ und den Roman ›Die zerfetzte Flagge‹ als neu konzipierte Fortführung des ›Kaiserwetters‹. Es sind Manuskripte, deren Sichtung noch aussteht. Die Hoffnung, der Erfolg von 1931 möge sich wiederholen, erfüllte sich nicht. Die Währungsreform von 1948 machte viele Pläne zunichte, und die Lebenskräfte des von Not und Leiden gezeichneten Autors ließen nach. Er starb nach schwerer Krankheit schon am 8. Juli 1952 in München.

IV

Das Werk überlebt den Menschen. Es bleibt uns nur, die ›Kaiserwetter-Gedanken‹ nachzutragen, die Karl Jakob Hirsch auf Wunsch seines Verlegers für die ›S. Fischer Korrespondenz‹ vom Oktober 1931 schrieb. Der Herausgeber verdankt auch diesen Text wie andere Mitteilungen der das Erbe von Hirsch so treu verwaltenden Witwe, Frau Ruth Gassner-Hirsch in München. Das Selbstbekenntnis möge zurückführen zu dem Buch, das wir der Öffentlichkeit neu übergeben und dem wir diese Worte des Autors mit auf den Weg geben möchten.
Mir geht es ähnlich wie dem Tausendfüßler, der gefragt wurde, welchen Fuß er zuerst auf den Boden setzte, den 767ten oder den 208ten. Er blieb starr liegen ... und konnte sich nicht mehr bewegen.

So geht es mir, wenn ich über den Roman ›Kaiserwetter‹ berichten soll. Denn ich schrieb ihn, ohne nachzudenken, unabsichtlich, ich schrieb ihn fern von seinem Schauplatz. Aber es nützte mir gar nichts, daß ich nicht mehr da oben im Norden wohnte, nicht mehr unter dem regnerischen Himmel der norddeutschen Tiefebene, die Figuren und Gestalten, die da auf dem Papier Leben erhielten, verlangten gebieterisch in ihrem angestammten Milieu zu bleiben. Also begab ich mich in die Dschungel des Tieflandes und entdeckte seltsame Abenteuer, merkwürdige Geschehnisse, ebenso interessante sicherlich wie in Mexiko oder Indien.
Gewiß ist es reizvoller zu lesen: »Lucile schwebte auf ihren Gazellenbeinen die rue de Rivoli hinunter«, als »Briefträger Tölle ging den Engelbosteler Damm entlang«, doch ich entschied mich fürs letztere. Nicht, weil ich »Naturalismus« oder »Reportage« oder sonstwas fahneneidlich beschwor, es war auch nicht »Sachlichkeit«, die mich erfüllte, vielleicht war es ... ein »romantischer Naturalismus« ... aber weiß Gott, was sollen diese Schlagworte, die niemals in die Tiefe dringen, in die Zisterne, in der alle Tropfen zusammenlaufen ...
Als ich vor Jahren einmal in Hannover, meiner Vaterstadt, eine Stunde Aufenthalt hatte, sagte mir ein Stiefelputzer (nach 10jähriger Abwesenheit): »Sie sind ja mächtig lange nicht hiergewesen.« Sollte der gute Mann mich erkannt haben? Gewiß nicht. Er irrte sich ... aber er hatte im Grunde recht. Er verwechselte mich, und das war gut so, denn darauf muß man es anlegen: verwechselt werden zu können mit dem oder jenem, sein mühsam gezimmertes Ich über Bord zu werfen ... ja, ich bin es, oder auch nicht, aber ich will es sein, wenn du es glaubst.
Die Worte des Stiefelputzers verfolgten mich, als ich durch die Kindheitsstraßen ging, vielleicht entstand damals das Buch, der Roman. Ich schrieb ihn am Bodensee, zwischen Weinbergen und sanften Hügeln. Aber neben mir lag ein Reiseführer, ein alter Baedeker mit genauen Plänen der norddeutschen Städte und Landschaften, denn ich hatte Furcht, mich zu verlaufen in den Straßen und Wegen, in denen ich mich sicher im Traume zurechtgefunden hätte. Ich wollte nicht, daß die Figuren meines Romanes sich dort verirren, in falsche Straßen einbiegen, verkehrte Dinge tun, kurzum ich hatte Furcht, daß der Knabenlehrer Jünger mich am Ohr nehmen würde und

sagen müßte: »Wieder mal nicht aufgepaßt ... dummer Bengel.«
So ungefähr entstand das Buch, und beim Schreiben tauchte es aus dem Dunkel der Erinnerung, der Erfahrung und der Vorstellung auf, die Zeit stand auf, in der blauer, strahlender Himmel dies Land überwölbte, als Kaiserwetter herrschte und Sorglosigkeit. Es wurde ein Mosaik, bunte Steinchen fügten sich zu einer Geschichte, nebeneinander geschah da mancherlei, das später erst zusammenwuchs, Schicksale kreuzten sich und wuchsen auseinander, zueinander ...
Vielleicht ist es mir gelungen, alles »richtig« zu machen, vielleicht hört man auch das Promenadenkonzert auf der Georgstraße, sieht die Menschen umherstolzieren, vielleicht sieht man das ebene weite Land bis zum Meere hin mit dem großen Himmel, unter dem die Menschen sich freuten und quälten, damals im Kaiserwetter, heute und immer.

Wolfenbüttel, April 1971 Paul Raabe

Bitte umblättern:

auf den nächsten Seiten informieren wir Sie über weitere interessante Fischer Taschenbücher.

Band 3429

Fischer Taschenbücher